W0464334

Lösungen und Tipps zum Weiterarbeiten für das Arbeitsheft 8

Schreiben

Seite 6

1.1 Informierende Texte schreiben

Lernstand **Aufgabe 1**
Individuelle Lösung

Aufgabe 2
Individuelle Lösung

Seite 7

Eine Mitschrift zu einem Referat anfertigen

Aufgabe 1 und 2

Wichtiges ist blau unterstrichen; gelb markiert, was zusätzlich in der mündlichen Fassung vorhanden ist und in der schriftlichen Fassung fehlt:

Hallo liebe Mitschülerinnen und Mitschüler!
Ich möchte euch heute etwas über Erdbeben in Bayern erzählen. Hoffentlich interessiert es euch.
Ich habe im Radio zufällig einen Bericht über eine superspannende Problemstellung gelesen und dann auch noch einen Artikel dazu in einer Zeitung gelesen. In Bayern werden tatsächlich jährlich ungefähr 200 kleine Erdbeben aufgezeichnet. Deshalb halte ich mein Referat über dieses Thema.
Die meisten Erdstöße gibt es im Alpenraum und im Bayerischen Vogtland, aber fast niemand bemerkt sie. Der Reporter hat erzählt, dass klirrendes Geschirr, wackelnde Wände und verängstigte Hausbewohner kein Thema sind, weil die Erschütterungen im bayerischen Erdreich in der Regel so leicht sind, dass nur einige wenige Beben für Menschen überhaupt spürbar sind.
Doch manchmal ist es anders. Meine Großeltern waren 2017 im Winterurlaub im Allgäu, wo innerhalb weniger Tage gleich zwei Mal die Erde bebte (gebebt hat - Perfekt statt Präteritum), frühabends am 17. Januar und gegen zwei Uhr nachts am 1. Februar. Meine Oma war ganz schön beunruhigt. Sie ist gleich vors Hotel gerannt und hatte danach Angst, sich wieder ins Bett zu legen und weiterzuschlafen. Erst mein Opa hat sie dann wieder so beruhigt, dass sie sich wieder ins Bett gelegt hat.
Stellt euch vor: Der Erdbebendienst Bayern beobachtet schon seit Anfang des Jahrtausends sämtliche seismologischen Aktivitäten im Freistaat, zeichnet sie auf und analysiert sie. So wollen sie herausfinden, was unter der Erde passiert. Im Geophysikalischen Observatorium der Ludwig-Maximilian-Universität in München laufen sämtliche Daten der 24 in ganz Bayern verteilten Messstationen des Erdbebendienstes zusammen. Die Geräte, die verwendet werden, sind zwischen 20.000 und 50.000 Euro teuer und so sensibel, dass sie jede Erschütterung wahrnehmen. Das ist Wahnsinn, finde ich.
Die Messstation liegt 30 Meter unter der Erde und registriert sekündlich „Beben", das kann natürlich auch ein in der Ferne vorbeifahrender Lastwagen sein. Und in Oberstdorf spürten (haben gespürt - Perfekt statt Präteritum) die Sensoren kürzlich die Erschütterungen aus dem benachbarten Österreich.
Aber was steckt hinter den Erdbeben in Bayern? Werdet ihr euch sicher so wie ich fragen. Die Ursache für Erdbeben ist vielschichtig. Zum Beispiel stoßen die sogenannten Kontinentalplatten der Erde – von denen habt ihr sicher schon mal gehört – zusammen und reiben sich gegeneinander. Auslöser für manche Beben können auch aufsteigende Gase von unterirdischen Vulkanen sein oder Starkregen, dessen Wasser sich zwischen Gesteinsschichten drückt. Diese Phänomene kann man auch in Bayern beobachten, sagen die Seismologen. Also kann man zu dem Schluss kommen, dass die Ursachen für Erdbeben auch auf anderen Kontinenten liegen können.
Die Experten untersuchen momentan – sehr spannend – eine mögliche neuere Ursache: Die Beben könnten Auswirkungen von geothermischen Bohrungen in der Region sein. Dabei wird warmes Wasser aus der Tiefe nach oben gepumpt, abgekühlt und wieder in die Tiefe gepumpt, damit man regenerative, also erneuerbare Energien gewinnen kann. Die Kraftwerksbetreiber widersprechen den Seismologen und haben einen Gutachter beauftragt.
Ein Gutachter hat festgestellt, dass von weiteren Beben keine große Gefahr ausgehen würde, deshalb bohren sie weiter, obwohl nicht geklärt ist, ob Beben im Dezember 2016 und im September 2017 in Poing nicht durch die geothermischen Bohrungen verursacht wurden.
Erdbeben können leider nicht vorhergesagt werden, denn die Erde ist manchmal einfach unberechenbar und die Wissenschaft weiß auch nach mehr als 110 Jahren Forschung immer noch nicht genug über das, was im Untergrund passiert.
Ich habe auch gelesen, dass schon 1905 in München-Bogenhausen die erste Erdbebenwarte in Bayern eingerichtet wurde.
Ich hoffe, es hat euch gefallen und ihr habt alles verstanden.
Danke für eure Aufmerksamkeit.

Seite 8

Aufgabe 3

Es handelt sich dabei um die Schilderung eines persönlichen Erlebnisses, das Lukas' Motivation, sich mit dem Thema zu beschäftigen, sicher erhöht hat. Es sollte in einer Mitschrift lediglich als „Schilderung eines persönlichen Erlebnisses der Großeltern mit einem Erdbeben in Bayern" wiedergegeben werden.

Differenzierte Aufgabe 4

■ Anzukreuzen ist: Das Blatt ist gut vorbereitet (Datum, Name des Vortragenden ...). // Es wurden Symbole eingesetzt. // Es wurden eigene Formulierungen gewählt. Alle anderen Punkte stimmen nicht oder zumindest zum Teil nicht.

■ Rot, und damit nicht gelungen, muss angestrichen werden:
- kein klirrendes Geschirr, wackelnde Wände und verängstigte Hausbewohner
- ! 2017 im Winterurlaub im Allgäu, zwei Mal bebte die Erde, frühabends am 17. Januar und gegen zwei Uhr nachts am 1. Februar
- → Oma war ganz schön beunruhigt, Opa musste sie beruhigen

■ Es muss noch besser zwischen wichtigen und unwichtigen oder weniger wichtigen Informationen unterschieden werden (persönliches Erlebnis nicht ausführlich erzählen, Aussagen zu Geschirr und Wänden sind ebenfalls unwichtig), auch sind nicht immer die wirklich wichtigen Informationen unterstrichen (diese sind: in Bayern jährlich 200 meist unbemerkte Beben, Geophysikalisches Observatorium führt sehr genaue Messungen durch, mögliche Ursachen – diese nennen; unklar, ob Geothermie Beben hervorrufen kann; grundsätzlich können Beben nicht vorhergesagt werden).

Aufgabe 5

Datum: 21.4.2020	Name des Vortragenden: Lukas
Thema des Vortrags: Erdbeben in Bayern **Anlass des Vortrags:** Interesse am Thema geweckt durch Berichterstattung und persönliches Erlebnis der Großeltern	
wichtigste Vortragsinhalte:	**Gliederung, wichtigste Stichpunkte/Begriffe:**
• Bayern jährlich ca. 200 kleine EB	**Einleitung:** Anlass des Interesses
• auch Großeltern schon erlebt	**Hauptteil:**
• am Geophysikalischen Observatorium der LMU an 24 Messstationen genaue Messungen	Messungen am Geophysikalischen Observatorium
• vielschichtige Ursachen: 1. Kontinentalplatten reiben aneinander, 2. aufsteigende Gase unterirdischer Vulkane, 3. Starkregen drückt in Gesteinsschichten, 4. evtl. Auswirkung geothermischer Bohrungen	mögliche Ursachen v. EB
• umstritten, ob die geothermischen Bohrungen Ursache sein könnten	Problemfall: geothermische Bohrungen
• Erdbeben nicht vorhersagbar	Nichtvorhersagbarkeit von EB
	Abschlussformel
Anmerkungen: offene Fragen: Hinweise auf Lexika oder Literatur: ggf. Hausaufgaben:	

Aufgabe 6

Individuelle Lösung

Seite 10

Zu einem Thema Informationen aus verschiedenen Materialien entnehmen

Aufgabe 1

M2: Wie kann man sein Zuhause gegen Hochwasser schützen?

Seite 11

M3: Warum und wie schützen Wälder gegen Hochwasser?

Aufgabe 2

Beispiellösungen:

M1: Abschnitt 1 (Z. 1–3): Starkregen kann grundsätzlich Hochwasser bringen // Abschnitt 2 (Z. 4–7): Hochwasser entsteht, wenn zu große Regenmengen von Gewässern nicht mehr aufgenommen werden können // Abschnitt 3 (Z. 8–9): deshalb ist der richtige Schutz maßgeblich

M2: Abschnitt 1 (Z. 1–6): durch Ausweichen kann man sich vor Hochwasser schützen // Abschnitt 2 (Z. 7–11): man sollte technische Baumaßnahmen zum Schutz vornehmen // Abschnitt 3 (Z. 12–20): man kann weitere Maßnahmen ergreifen, die Schäden bei Hochwasser geringer halten

M3: Abschnitt 1 (Z. 1–6): welche Schutzfunktion Wald in Berggebieten und im Flachland hat // Abschnitt 2 (Z. 7–25): wie Wald diese Schutzfunktion ausübt // Abschnitt 3 (Z. 26–29): welche Bedeutung Moore für Wasserkreisläufe haben

Aufgabe 3

Beispiellösungen:

M1: Der Text „An alle vom Hochwasser geplagten Mitbürgerinnen und Mitbürger" von einem unbekannten Verfasser weist darauf hin, dass man Hochwasser grundsätzlich nicht vermeiden, sich aber dennoch davor schützen kann.

M2: Das Thema des Textes „Das eigene Zuhause schützen", den das Bayerische Landesamt für Umwelt 2018 veröffentlicht hat, sind Maßnahmen zur Vermeidung bzw. zur Eindämmung von Hochwasserschäden im eigenen Haus(-halt).

M3: Der Text „Schutzfunktion des Waldes – Schutz vor Naturgefahren", veröffentlicht auf der Internetseite des Bayerischen Staatsministeriums für Ernährung, Landwirtschaft und Forsten, geht der Frage nach, welche Rolle Wälder – und auch Moore – beim Schutz gegen Hochwasser u. a. auch durch Verhinderung von Bodenerosion und verzögernden Wasserabfluss spielen.

Seite 12

Aufgabe 4

M1 = Ratgeberseiten einer Broschüre
M2 = Behördeninformation
M3 = Behördeninformation

Differenzierte Aufgabe 5

■ Thema: Schäden des Hochwassers 2013
Quelle: Innenministerium → vertrauenswürdige Quelle
Angabe der Zahlen in: → Millionen Euro
Das Bundesland mit den höchsten Flutschäden ist **Sachsen-Anhalt.** // Das Bundesland mit den niedrigsten Flutschäden ist **Hamburg.** // Der größte Teil der Schäden betrifft die **öffentliche Infrastruktur.** // **Kulturelle Einrichtungen** sind nur geringfügig von Flutschäden betroffen.

■ Das Thema der Grafik sind die **Schäden des Hochwassers von 2013.** – Das Balkendiagramm informiert über **die Schadenshöhen in den einzelnen Bundesländern in Millionen Euro.** – Durch das Kreisdiagramm erfährt der Betrachter auch, **auf welche Bereiche sich die Schäden in welcher Höhe jeweils verteilen.** – Der Herausgeber der Grafik ist **das Innenministerium.** – Die Quelle ist vertrauenswürdig, weil **man bei staatlichen Quellen Seriosität voraussetzen kann.** – Die Zahlenwerte werden **in Millionen Euro** angegeben.

■ Beispiellösung: Das Thema der Grafik sind die Hochwasserschäden im Jahr 2013 in Deutschland. Das Balkendiagramm informiert über die erwarteten Hochwasserschäden in den einzelnen Bundesländern. Durch das Kreisdiagramm erfährt der Betrachter auch, wie sich die Schäden bezogen auf die Bundesländer verteilen. Die genannten Zahlenwerte werden in Euro angegeben. Die Daten stammen aus dem Jahr 2013 und beziehen sich auf zu erwartende Flutschäden.
Da es sich um eine Grafik des Innenministeriums handelt, sollte man den genannten Zahlen vertrauen können. Folgende Ergebnisse werden veranschaulicht:
Im Vergleich zu Bayern lasten 2013 auf Sachsen-Anhalt doppelt so viel Kosten durch Hochwasserschäden. Die Kosten für Sachsen liegen nur knapp unter denen für Sachsen-Anhalt. Auch die Kosten in Thüringen, die bei 451,7 Millionen Euro liegen, sind noch sehr hoch gegenüber Brandenburg, das nur ein Fünftel

dieser Kosten aufbringen muss. Baden-Württemberg muss mit 73,8 Millionen Euro 10 Millionen Euro mehr als Niedersachsen tragen. Demgegenüber stehen Schleswig-Holstein und Hessen mit knapp über 20 Millionen Euro sowie die Schlusslichter Mecklenburg-Vorpommern, Rheinland-Pfalz und Hamburg mit einem Betrag von unter 10 Millionen Euro.
Die Hochwasserschäden betreffen vorwiegend die öffentliche Infrastruktur, gefolgt von den privaten Haushalten und der gewerblichen Wirtschaft. Allein diese drei Bereiche zusammen machen mehr als drei Viertel der Gesamtkosten aus. Das letzte Viertel umfasst Kosten der Land- und Forstwirtschaft, der kulturellen Einrichtungen sowie des sonstigen Bereichs, der hier nicht näher spezifiziert wurde.

An den Zahlen fällt besonders auf, dass Sachsen-Anhalt das Bundesland mit den höchsten Flutschäden ist. Das Bundesland mit den niedrigsten Flutschäden ist Hamburg. Der größte Teil der Schäden betrifft die öffentliche Infrastruktur. Kulturelle Einrichtungen sind nur geringfügig von Flutschäden betroffen. Offen bleibt die Frage, wodurch diese Unterschiede bedingt sind: Haben die Gebiete mit weniger Kosten sich besser gegen Hochwasser gewappnet? Sind die klimatischen und/oder geologischen und ökologischen Unterschiede für unterschiedlich starke Hochwasser verantwortlich oder gibt es andere Gründe für die großen Unterschiede?

Seite 13 und 14

Einen informierenden Text schreiben und überarbeiten

Aufgabe 1

Individuelle Lösung: Siehe Aufgabe 2

Aufgabe 2

	Adressat:	eher unkundige Jugendliche
	Thema:	Hochwasser – Gegenmaßnahmen ergreifen
	Schreibabsicht:	informieren über Ursachen, Risiken und Schutzmaßnahmen, zum Handeln auffordern
	Überschrift:	Kostspielige Hochwasserschäden – wie kann ich sie vermeiden?
Einleitung	Einleitung:	Wer? Privathaushalte Wo? Bayern Was? Hochwasserschäden Wie? Überschwemmung durch Starkregen, Schmelzwasser etc. Warum? Kosten und zusätzlichen Arbeitsaufwand vermeiden
Hauptteil	Ursachen und Auswirkungen von Hochwasser:	Regen, der nicht verdunstet oder vom Boden aufgenommen wird, fließt in die Flüsse (vgl. M1). Zu viel Regen bedingt hohen Pegelstand der Flüsse → Wasser tritt über die Ufer → Überschwemmungen (vgl. M1).
	Gegenmaßnahmen:	Privathaushalte: • keine Neubauten in hochwassergefährdeten Gebieten (vgl. M2) • erhöhte Bauweise (Stelzen, erhöhte Lichtschächte, erhöhte Erdgeschossoberkante, Verzicht auf einen Keller) = Risikovermeidung (vgl. M2) • technische Maßnahmen als Schutzmaßnahmen (mobile Barrieresysteme, Fensterklappen, Kellerabdichtung, Rückstausicherung der Hausleitung) (vgl. M2) • Verwendung von wasserunempfindlichen Baumaterialien (vgl. M2) • Heizungsanlagen, Strom- und Wasserversorgung in höhere Stockwerke verlegen (vgl. M2) • Sicherung bestehender Heizungsanlagen und Öltanks im Keller gegen Auftrieb und Wasserdruck (vgl. M2) • keine Lagerung von gefährlichen Stoffen und Wertgegenständen im Keller (vgl. M2) Ökosystem (vgl. M3): • Schutz des Waldes → Regenwasser in den Kronen kann schneller verdunsten → langsamerer Schneetau durch den Schatten im Wald als Verzögerung beim Fluss des Schmelzwassers in die Bäche → Vermeidung von Erosionsprozessen • Mischwälder mit guter Durchwurzelung des Bodens • lockerer, gut durchwurzelter Waldboden → gute Wasseraufnahme; „Pufferung des Wasserabflusses" • Auwälder → Speicherung größerer Wassermengen → Verringerung der Strömungsenergie des Wassers = natürliches Überschwemmungsgebiet → wirksamste Maßnahme zur Minderung von Hochwasser • Renaturierung der Moore
Schluss	Schlussfolgerung:	nicht komplette Vermeidbarkeit von Hochwasser und Hochwasserschäden, aber Möglichkeit der Eindämmung durch private Maßnahmen und Umweltschutz …
	Verwendete Quellen:	M1 bis M4, weitere Internetadressen oder andere Quellen

Aufgaben 3, 4 und 5

Individuelle Lösungen: Überprüfe bei der Übernahme von direkten oder indirekten Zitaten aus den Materialien die korrekte Zitierweise inclusive der Angabe der Quellen.

Seite 15

Kompetenztest: Sich zu einem Hörtext Notizen machen und jemanden in einem Blogbeitrag informieren

Aufgabe 1

Beispiellösung:

Deutschland drohen mehr zerstörerische Fluten

- Starke Regenfälle führen derzeit zu sehr hohen Wasserständen in Flüssen → wird zukünftig zunehmen (Warnung einer neuen Studie)
- 2040 werden 700 000 Deutsche in von Hochwasser bedrohten Gebieten leben → Gegenmaßnahmen müssen ergriffen werden, andere Gebiete auf der Welt sind noch stärker betroffen, Klimawandel als Verursacher: stärkere Erhitzung durch Abnahme der reflektierenden Eisflächen in der Arktis
- Auswirkungen in Regionen unterschiedlich
- Hochwasser nicht nur durch Regen von oben, sondern auch durch überflutende Kanalisation
- Beispiel für Hochwasseropfer in Münster 2014

Aufgabe 2

Blogeintrag	**Deine Korrekturanmerkungen** (ausführliche Beispiellösung)
Hochwasserschutz durch den Wald	besser: *Hochwasserfolgen durch Mischwälder verringern*
In den vergangenen Wochen habt ihr sicherlich immer mal wieder von den Folgen von Starkregen gelesen oder vielleicht wart ihr sogar selber betroffen. Hochwasser kann durch Wälder verhindert werden. Ihnen kommt nach den Angaben des Bayerischen Staatsministeriums für Ernährung, Landwirtschaft und Forsten eine sehr wichtige Rolle bei der Hochwasservorsorge zu. Das gilt insbesondere für Bergwälder. Denn hier beginnt der Hochwasserschutz. Wichtig ist es eben, dort anzusetzen, wo der Schnee schmilzt und das Schmelzwasser die kleinen Bäche direkt in reißende Flüsse verwandeln kann. Die Konsequenzen haben hinterher die Täler zu tragen, in denen die Straßen überflutet, Autos von dreckigen Wassermassen mitgerissen werden und Keller volllaufen.	*Folgen benennen und Beispiele zur Veranschaulichung anführen: Überschwemmung* *Eher: Die Folgen des Hochwassers können bspw. durch Wälder reduziert werden.* *Passende Überleitung formulieren: Anhand der genannten Hochwasserschäden ergibt sich der dringende Bedarf, die Folgen des Hochwassers zu reduzieren.* *„Das gilt für die Bergwälder in Wildbacheinzugsgebieten, wo der Hochwasserschutz beginnt, aber auch für die Wälder im Flachland, insbesondere für die flussbegleitenden Auwälder." Hier stimmt der Bezug zum Thema der Einleitung „Starkregen" nicht mehr.*
Darüber hinaus ist auch die Anpflanzung von Mischwäldern bzw. Auwäldern zentral für den Hochwasserschutz. Auwälder reduzieren die Wassermenge. Also setzt euch für den Schutz und die Neuanpflanzung von Wäldern ein. Sonst läuft demnächst auch bei euch der Keller voll!	*Hier fehlen Erläuterungen, warum die Auwälder wichtig sind und warum sie die Wassermenge reduzieren. (s. Protokolle): Mischwälder verfügen über sehr starke Wurzeln. Die gute Durchwurzelung kann zur Speicherung wesentlicher Mengen an Regenwasser beitragen. Darüber hinaus sind sie besonders durch ihre hemmende Wirkung auf den Regenabfluss bei kurzen, starken Regenschauern für den Hochwasserschutz wichtig. Außerdem begünstigen gerade Auwälder die Speicherung von Wasser. Sie reduzieren den Wasserstrom und bieten sich daher als Überschwemmungsgebiete an.* *Eine Zusammenfassung fehlt: Abschließend lässt sich festhalten, dass sich gerade der Auwald wegen seiner hemmenden Wirkung auf den Wasserfluss zum Schutz vor Hochwasser eignet.* *Anstatt einer Androhung wäre ein begründeter Appell, der die Leser zum Handeln aktiviert, sinnvoll: Deswegen kann es nur unser aller Ziel sein, die Ansiedlung von Mischwäldern zu fördern und ausreichend Waldfläche als Versickerungsfläche zu schaffen. Du kannst bereits heute damit beginnen. Pflanze Bäume statt dein Grundstück zu asphaltieren!*

Aufgabe 3

Beispiellösung:

Ich habe ...	ja	nein
... eine inhaltlich zum Thema passende Überschrift formuliert.		
... eine Einleitung mit den Informationen zu relevanten W-Fragen verfasst.		
... das von mir als zentral eingestufte Problem verständlich benannt.		
... die Leser korrekt angesprochen.		
... in meinem Hauptteil das Thema entfaltet, d. h. alle Aussagen inhaltlich korrekt und in der Art formuliert, dass der Leser meines Textes sie versteht.		
... meine Erläuterungen zu dem Thema inhaltlich richtig und sprachlich nachvollziehbar und kohärent verfasst.		

Ich habe ...	ja	nein
... nachvollziehbare Emotionen bewusst und Erfahrungen beispielhaft geschildert.		
... in meiner Schlussfolgerung Möglichkeiten zur Problembehebung genannt.		
... mich am Ende aber auf (eine) Maßnahme(n) zur Problembehebung festgelegt und nachvollziehbare Gründe dafür angeführt.		
... den Leser in meiner Schlussfolgerung angesprochen und ihn – wenn nötig – zum Handeln aufgefordert.		

Aufgabe 4
Individuelle Lösung

Seite 16

1.2 Argumentierende Texte schreiben

Lernstand **Aufgabe 1**
Beispiellösung: Überredung bedeutet, den anderen dazu zu bringen, die Meinung oder Sichtweise zu übernehmen. Emotionale Gründe stehen hier im Vordergrund. **Überzeugung** erfolgt durch sachliche Argumente, die eigene Position nimmt der Argumentierende durch Abwägen von ihm bekannten Informationen und Fakten ein.

Aufgabe 2
Behauptung/These, Begründung, Beispiel, Bezug zur Position

Aufgabe 3
..., ist es wichtig, die Kunst des Argumentierens zu beherrschen. Wenn man nur Behauptungen aufstellt, ohne sie zu belegen, oder unsachlich schreibt, hat man keinen Erfolg, da der andere die Behauptungen mit Recht in Frage stellt oder sie nicht ernst nimmt. Beispielsweise wird man mit der Behauptung: „Wir brauchen eine andere Auswahl von Speisen und Getränken in der Schulmensa" alleine nichts erreichen, sondern man muss gesundheitliche Aspekte, Kosten und Bedürfnisse der Schüler als Begründung heranziehen, wenn man jemanden dazu bringen will, etwas zu ändern.
Um etwas zu erreichen, muss man daher sachlich und überzeugend argumentieren können.

Seite 17

Einen eigenen Standpunkt zu einem Thema formulieren und begründen

Aufgabe 1
Beispiellösungen für Gründe: Unternehmung mit Freunden, Vertiefung der Freundschaft, Zusammenhalt, Förderung der Selbstständigkeit, Naturerlebnis, Gesundheitsaspekt: Wandern, Bewegung, Selbstorganisation, niedrige Kosten ...

Aufgabe 2
Im Material enthaltene weitere Gründe:
Meistern von Herausforderungen (schlechtes Wetter), Motivationsstrategien entwickeln (singen), Erfahren von körperlichen Grenzen (→ Annehmen von Hilfe), Verantwortungsübernahme für den anderen, Organisation/Umgang mit Finanzen, Problemlösung, Umgang mit nicht vorhergesehenen Situationen, Spontaneität und Flexibilität

Seite 18

Eine lineare Argumentation planen und schreiben

Aufgabe 1
Weitere **Oberpunkte** sind (neben: Verantwortung und Organisation) Selbsterfahrung, Gesundheit, Kosten, Freundschaft

Verantwortung
• schult Übernahme von Verantwortung für sich und andere • schult Delegieren von Verantwortung
Organisation
• schult das Meistern von Herausforderungen • schult Umgang mit Geld • hilft, Motivationsstrategien zu entwickeln
Selbsterfahrung
• testen von Grenzen • schult Flexibilität und Spontaneität
Gesundheit
• sich in der Natur bewegen ist gesund • gute Ernährung ist wichtig fürs Durchhalten
Kosten
• Kosten können gering gehalten werden • Kosten sind gut planbar
Freundschaft
• vertieft Freundschaft • fördert Zusammenhalt

Differenzierte Aufgabe 2
Beispiellösung: schult Übernahme von Verantwortung, sich in der Natur bewegen ist gesund, Kosten können gering gehalten werden, gute Ernährung ist wichtig fürs Durchhalten
abhängig von der Einstellung der Eltern, insofern **individuelle Lösung:** für wohlhabende Familien ist Kostenaspekt am wenigsten wichtig; bei SchülerInnen, die ihre Freizeit gerne vor dem Computer verbringen, befürworten die Eltern die körperliche Herausforderung in der Natur
Beispiellösung:
gute Ernährung ist wichtig fürs Durchhalten (4),
sich in der Natur bewegen ist gesund (3),
Kosten können gering gehalten werden (2),
schult Übernahme von Verantwortung (1)
wichtigste Gründe für die eigene Position in den Augen der Eltern (Gesundheit, Kosten und Lerneffekt sind Dinge, die im normalen Schulalltag nicht/kaum zu trainieren sind)

Aufgabe 3

Beispiellösung:

Position: Eine Hüttentour mit Freunden ist ein sinnvolles Projekt „Herausforderung"

1 gut für Gesundheit
1.1 Teilnehmer ernähren sich während der Hüttentour gesund
1.2 Teilnehmer bewegen sich in der Natur
2 Kosten
2.1 Kosten sind gut planbar
2.2 Kosten können gering gehalten werden
3 Verantwortung
3.1 Teilnehmer lernen Übernahme von Verantwortung für sich und andere

Aufgabe 4

Behauptung (These)
1. Bewegung in der Natur ist gut für die Gesundheit.
2. Kosten können gut kalkuliert werden.
3. Kosten können gering gehalten werden.
4. Bei einer Hüttentour muss man für sich und andere Verantwortung übernehmen.
Begründung
1. … weil es ein Ausgleich ist für Sitzen am Schreibtisch und Computerspiele.
2. … weil alle anfallenden Posten (Anreise, Übernachtung und Essen) vorab zu berechnen sind.
3. … weil Hüttenübernachtungen und Reise mit Bus eher günstig sind als z. B. ein Flug in ein anderes Land.
4. … weil sonst das ganze Projekt scheitert.
Beispiel
1. Steile Aufstiege fördern Herz und Kreislauf.
2. Essenskosten und Übernachtungskosten auf Hütten sind erfragbar, Proviant kann mitgegeben werden.
3. Eine Übernachtung im Mehrbettzimmer auf einer Hütte ist viel günstiger als auch nur eine Übernachtung im Doppelzimmer in einem Hotel.
4. Jeder muss seinen Teil der Organisation für die Gruppe übernehmen (z. B. Übernachtung organisieren), aber auch sich selbst gruppenkompatibel verhalten.
Bezug zur Position
1. Hüttentour ist ein besseres Projekt als mögliche andere, die ohne Bewegung auskämen
2. Hüttentour hat Vorteile gegenüber Projekten mit unkalkulierbaren Kosten
3. Kosten für eine Hüttentour sind im Vergleich zu anderen Reisen als mögliche Projekte günstig
4. Hüttentour schult diese Verantwortungsübernahme besonders effizient

Aufgabe 5

reihende Verknüpfung von Argumenten
• zunächst einmal // • nicht weniger wichtig ist // • es bleibt auch zu bedenken // • darüber hinaus // • als weiterer Gesichtspunkt ist zu nennen // • eng damit verknüpft ist // • dabei muss auch bedacht werden // • nicht zu vergessen ist // • es sei auch daran erinnert, dass
Steigerungen deutlich machen
• schwieriger wird es schon mit // • gewichtiger ist // • von außerordentlicher Wichtigkeit ist // • eine erneute Steigerung der Schwierigkeiten ergibt sich
betonen, hervorheben
• dafür spricht außerdem, dass … // • es kommt hinzu, dass … // • das Hauptargument dafür ist // • vor allem // • hauptsächlich // • insbesondere // • es ist zu betonen/hervorzuheben, dass // • man darf keinesfalls übersehen, dass // • entscheidend ist jedoch // • außerdem spielt noch eine wichtige Rolle // • weitaus wichtiger ist aber noch
Gegensätze hervorheben / ein Gegenargument einbeziehen
• einerseits … andererseits // • demgegenüber ist aber zu bedenken // • dem steht allerdings entgegen // • man darf dabei jedoch nicht vergessen // • trotz all dieser Gründe darf nicht übersehen werden // • zwar … aber

Seite 19

Aufgabe 6

Individuelle Lösung

Aufgabe 7

a) Der Kommentar ist wohl nur teilweise relevant, weil die Brücke sicher bald repariert wurde, Kosteninformation ist relevant, und die Info zu langen Schlange bei anderer Ankunftszeit eher auch nicht relevant
b) Der Kommentar ist relevant: bestätigt Qualität/Preis; Entkräftung: Wanderung als kleine Gruppe
c) Der Kommentar ist nicht relevant, weil er sich auf einen anderen Zeitraum bezieht.

Aufgabe 8

Beispiellösung

Ich habe die Sonnbichl-Hütte trotz der negativen Kommentare gewählt, weil bei genauerer Betrachtung die geäußerte Kritik uns nicht betrifft: Weder wollen wir dort eine Feier in einer größeren Runde abhalten, noch sind wir bei unserem geplanten Termin von eingeschränkten Öffnungszeiten betroffen. Obwohl auch uns lange Wartezeiten beim Essen stören könnten, ist auch damit nicht zu rechnen, denn wir erreichen die Hütte abends und nicht zur mittäglichen Stoßzeit, zu der diese schlechte Erfahrung gemacht wurde. Selbst der Hinweis auf eine langweilige Wegstrecke wird für uns nicht mehr relevant sein, denn die renovierungsbedürftige Brücke dürfte, bis wir kommen, wieder instand gesetzt sein, sodass durchgehend mit einem abwechslungsreichen Wanderweg und keiner Streckenführung über die Forststraße zu rechnen ist.

Aufgabe 9

Beispiellösung

Wichtig hingegen sind für uns günstige Preise, die auch durch die Kommentare bestätigt wurden. Neben diesem finanziellen Aspekt überzeugt die Hütte auch durch ihre Lage. Wir rechnen mit einer Tagesstrecke von 15 bis max. 20 km, sodass die Hütte von unserem Ausgangspunkt gut erreichbar ist und auch die nächste Wegstrecke machbar erscheint. Zudem hat sie noch Plätze frei, sodass wir nun rasch zu einer Entscheidung kommen sollten, denn unsere Vorreservierung läuft in den nächsten Tagen aus.
Daher bitte ich Sie, der Wahl der Sonnbichl-Hütte zuzustimmen, sodass ich fest buchen kann. Sie erfüllt alle Kriterien, die für unsere Zwecke wichtig sind.

Seite 20

Einen kommentierenden Text schreiben und überarbeiten

Aufgabe 1

• Kinder haben keine praktischen Kompetenzen. // • Kinder haben keine Erfahrungen, auf die sie zurückgreifen können. // • Kinder sollen erst einmal sprachliches und mathematisches Grundwissen erwerben. // • Kinder sehen Gefahren und Risiken nicht. // • Kinder unterliegen der Verlockung von Alkohol und Drogen. // • Die Aufgaben der Schule liegen in der Vermittlung von Wissen und kognitiven Fähigkeiten.

Aufgabe 2

Beispiellösung

Liebe Eltern,
wir verstehen, dass Sie sich Sorgen machen. Aber wir möchten Ihnen erklären, dass diese nicht angebracht sind.
Denn wir müssen Ihrer Meinung, wir könnten Gefahren und Risiken nicht einschätzen, klar widersprechen. Wir informieren uns über die Randbedingungen jedes Projekts ausführlich und besprechen mit unserem Coach mögliche Risiken. Beispielsweise gibt es bei Gebirgstouren ausführliche Ratgeber über Ausrüstung, Schuhwerk, Hinweise auf Wetterumschwünge und Temperaturschwankungen, sodass wir uns weniger blauäugig auf den Weg machen als mancher erwachsene Tourist, der in einfachen Turnschuhen in die Berge geht. Die ausführliche Vorinformation gilt für alle unsere Projekte.
Grundsätzlich gilt außerdem: Wie sollen wir zu den Erfahrungen kommen, die in Ihren Augen als Voraussetzung vorhanden sein müssen, wenn wir andererseits keine Erfahrungen machen dürfen? Wir halten gerade diese Projekte für sehr lehrreich sowohl im praktischen Tun als auch im spontanen Handeln und Lösungsfinden bei unvorhergesehenen Schwierigkeiten. Selbstverständlich ist ein Restrisiko nie ganz auszuschließen, aber das gilt auch für unseren Alltag, in dem ja zum Beispiel im Straßenverkehr auch etwas passieren kann.
Dass Sie uns nicht zutrauen, vernünftig mit Drogen und Alkohol umzugehen, finden wir etwas enttäuschend. Schließlich haben wir jederzeit die Möglichkeit, an Alkohol, ja, und auch an andere Drogen, zu kommen, nicht nur wenn wir von zuhause weggehen. Vielleicht ist Ihnen nicht bewusst, wie leicht alles erhältlich ist, wenn man das will. Es liegt also in unserer Selbstverantwortung und Vernunft, die wir jetzt schon zeigen. Häusliche und schulische Kontrolle können hier nur sehr eingeschränkt etwas bewirken. Warum sollten wir also gerade dann, wenn wir uns selbstgewählten Herausforderungen, die uns Spaß machen, stellen, ausgerechnet zu Alkohol oder gar Rauschgift greifen? Wir glauben, dass Sie uns in dieser Hinsicht falsch einschätzen und uns vertrauen sollten.

Seite 21

Differenzierte Aufgabe 3

Beispiellösung

Auch wenn manche Eltern es sich nicht vorstellen können – unser Projekt war toll. Wir fanden unsere Hüttentour sinnvoller, als immer nur Matheaufgaben zu lösen und Aufsätze zu schreiben, weil wir praktische Erfahrungen sammeln konnten.
Natürlich machten wir auch Fehler und erreichten unser Ziel trotzdem. Wir schafften alle Etappen, auch wenn sie länger dauerten, als wir uns das vorgestellt hatten. Keiner blieb auf der Strecke, denn natürlich wurde auf die Schwächeren Rücksicht genommen.
Wir haben enorm viel gelernt, denn davor hat keiner von uns eine Reise für eine ganze Gruppe geplant. Beispielsweise mussten wir Schlafgelegenheiten buchen und mit den Hüttenbesitzern telefonieren oder mailen und für die Gruppe die Zug- und Busverbindungen heraussuchen. Dabei hilft uns unser Handy, das so oft verteufelt wird. Und unser Geld hat auch gereicht! Wir haben sogar noch etwas übrig, das wir für den Erhalt der Alpenwälder spenden wollen.
Wenn jemand meint, wir hätten nichts anderes im Sinn, als zu rauchen und uns zulaufen zu lassen, ist das eine gemeine und falsche Unterstellung. Man braucht für die Wanderung ja Ausdauer und Kraft, sonst schafft man die steilen Aufstiege nicht. Natürlich wollten wir alle gesund nach Hause kommen und deshalb haben wir uns angestrengt. So haben wir unser Ziel erreicht! Und wenn wir das können, können Ihre Kinder das auch! Vertrauen Sie Ihren Kindern, denn sie haben es verdient.

Beispiellösung: Nur wer wagt, gewinnt!

Für uns heißt das: Nur wer sich an Projekte wagt und das Abenteuer nicht scheut, gewinnt Lebenserfahrung, erwirbt praktische Fähigkeiten und lernt sich selbst besser kennen.
Liebe Eltern, dass wir fürs Leben und nicht nur für die Schule lernen sollen, ist doch auch in Ihrem Sinne. Dazu gehört auch, einmal den Schreibtischstuhl zu verlassen und loszuwandern. Unsere Hüttentour werden wir nie vergessen: Nie zuvor haben wir praktisch geplant und gerechnet, nicht auf dem Papier mit sogenannten, lebensweltlich orientierten Matheaufgaben, sondern in dem Wissen, dass eine falsche Kalkulation uns in echte Schwierigkeiten bringt – nicht auszudenken, was passiert wäre, wenn die Schokodoppelkekse ausgegangen wären! Nie haben wir bis dahin die Möglichkeit und (zugegebenermaßen) die Notwendigkeit gehabt, so fest zusammenzuhalten und unsere Solidarität zu zeigen, wie auf dem Weg in die Berge, wenn der Rucksack plötzlich zu schwer, die Blasen an den Füßen zu groß, der Durst nach den Paprikachips zu unerträglich, der Regen zu stark und die Hütte noch zu weit entfernt war.
Seien Sie stolz auf die Fähigkeiten Ihrer Kinder, lassen Sie uns machen und uns beweisen, dass die Energie und Kreativität, die in uns steckt, wir nicht dazu nutzen, an Drogen zu kommen, sondern für unsere Vorhaben! Nur wer wagt, gewinnt! Und wir wollen gewinnen! Erfahrung für uns und Sie als Unterstützer unserer Projekte! Stellen Sie sich dem nicht entgegen!

Seite 22

Aufgabe 4

Fehlende Kommentare: Manche Eltern und Lehrer halten uns für so unvernünftig, dass sie meinen, wir würden uns bei jeder Gelegenheit von Felsen stürzen, kopfüber in jedes knietiefe, unbekannte Gewässer stürzen und hemmungslos Alkohol trinken und dazu Drogen schlucken (Z. 3) // Zeigen wir etwa in der Familie und der Schule keine Verantwortung? Können wir nicht auch im Alltag alleine etwas planen und auf die Beine stellen? (Z. 4)
Fehlende sprachliche Gestaltungmittel: Gegensatz der Verben *ansteigen* und *sinken*, bildliche Wendung *Zähne zusammenbeißen* (Z. 1) // Häufung von Adjektiven, die mit gleichem Anfangsbuchstaben beginnen (Alliteration) (Z. 2) // Vergleiche/Bilder/bildliche Aufdrücke, Redensarten verwenden (Z. 5)

Seite 23

Kompetenztest: Einen kommentierenden Text analysieren und selbst schreiben

Aufgabe 1

Z. 7–11: Highschool in den USA, in Südafrika, Kanada, Costa Rica, China und anderen fernen Ländern. Ein Hauch von Exotik, Staunen inklusive, Abenteuer garantiert: *Reihung, Betonung der Möglichkeiten*

Z. 18: sinnvoll, überfällig: *Steigerung*

Z. 24 f.: **Expedition zur *Terra incognita*** → *Verwendung von Fremdwörtern klingt geheimnisvoll, reizvoll, interessant*

Z. 33 f.: Die Arbeitslosenquote ist höher, der Bruttodurchschnittslohn geringer. → *Gegensatz erzeugt Spannung*

Z. 40: **und, und, und.** → *Hervorhebung, dass Aufzählung noch lange fortgeführt werde könnte*

Z. 49–52: Verständnis für kulturelle Werte, Ängste oder andere soziale Umfelder könnte bei dieser Form des Schüleraustauschs herauskommen. *Heranziehung einer Autorität zur Erhöhung der Überzeugungskraft: Aussage des Kultusministers*

Z. 53–55: Wobei allerdings auch Sächsisch oder Fränkisch ziemlich fremdartig klingen können. *Schlusssatz: pointierte Übertreibung mit dem Ziel, Leser zum Schmunzeln zu bringen*

Aufgabe 2

Beispiellösung: Wilder Westen – geheimnisvoller Osten

Mal ehrlich, wer von euch ist schon einmal im Elbsandsteingebirge gewandert? Wer hat schon in Erfurt Thüringer Bratwürste gegessen? Noch nicht, nur die heimischen Nürnberger? Du warst nur in den Alpen wandern?
Ich glaube, so geht es vielen von uns: Wir fahren zwar im Urlaub in die Berge oder nach Italien und Spanien, fliegen in alle möglichen Länder und nehmen teil an Schüleraustauschen von England bis Neuseeland. Aber Deutschland? Was davon kennen wir? Hier wäre einiges für uns zu entdecken. Deswegen finde ich den Vorschlag eines Austauschs zwischen Schülerinnen und Schülern der alten und neuen Bundesländer, die der Chef der Kultusministerkonferenz gemacht hat, eine gute Idee. Denn wir kennen ja alle die Vorurteile und doofen Sprüche: arrogante Wessis, bananenessende Ossis und ernsthafter: Unterschiede in Wohn- und Arbeitsmöglichkeiten und noch bedenklicher: Vorhandensein von Fremdenfeindlichkeit und Gegendemonstrationen.
Es wäre doch spannend, sich selbst ein Bild zu machen und eine Weile bei einer Familie in Thüringen, Sachsen, Sachsen-Anhalt, Mecklenburg oder Brandenburg zu leben und dort in die Schule zu gehen. Vielleicht müsste es nicht mal unbedingt ein im Sinne des Kalten Krieges gesprochener „Ost-West"-Austausch sein, ein Nord- und Süd-Vorurteil unabhängig von alten und neuen Bundesländern täte es ja auch.
Also Leute, auf geht's! Nehmen wir neben dem Austausch mit Jugendlichen aus anderen Ländern Austauschmöglichkeiten innerhalb von Deutschland wahr und fordern sie! Je mehr wir kennenlernen, desto besser! Denn die Vorurteile und Ablehnungsgründe sind dort am höchsten, wo man keine Ahnung vom anderen hat. Dagegen sind die Reisekosten nicht hoch und bestimmt gibt es neben dem dt.-französischen, spanischen, englischen, auch ein bairisches, fränkisches, schwäbisches, sächsisches, thüringisches, brandenburgisches, mecklenburgisches Wörterbuch ...

Tipps

Wenn es dir generell noch schwerfällt, Texte zu verfassen:

Beachte folgende Tipps, um generell deine Schreibkompetenz zu verbessern:
- Lege dir eine Sammlung von nützlichen Wörtern und Wendungen an, die für die jeweilige Schreibaufgabe immer wieder herangezogen werden.
- Lies gelungene Texte und Musterbeispiele zur jeweiligen Schreibaufgabe. Schreibe die Formulierungen, die du hilfreich findest, heraus, sammle sie auf einer Liste und baue sie in deinen nächsten Text ein.

Beachte beim Anfertigen eines Schreibplans:
- Mache dir bewusst, ob du einen sachlich-informierenden Text, einen argumentierenden oder einen unterhaltenden Text schreiben sollst. Davon hängt jedes weitere Vorgehen ab. Kläre also die Wirkungsabsicht.
- Plane mithilfe von Stichwörtern den Aufbau und die Inhalte des Textes.
- Überlege dir, welche Inhalte in die Einleitung, welche in den Hauptteil müssen und auf welche Weise du den Text im Schluss abrundest.

Wenn du noch Probleme bei der Informationssammlung und beim Schreiben informierender Texte hast:

Tipps zum Schreiben eines informierenden Textes:
- Erinnere dich noch einmal, aus welchem Anlass du den Text verfasst.
- Mache dir klar, für welche Zielgruppe, also für welche Adressaten du schreibst: Schreibst du für Altersgenossen oder lesen deinen Text Erwachsene?
- Überlege, wie du schreiben musst, also welche Textabsicht du verfolgst:
  - Darf der Text neben der Information auch unterhaltsam sein oder darf er nur sachlich informieren?
  - Sollst du klar einen Standpunkt beziehen, also für oder gegen etwas argumentieren?
  - Sollst du ganz kühl und sachlich informieren?

Tipps zum Schreiben einer Textuntersuchung:

- Lies den Text einmal ganz und kläre das Thema. Formuliere das Thema in einem Satz *Der Text handelt von … / In dem Text geht es um …*
- Unterteile den Text in Handlungsschritte. Meistens helfen dir dabei die Absätze.
- Markiere Wörter, die besonders wichtig zum Verständnis des Textes / für den Inhalt sind.
  Achtung: Erst denken, dann markieren! Wenn du fast alles unterstreichst, trennst du nicht das Wichtige vom Unwichtigen. Beschränke dich auf das Wichtigste. Lasse Einzelheiten weg.
- Formuliere Überschriften für die Handlungsschritte.

Tipps zum Entnehmen von Informationen aus Material zum Schreiben eines informierenden oder argumentierenden Textes:

- Notiere dir das Thema/deinen Schreibauftrag, indem du für dich aufschreibst: *„Ich soll ein/e …* (Art des Textes) *über …* (Thema) *für …* (Leser/Publikum) *schreiben."*
- Überfliege zunächst alle Materialien und entscheide so, ob sie überhaupt brauchbare Informationen für deinen Schreibauftrag enthalten.
- Lies nun das Material, aus dem du Informationen entnehmen kannst, genau.
- Markiere alle Informationen, die zu deinem Thema passen.
- Bei Statistiken oder Schaubildern: Notiere die Informationen daraus schriftlich.
- Überlege, unter welchen Oberbegriffen man die entnommenen Informationen erfassen kann. Über welche Aspekte des Themas informieren sie?
- Erstelle eine geordnete Liste oder eine Mind-Map mit den Oberpunkten und Informationen.
- Ergänze die Liste durch eigenes Wissen zu dem Thema.

Tipps zum Mitschreiben der Informationen bei Vorträgen oder Referaten:

- Nutze – wenn möglich – einen strukturierten Notizzettel, der dir hilft, alles zu notieren, was du nach Ende des Referats noch wissen musst (Thema, Referent/-in, Datum, Anlass, wichtige Informationen/Inhalte, zentrale Begriffe, Quellen, offene Fragen).
- Notiere während des Zuhörens Wesentliches knapp, nutze Abkürzungen, schreibe übersichtlich (unterstreiche, mache Absätze).
- Frage unmittelbar nach dem Vortrag nach, wenn du etwas nicht verstanden hast.
- Prüfe und ergänze ggf. deine Mitschrift ebenfalls unmittelbar nach dem Referat.

Tipps zum Schreiben einer Argumentation:

- Erschließe das Thema: Erkenne, ob du dir die Position aussuchen darfst, die du in der Argumentation einnimmst oder ob dir vorgegeben ist, wie du argumentieren musst (pro oder kontra).
- Sammle Ideen für deine Argumentation. Nutze dafür dein eigenes Wissen zur Fragestellung und werte gegebenenfalls auch zusätzliches Material aus.
- Besonders überzeugend ist deine Argumentation, wenn du mit dem wichtigsten Argument endest.
- Formuliere nun komplette Argumente, finde also zu jeder Behauptung (auch: These), eine Begründung, ein Beispiel und stelle am Schluss immer wieder den Bezug zur ursprünglichen Position her.
- Beim Ausformulieren deiner gesamten Argumentation musst du auf eine klare Sprache achten und Umgangssprache vermeiden. Verbinde die Bs durch Strukturwörter, also Subjunktionen *(weil, sodass, damit …)* und nutze Überleitungen zwischen den Argumenten *(außerdem, darüber hinaus, am wichtigsten ist …)*.
- Entkräfte bei der eigenen Argumentation Gegenargumente, wenn sie dir bekannt sind. Bleibe dabei aber immer sachlich und respektvoll.
- Ziehe am Ende deiner Argumentation ein Fazit. Beziehe dich dabei noch einmal konkret auf deine Position.

Wenn du deine eigenen Texte systematisch überarbeiten willst:

Nutze Textlupen, Schreibkonferenzen und am Computer die Kommentarfunktion der Textverarbeitung zur Überarbeitung!

Prüfe bei der sprachlichen Überarbeitung deiner Texte:

- Sind Wiederholungen im Satzbau und von einzelnen Wörtern zu tilgen? Denke an die Möglichkeit zur Umstellung von Satzgliedern, suche Synonyme und inhaltlich aussagekräftige Satzanfänge.
- Sind Satzgefüge mit Adverbialsätzen vorhanden und damit logische Verknüpfungen?
- Habe ich bei Nebensätzen die erforderlichen Kommas, auch die den Nebensatz schließenden, gesetzt?
- Habe ich zusätzlich durch Verwendung von Proformen einen kohärenten Text verfasst?
- Habe ich Rechtschreibfehler und Grammatikfehler getilgt? Prüfe dieses bei Unsicherheit mithilfe von Lexika, auch online.

Prüfe die formale Richtigkeit deiner Texte:

- Prüfe, ob du Zitate richtig integriert hast:
  - Hast du wörtliche Zitate in Anführungszeichen gesetzt?
  - Hast du die Quelle des Zitats (Verfasser, Titel, Ort) genannt.
  - Hast du textliche Veränderungen (Auslassungen oder Ergänzungen) in eckigen Klammern gesetzt?
  - Hast du bei indirekten oder sinngemäßen Zitaten die Quelle mit vgl. genannt?
- Ist der Text durch Absätze und ein klares Schriftbild für den Leser gut lesbar und übersichtlich?

Sprachgebrauch und Sprache untersuchen und reflektieren

Seite 24

2.1 Wortschatz: Den Sprachgebrauch untersuchen und Sprache gezielt einsetzen

Lernstand Aufgabe 1
Individuelle Lösung

Aufgabe 2
Standardsprache/offizielle Situationen/Fachgebiet/Fachbegriffe/Dialekt/Umgangssprache/einfache Sätze

Seite 25

Schriftliche und mündliche Sprache unterscheiden und bewusst verwenden

Aufgabe 1
Mündliche Aussagen: 1, 3, 4
Schriftliche Aussagen: 2, 5, 6

Aufgabe 2
Beispiellösung
Schriftlichkeit: ganze Sätze (1) // korrekte Interpunktion (6) // Argumentation (5) // komplexerer Satzbau (6) // Sprachfluss
Mündlichkeit: Füllwörter/Ausrufe, wie *Äh, Oh, Ähm* (1, 3) // Umgangssprache (1) // Jugendsprache (4) // Wiederholungen (3)

Aufgabe 3
ks (konzeptuell schriftlich): Gesetzestext – Bedienungsanleitung – Bewerbungsschreiben
km (konzeptuell mündlich): Urlaubspostkarte – Chat – Aushang

Seite 26

Aufgabe 4

Element	Bestimmung
so	modal
Erst – dann	temporal
dort	lokal
daher	kausal

Differenzierte Aufgabe 5
Beispiellösung
■ bitte, voll cool → ein Erlebnis, echt → wirklich, voll viel → sehr viel Verschiedenes, und-und-und → 1 x durch Komma ersetzen, Gründe → *Hier noch einmal die Gründe weglassen*, super coole → großartige

■ Hey (*Guten Tag* oder weniger formal: *Hallo*) Star4u,
wir sind die voll coole (großartige) Klasse 8b. Wir möchten ~~bitte~~ dieses Konzert gewinnen. Dieses Konzert wäre voll cool (ein Erlebnis) für unsere Schule. ~~Echt~~, wir sind echt ne (eine wirklich) gute Schule. In unserer Schule kann man voll viel machen (gibt es viele Möglichkeiten). Wir haben einen großen Sportplatz ~~und~~ , eine Aula und einen großen Schulhof. Das Konzert hätte also Platz. Unsere Schulleiterin ist auch einverstanden. Wir haben sie gefragt und sie unterstützt uns total (bei unserer Bewerbung). Es gibt viele Gründe uns zu nehmen. Hier nochmal (noch einmal) die Gründe: Wir sind eine super coole (sehr gute) Schule ☺ (Smiley bitte streichen), wir haben Platz. Unsere Schüler sind musikalisch. Ach, und wir hören alle immer Star4u! Versprochen! (Natürlich hören wir alle gerne Star4u!)
Bis bald, nehmt uns (Entscheidet euch für uns)! Die Klasse 8b

■ **Beispiellösung:** Hallo Star4u,
wir sind die Klasse 8b der xx-Schule und wir würden gerne das Konzert Ihres Senders gewinnen. Das wäre ein wunderbares Erlebnis für unsere Schule. Wir sind wirklich eine tolle Schule! Wir haben einen großen Sportplatz, eine Aula und einen großen Schulhof. Da gibt es viele Möglichkeiten für das Konzert. Unsere Schulleiterin ist auch einverstanden. Sie unterstützt uns bei der Bewerbung. Also gibt es viele Gründe sich für uns zu entscheiden: Wir sind eine großartige Schule und wir haben Platz. Unsere Schüler sind musikalisch und ... wir hören immer Star4u! Versprochen.
Hoffentlich hören wir bald von Ihnen. Entscheiden Sie sich für uns!

Aufgabe 6
Individuelle Lösung

Seite 27

Fachsprache – Standardsprache – Jugendsprache – Dialekt

Aufgabe 1
JS (grün) – D (blau) – U (rot) – wobei es Übergangsbereiche gibt: So ist z. B. „echt" nicht mehr der aktuellen Jugendsprache zuzurechnen, aber wohl einmal aus dieser hervorgegangen und in der Umgangssprache verblieben.
Hey Bro – die wollten echt die Wahl zum Jugendwort des Jahres canceln. Des wär' fei jammerschad' gwesen. Gott sei Dank haben sie die Entscheidung wieder revidiert. Wir ham doch immer a Mordsgaudi, wenn wir Freunde unser Voting für das Jugendwort des Jahres abgeben. Jetzt ist es wieder safe. Das ist nice, oder?

Aufgabe 2
Hallo lieber Freund – man wollte wirklich die Wahl zum Jugendwort des Jahres abschaffen. Das wäre ja in der Tat sehr schade gewesen. Gott sei Dank haben sie die Entscheidung wieder revidiert. Wir haben doch immer so viel Spaß, wenn wir Freunde unsere Wahl für das Jugendwort des Jahres abgeben. Jetzt ist die Wahl wieder sicher. Ist das nicht schön?
Zusatzaufgabe: **Individuelle Lösungen**

Aufgabe 3
Beispiellösung: Die Wörter „revidieren" und „Voting" sind zwar beides Fremdwörter, aber nicht auf den Gebrauch in einer bestimmte Berufsgruppe beschränkt und deshalb nicht als Fachsprache zu werten.

Aufgabe 4
Babo: Chef, Boss, Anführer // **napflixen:** schlafen während eines Films // **YOLO:** Abkürzung „You only live once", Aufforderung, das Leben zu genießen // **Swag:** coole Ausstrahlung // **Isso:** Zustimmung „Ist so"

Aufgabe 5 und 6
Individuelle Lösung

Seite 28

Differenzierte Aufgabe 7

Individuelle Lösung

Es ist darauf zu achten, dass

die Bedeutungen sprachlich korrekt und inhaltlich plausibel erklärt werden und

die Lösungen sinnvolle Begründungen für die Auswahl bieten.

Aufgabe 8

Individuelle Lösung: Der Übergang von Dialekt zur Umgangssprache dürfte nicht immer trennscharf sein. Für diese Entscheidung kann ein Blick ins Wörterbuch helfen, auch wenn es sicher defacto einen Übergangsbereich gibt.

Aufgabe 9

Individuelle Lösung: Beim Erfassen und Kategorisieren der erhobenen Lösungen muss die Einordnung in die Tabelle sinnvoll sein. Diese zeigt, ob die verschiedenen Sprachkategorien verstanden wurden.

Aufgabe 10

Individuelle Lösung: Tipp: Wähle aus deinem Freundes- oder Familienkreis fünf Fachleute für die verschiedenen Bereiche aus und bitte jeden von ihnen, dich jeweils auf „Verfehlungen" aufmerksam zu machen.

Seite 29

Kompetenztest: Sprachvarietäten erkennen und gezielt nutzen

Aufgabe 1

Beispiellösung: Kennzeichen Schriftlichkeit:

- schriftlich aufgezeichnet
- teilweise richtige Satzzeichen
- chronologische Abfolge der Äußerungen

Kennzeichen Mündlichkeit:

- wiederholend
- umgangssprachlich
- grafische (Emojis) und lexikalische Darstellung (z. B. *Juhu*) von Gefühlen
- Sprache imitiert gesprochene Sprache: langgezogene Laute
- Satzfragmente/grammatikalisch nicht immer korrekt
- fehlende Beachtung der Groß- und Kleinschreibung
- teilweise fehlende Satzzeichen

Urteil: starkes Übergewicht der Mündlichkeitsmerkmale, schriftlich fixierte Fassung eines in Wahrheit mündlichen Dialogs

Aufgabe 2

Beispiellösung: (1) Mir fehlen die Worte: Das ist wirklich unglaublich, dass wir gewonnen haben. //(2) Ich bin begeistert von diesem Konzert. Das Licht, die Musik und die Stimmung haben einfach überzeugt. Das Konzert hat mich sehr glücklich gemacht. //(3) Die Musik der Band war wirklich großartig. Das war das beste Konzert, das ich bislang gehört habe. //(4) Die Musik war wirklich fesselnd und auch die Bandmitglieder waren sehr sympathisch.

Seite 30

2.2 Wortarten kennen und bewusst nutzen

Lernstand **Aufgabe 1**

Vermutlich ist nur ein Teil der Bedeutung bekannt.
Die Einschätzung in Spalte 3 ist jeweils individuell.

Modalverb	Bedeutungen
dürfen	• Erlaubnis • (gesetzliches) Recht • Zustimmung • höfliche Frage • in verneinter Form → Verbot • im Konjunktiv II → Vermutung
können	• Möglichkeit • Fähigkeit • Erlaubnis (eher umgangssprachlich) • im Konjunktiv II → höfliche Frage • im Konjunktiv II → Vermutung
mögen	• Wunsch/Lust/Gefallen • Einräumung • in verneinter Form → Abneigung
müssen	• Notwendigkeit • Befehl/Gebot/Pflicht (verneint: Verbot) • in verneinter Form auch gleichbedeutend mit verneinter Form von *brauchen* + zu + Infinitiv → Nichtnotwendigkeit
sollen	• Empfehlung • Auftrag • Verpflichtung • Gebot • Zweck
wollen	• Wunsch/Absicht • Plan • Notwendigkeit • in verneinter Form → Weigerung

Aufgabe 2

Jonas klagt, dass er die Einladung zur Feier verpasst habe, weil sein Smartphone gerade in Reparatur sei.
oder: Jonas klagt, er habe die Einladung zur Feier verpasst, weil …

Kennzeichen:

- Inhalt der direkten Rede entweder mit dass-Satz oder ohne Einleitung
- jeweils Konjunktiv I das Verbs
- Angleichung von Pronomen

Aufgabe 3

Beispiellösung: *Sollen* bringt hier die Aufforderung zum Ausdruck.
Möglich wäre hier auch folgende Alternative: *Vater fordert Paul auf, vom Bäcker ein Brot mitzubringen.*

Seite 31

Bedeutungen von Modalverben kennen und nutzen

Aufgabe 1

Individuelle Lösung; wichtig ist die Begründung der eigenen Meinung.

Aufgaben 2 und 3

Modalverb (mit Zeilenangabe)	Bedeutung im Satz	alternative Formulierungsmöglichkeit(en)
kann (→ Z. 2)	Fähigkeit	kein anderes Modalverb möglich
muss (→ Z. 5)	Notwendigkeit	kein anderes Modalverb möglich
darf (→ Z. 5)	In Zusammenhang mit „niemand" als (selbst gesetztes) Verbot	alternativ: *soll* → in verneinter Form (hier in Kombination mit *niemand*) als Gebot
will (→ Z. 7)	Absicht/Plan	kein anderes Modalverb möglich
muss (→ Z. 8)	Notwendigkeit	kein anderes Modalverb möglich
kann (→ Z. 9)	Fähigkeit	kein anderes Modalverb möglich
will (→ Z. 11)	(eigene) Absicht/Plan	kein anderes Modalverb möglich
muss (→ Z. 12)	Notwendigkeit	kein anderes Modalverb möglich
kann (→ Z. 13)	Möglichkeit	kein anderes Modalverb möglich
will (→ Z. 14)	Wunsch	alternativ: möchte
kann (→ Z. 16)	Möglichkeit	kein anderes Modalverb möglich
will (→ Z. 18)	Absicht	alternativ: *kann nicht*, aber andere Bedeutung (keine Möglichkeit haben/sehen)
können (→ Z. 19)	Möglichkeit	kein anderes Modalverb möglich
möchte (→ Z. 20)	Wunsch/Lust/Gefallen	alternativ: *will* → Absicht/Plan

Seite 32

Indikativ-/Konjunktiv-Formen und Modalverben zur sprachlichen Differenzierung nutzen

Aufgabe 1

Beispiellösung: Die Ich-Erzählerin distanziert sich von den Aussagen der Stadtbewohner und steht diesen eher skeptisch/ablehnend gegenüber.

Aufgabe 2

Beispiellösungen:

- *Man **sollte** nie alles glauben, was man zu hören bekommt.* (Z. 1); Modus: Konjunktiv II; erkennbar an folgenden Merkmalen: (formal) Konjunktiv-II-Endung + (inhaltlich) indirekte Wiedergabe eines Imperativs mit Modalverb *sollen* (direkte Rede: *Glaube nie alles, was ...*")
- Das meistgehörte Gerücht hier in Sidwell ist die Mär von dem Monster. (Z. 4); Modus: Indikativ; erkennbar an folgenden Merkmalen: (formal) Indikativ-Präsens-Form + (inhaltlich) Wiedergabe eines wirklichen Zustands/einer Tatsache
- *In unserer Stadt **lebe** ein geheimnisvolles Wesen, munkelt man.* (Z. 4 f.); Modus: Konjunktiv I; erkennbar an folgenden Merkmalen: (formal) Konjunktiv-I-Endung (-e) + (inhaltlich) Verwendung innerhalb einer indirekten Rede → redeeinleitendes Verb + uneingeleiteter Nebensatz

Seite 33

Aufgabe 3

Beispiellösung: Der grundsätzliche Modus in Erzählungen ist der Indikativ, der Konjunktiv wird hier vor allem in der Funktion eingesetzt, indirekte (also vermittelte) Rede zu kennzeichnen (Man weiß nicht, wer genau etwas gesagt hat, es handelt sich um ein Gerücht). Manchmal benutzt die Autorin stattdessen auch Indikativ und Modalwörter (angeblich).
Durch die Verwendung der verschiedenen Modi des Verbs schafft die Autorin ein Wechselspiel zwischen Nähe (Aussagen Twigs über ihr Handeln) und Distanz (Wiedergabe und Kommentierung der Aussagen Dritter). Dieses Wechselspiel wäre nicht so stark spürbar, wenn nur Gespräche zwischen den Personen wiedergegeben würden.

Aufgabe 4

Beispiellösungen:

1) *In unserer Stadt lebe ein geheimnisvolles Wesen, munkelt man.* (Z. 4 f.); alternativ: *Man munkelt, dass in unserer Stadt ein geheimnisvolles Wesen lebe.* → dass-Satz
2) *Einige Leute behaupten, es sei ein Vogel, größer als ein Adler.* (Z. 5 f.), alternativ: *Laut Aussage einiger Leute sei es ein Vogel, größer als ein Adler.* → Präpositionalgefüge

Aufgabe 5

*Ein Bewohner von Sidwell **soll** das geflügelte Monster in der Neujahrsnacht gesehen haben.* → ***Sollen*** gibt eine Behauptung über eine fremde Person wieder, d. h. die Person stellt diese Behauptung nicht selbst auf. (Umschreibung: *Man sagt, ein Bewohner von Sidwell habe ... gesehen.* Umschreibung bei Verwendung von ***wollen***: Ein *Bewohner von Sidwell behauptet, er selbst habe ... gesehen.*)

Aufgabe 6

Bürgermeister: „***Kann/Soll** man in der heutigen Zeit wirklich noch an Monster glauben?*" → **kann:** Hat man heute noch die Möglichkeit, an Monster zu glauben? → **soll:** Ist es heute noch empfehlenswert, an Monster zu glauben?

Differenzierte Aufgabe 7

Beispiellösungen:

■ *Der Bürgermeister **fragte**, ob man in der heutigen Zeit wirklich noch an Monster glauben könne/dürfe. Er **verlangte** von den Einwohnern von Sidwell, dass diese jenes seltsame Wesen einfach vergessen sollen/sollten.*

■ ■ *Der Bürgermeister **warf die Frage auf**, ob man in der heutigen Zeit wirklich noch an Monster glauben könne. Er **bat** die Bürger, sie mögen das seltsame Wesen einfach vergessen./Er **fordert** die Einwohner von Sidwell **auf**, das seltsame Wesen einfach **zu vergessen**/sie **sollten** das seltsame Wesen einfach vergessen/dass sie das* *seltsame Wesen einfach vergessen* ***sollen.*** → ***Mögen*** zeigt hier eine höfliche Bitte an, wohingegen ***sollen*** *oder* **der Infinitiv** einer Aufforderung gleichkommt.

Seite 34

Pronomen und Pronominaladverbien zur Textverknüpfung nutzen

Aufgabe 1

(1) daran – (2) es – (3) darüber (4) an ihn – (5) worüber

Aufgabe 2

(1) aus dem – (2) sie – (3) was/das – (4) das sie – (5) wohingegen – (6) davon/darüber – (7) ihn – (8) dagegen/hingegen – (9) damit – (10) wodurch/womit – (11) dafür – (12) mit denen/womit/wodurch – (13) dahinter – (14) ihren – (15) dadurch

Seite 36

Differenzierte Aufgabe 3

■ *an ihn – wovon*

■ *Der Autor denkt* ***daran.*** → Begründung: Das Pronominaladverb muss stehen, da es sich auf ein Nicht-Lebewesen bezieht und dieses ein Neutrum im Akkusativ ist.
Der Autor denkt ***an ihn.*** → Begründung: Das Pronominaladverb kann hier nicht stehen, weil auf ein Lebewesen verwiesen wird. Der Ersatz ist somit nur mit einem Personalpronomen möglich.

■ **Individuelle Lösung**, Hinweis: Pronomen, die genutzt werden können: Personal-, Demonstrativ-, Interrogativ- und Relativpronomen (+/- Präposition), die sich in der Regel auf Lebewesen bzw. Personen beziehen; Pronominaladverbien, die genutzt werden können: Adverbien *da*, *wo* und *hier* (+/- Präposition), die sich mit bestimmten Präpositionen zusammensetzen und eher auf Sächliches (Gegenstände, Abstrakta) verweisen

Aufgabe 4

Beispiellösung: *Der zwölfjährige Tom soll ganze sechs Wochen in dem alten Herrenhaus* ***seines*** *Onkels in Stratford-upon-Avon verbringen.* ***Diese Vorstellung*** *findet er* ***jedoch*** *alles andere als berauschend, befindet sich* ***dieses Haus*** *doch weitab von Internetzugang und Handynetz – Toms Onkel besitzt nicht einmal einen Fernseher! Tom verbringt* ***seine*** *erste Nacht auf dem düsteren Anwesen und muss* ***dabei*** *feststellen, dass er* ***in diesem*** *mit ganz neuen Herausforderungen konfrontiert wird.* ***Er*** *erkennt, dass er ein „Lesender“ und* ***dadurch*** *in der Lage ist, seine Lebensseite zu entziffern. Auf* ***dieser*** *erscheinen – wie durch Magie – Toms eigene Gefühle, Gedanken und Erlebnisse.* ***Aber das*** *ist noch nicht alles. Tom muss die Entführung* ***seines*** *Onkels aufklären.* ***Dieser*** *wurde von einem Geheimorden entführt,* ***der*** *sich der Rettung der Lebensseiten verschrieben hat.* (Zusammenhang schaffende Elemente markiert.)

Aufgabe 5

Individuelle Lösung

Seite 37

Kompetenztest: Besondere Verben, Modi und Proformen zur sprachlichen Gestaltung nutzen

Aufgabe 1

Twig darf das Familiengeheimnis jemandem zählen.
Bedeutung: Erlaubnis, die Twig (von jemand Unbekanntem) gegeben wird
Twig kann das Familiengeheimnis jemandem erzählen.
mehrere mögliche Bedeutungen: **1)** kann im Sinne einer geistigen/psychischen Fähigkeit oder **2)** Twig ist/fühlt sich nicht in der Lage, das Geheimnis jemandem mitzuteilen
Twig möchte das Familiengeheimnis jemandem erzählen.
Bedeutung: Ausdruck eines Wunsches/eines inneren Bedürfnisses
Twig muss das Familiengeheimnis jemandem erzählen.
Bedeutung: **1)** Aufforderung durch eine andere Person, etwas zu tun oder **2)** Notwendigkeit → innerer Drang
Twig soll das Familiengeheimnis jemandem erzählen.
Bedeutung: Empfehlung/indirekte Aufforderung
Twig will das Familiengeheimnis jemandem erzählen.
Bedeutung: Wille/Absicht Twigs, etwas zu tun

Aufgabe 2

Beispiellösung: Das geflügelte Monster ...
1) kann/könnte eine Erscheinung sein, die sich nur in der Fantasie der Menschen abspielt. → Annahme mit mittlerer Wahrscheinlichkeit (bloße Möglichkeit)
2) muss eine Erscheinung sein, die sich nur in der Fantasie der Menschen abspielt. → Annahme mit hoher Wahrscheinlichkeit

Aufgabe 3

Beispiellösung: *Twig sagt, sie könne über diese ganzen Gerüchte nur lachen. Sie erklärt, dass immer, wenn etwas abhandenkomme, man dem Monster die Schuld zuschiebe. Ihrer Meinung nach würden sich die merkwürdigen Diebstähle vor allem an den Wochenenden ereignen. Sie wisse genau, dass es dieses Ungeheuer nicht gebe. Sie beklagte, dass die Leute immer vom Schlimmsten ausgingen.*

Aufgabe 4

Individuelle Lösung

Seite 38

■ 2.3 Syntaktische Strukturen von Texten und deren Funktion beschreiben und nutzen

Lernstand **Aufgabe 1**

Individuelle Lösung

Aufgabe 2

Beispiellösung: Wiederholungen: *Ein Student und eine Opernsängerin saßen mit mir am Tisch, als ich mit dem Zug nach Barcelona fuhr. Der nette Student erzählte mir viel über die Stadt.*
Synonyme: *Der nette Student erzählte mir viel über die Stadt. Der charmante Junge konnte wirklich interessant erzählen.*
Personalpronomen: *Der Student war sehr redselig, er erzählte mir viel über die Stadt.*
Possessivpronomen: *Ich wollte unbedingt mit der Opernsängerin ins Gespräch kommen. Ihr Leben schien mir sehr aufregend zu sein.*

Aufgabe 3

Anzukreuzen sind: Gliedsätze und Attributsätze (Alle anderen genannten grammatischen Strukturen können in kohärenten, also zusammenhängende Textteilen auftreten, tragen aber selbst nicht zur Kohärenz bei.)

Seite 39

Textkohärenz durch Gliedsätze, Konjunktionen, Subjunktionen und Konjunktionaladverbien herstellen

Aufgabe 1

Beispiellösung: Die erste Version besteht nur aus einfachen Hauptsätzen. Die Einzelinformationen werden sprachlich nicht miteinander verbunden. Im zweiten Text werden Verbindungen zwischen Sätzen und innerhalb von Satzgefügen auf verschiedene Arten hergestellt.

Aufgabe 2
1. Wiederholung bestimmter Elemente,
2. Konjunktionen (*und*),
3. Gliedsätze (*Da die Zugvögel dieser Tage zurückgekehrt sind,*),
4. Konjunktionaladverbien (*daher*)

Seite 40
Aufgabe 3
Beispiellösung: Im Busch kam es zu einem großen Erwachen, **da** alle fünf Sinne (und manchmal auch der sechste ...) plötzlich wieder richtig was zu tun hatten. Der Geruch nach Popcorn bedeutet, **dass ein Leopard irgendwo in der Nähe sein Territorium markiert hat. Die Umgebung mit den Augen zu überfliegen** hilft ungemein, schneller Bewegungen wahrzunehmen – und somit Tiere zu erspähen.

Differenzierte Aufgabe 4
Zu unterstreichen sind: hingegen, deshalb, darüber, dennoch, jedoch, anschließend

kausal: **deshalb**; daher, deswegen // kopulativ: **darüber hinaus**; ferner, zudem // konsekutiv: **also**; somit, demzufolge // konzessiv: **dennoch**; trotzdem, nichtsdestotrotz // adversativ: **jedoch**; dagegen, allerdings // temporal: **anschließend**; davor, währenddessen

Seite 41
Aufgabe 5
~~Vielmehr~~, trotzdem/nichtsdestotrotz // ~~Allerdings~~, daher/deshalb // ~~dennoch~~, hingegen/dagegen

Aufgabe 6
Beispiellösung: Wildtierschutz damals und heute
Die Liebe zu Wildtieren teilt Gesa mit Bernhard Grzimek. Allerdings hat Grzimek keinen Blog geschrieben. (Konjunktionaladverb) Er verbrachte mehrere Jahre in Afrika, vor allem in Tansania, wo er gemeinsam mit seinem Sohn Michael tausende von Wildtieren gezählt, ihre Wanderrouten kartografiert und ihr Verhalten studiert hat. (Attributsatz/Relativsatz) Grzimek wollte zeigen, dass der unbedachte Umgang der Menschen mit dem natürlichen Lebensraum zu einer regelrechten Bedrohung für die Tiere wird. (Objektsatz) Er veröffentlichte das Buch „Serengeti darf nicht sterben", das zum Bestseller wurde. Somit könnte man sagen: Grzimek war einer der Väter heutiger Blogs über Afrika, wie der von Gesa (Konjunktionaladverb).

Aufgabe 7
Als er mehrere Jahre in Afrika, vor allem in Tansania verbracht hat, hat er gemeinsam mit seinem Sohn Michael tausende von Wildtieren gezählt, ihre Wanderrouten kartographiert und ihr Verhalten studiert.

Seite 42
Kohärente Texte mithilfe von Infinitiv-, Partizipialsätzen und anderen syntaktischen Formen verfassen
Aufgabe 1
Denkt an eine Auslandskrankenversicherung, um schnell und unkompliziert einmal zum Arzt zu können, wenn ihr krank seid. // Erkundigt euch nach einem günstigen Handytarif im Ausland, um unterwegs immer einmal wieder per Smartphone nach einer neuen Bahnverbindung suchen zu können. // Ihr könnt Nachtzüge nehmen, um tagsüber die Städte zu erkunden und Hotelkosten zu sparen. // Nicht alle Länder, in die ihr reisen könnt, haben den Euro als Währung. Erkundigt euch vorher, wo ihr Geld umtauschen müsst, und plant eure Reise entsprechend, um Währungsprobleme zu vermeiden.

Aufgabe 2
Erschöpft von der Wanderung unter der sengenden Sonne Andalusiens genossen wir die ruhigen Stunden am Lagerfeuer. // Von mir aus dem verspäteten Zug heraus verständigt[,] hat der Busfahrer dann auf uns gewartet. // Zwei Bergziegen überquerten in Seelenruhe die Passstraße, ein paar spärliche Halme kauend. // Wir stiegen, immer im gleichen Tempo gehend, immer höher hinauf. // Uns immer wieder auf Gefahrenstellen hinweisend und uns gleichzeitig motivierend machte unser Wanderführer José einen guten Job. // Mein Bruder, die Kraft der Sonne im südlichen Spanien um diese Jahreszeit unterschätzend, zog sich einen ziemlichen Sonnenbrand auf dem Nasenrücken zu. // Die Härte des Zeltschlafplatzes ignorierend schliefen wir aufgrund der Anstrengung tief und fest.

Seite 43
Aufgabe 3
... am Reisen per Zug so viel Spaß zu haben. ... meine Reise vom Nordkap bis nach Nordgriechenland während der letzten Wochen auch nur annähernd so entspannt und bequem zu verbringen? ... als per Alloverrail durch Europa zu gondeln. ... ohne auch nur einmal aufstehen zu müssen. Mein Ticket: Alles im Voraus bezahlt, ... ob eine oder vierzehn Stunden am Tag im Zug sitzend. ... verglichen mit dem Stress, Zeit- oder Geldaufwand von 10 Flug- oder Autoreisetagen. ... diese Reise zu wiederholen, ...

a) Nomen // b) hinweisenden // c) Subjunktionen // d) Satzende

Seite 43/44
Differenzierte Aufgabe 4
Einmal die Nordlichter sehen, (b) das war mein großer Wunsch und die Motivation für meine Reise in den hohen Norden. In einem großen Reiseführer schmökernd(,) legte ich stückweise meine Reiseroute fest: Um den besten Blick auf das besondere Naturphänomen zu haben, (c) nahm ich mir vor(,) in den letzten Apriltagen in Bergen Station zu machen. Außerdem stand Oslo auf meiner Wunschliste ganz oben: Die Hauptstadt, lebendig und angesagt, (a) war wirklich eine besondere Erfahrung, die sich gelohnt hat. Das Nordlicht zu beobachten(,) war aber das Highlight meiner Reise. Ich hatte für zwei Nächte einen Schlafsessel an Deck eines Postschiffes gebucht, obwohl ich nicht sicher sein konnte(,) mich dabei nicht zu erkälten. Bereits in der ersten Nacht wurde ich wach, (d) eingepackt in meinen warmen Schlafsack. Über mir leuchtete der Himmel in allen Farben: Die Nordlichter, leichtfüßig flackernd, (a) huschten über den schwarzen Himmel. Tiefexotisches Grün, geheimnisvolles Violett, Schwefelgelb – ich betrachtete dieses Schauspiel staunend.

Aufgabe 5
Beispiellösung: Um die Atlantiküberquerung im Kajak zu schaffen, brauchst du mindestens ein großes Segelschiff als Beiboot. // Der Blick über das Meer ist atemberaubend. Nichtsdestoweniger solltest du rechtzeitig dein Zelt aufgebaut haben. // Turnen auf dem Motorrad ist nichts für jedermann, vielmehr ein Sport für Verrückte.

Seite 45
Kompetenztest: Kohärenz von Texten prüfen und selbst kohärent schreiben
Aufgabe 1
Meine (Possessivpromen) Alloverrail-Reise, auf der (Attributsatz) ich (Personalpronomen) so viel erlebt habe, liegt hinter mir (Personalpronomen). Drei Wochen waren mein (Possessivpronomen) Bruder und ich (Personalpronomen) unterwegs.

Ich (Personalpronomen) bin 14, mein (Possessivpronomen) Bruder ist 19. Ohne Tim hätte ich das nicht machen können. Darum (Konjunktionaladverb) bin ich ihm sehr dankbar. (o)
Die Nordlichter haben mich total beeindruckt. Die Nacht auf dem Postschiff, die wir auf Deck in unseren Schlafsäcken verbracht haben, war die schönste Nacht meines Lebens! (o)
Obwohl es ganz schön kalt war, haben wir die Stunden so genossen, in denen wir in den schillernden und flackernden Himmel schauen konnten. Den Blick in den Himmel genießend schliefen wir selig ein. (+)
Das Wandern war toll. Einmal haben wir fünf Kühe eingefangen. Die Wallachei ist eine richtige Wandergegend. Ich hatte Bedenken. Bleiben die Tiere friedlich oder werden sie aggressiv? (–)
Beispielverbesserung: Meine Alloverrail-Reise, auf der ich so viel erlebt habe, liegt hinter mir. Drei Wochen waren mein Bruder und ich unterwegs. Während ich 14 bin, ist mein Bruder 19, sodass ich diese Reise nicht ohne ihn hätte machen können. Darum bin ich ihm sehr dankbar.
Die Nordlichter haben mich total beeindruckt. Die Nacht auf dem Postschiff, die wir auf Deck in unseren Schlafsäcken verbracht haben, war die schönste Nacht meines Lebens! Obwohl es ganz schön kalt war, haben wir die Stunden so genossen, in denen wir in den schillernden und flackernden Himmel schauen konnten. Den Blick in den Himmel genießend schliefen wir selig ein.
Das Wandern in der Wallachei, die eine richtige Wandergegend ist, war toll. Einmal haben wir fünf Kühe eingefangen, wobei ich ein bisschen Bedenken hatte, ob sie friedlich blieben oder aggressiv würden.

Aufgabe 2
Individuelle Lösung

Seite 46

2.4 Rechtschreibstrategien und Rechtschreibregeln kennen und anwenden

Lernstand **Aufgabe 1**
- **Beispiel:** *Das Buch, das (welches) du mir geschenkt hast, ist spannend.*
- **Rechtschreibregel: Regel:** Partizip Präsens (Partizip I) schreibt man mit *-d* am Ende, **Strategie:** Verlängerungsprobe
- **Strategie:** Im Wörterbuch nachschlagen. **Beispiele:** die Fränkische Schweiz, *die Heilige Schrift*

Aufgabe 2
Früher wurden Einkäufe meist in oft ~~Kosten lose~~ kostenlose Plastiktüten gepackt. Aus ~~Umwelt Gründen~~ Umweltgründen wurde diese Praxis nun abgeschafft. Entweder man bezahlt ~~Extra~~ extra, oder bringt seine Tasche selbst mit. Hier deshalb mein Umwelttipp der Woche: Es gibt ~~bezauberndschöne~~ bezaubernd schöne Stoffbeutel für kleines Geld, die in einem bunt gemusterten (auch richtig: buntgemustert), kleinen Säckchen verwahrt werden können. Somit habt ihr sie immer ~~griff bereit~~ griffbereit und platzsparend in eurer Tasche. Eure Paula

Aufgabe 3
Falsch: „Aus Umweltgründen, erklärte Paula, wurde das nun abgeschafft". (Z. 1) → Richtig: „Aus Umweltgründen", erklärte Paula, „wurde diese Praxis nun abgeschafft." (Z. 1 f.)

Seite 47

Fehleranalyse betreiben und Fehlerschwerpunkte bearbeiten

Differenzierte Aufgabe 1
Zwei: nominalisiertes Pronomen // **Mittwochmorgen:** Verbindung aus Wochentag + Tageszeit → groß und zusammen // **balinesisch:** Herkunftsbezeichungen auf -isch → klein // **paradiesisch schön:** Verbindungen aus zwei Adjektiven nur in Ausnahmefällen zusammen (*tiefblau*), hier nicht // **strahlend weiß:** Verbindungen aus Partizip + Adjektiv immer getrennt // **14-stöckig:** Adjektiv (Ableitungsbasis Nomen) // **tagtäglich:** feste Adjektivverbindung // **umweltgerecht:** Verbindung aus Nomen + Adjektiv i. d. R. zusammen // **das Verbrennen:** nominalisiertes Verb // **das Ganze:** nominalisiertes Adverb // **die beiden:** beide/n ausschließlich klein // **Onlinepetition:** wegen Nomen im Deutschen groß und zusammen // **plastiktütenfrei:** Verbindung aus Nomen + Adjektiv i. d. R. zusammen // **das Beste:** nominalisierter Superlativ
wie balinesisch: englisch, bayrisch/bayerisch/bairisch, afrikanisch // **wie paradiesisch schön:** unglaublich gescheit, endlos lang, verwegen mutig // **wie strahlend weiß:** bedrückend still, bezaubernd schön, betont großzügig // **wie 14-stöckig:** 5-eckig, durstig, mutig // **wie umweltgerecht** oder **plastiktütenfrei:** sonnenverwöhnt, seelenruhig, erkenntnisfrei

Aufgabe 2
Der Vergleich ergibt, dass das Korrekturprogramm nicht alle falschen Schreibungen erkannt hat. Die Konsequenz ist, dass man selbst die Rechtschreibung beherrschen muss.

Seite 48

Regeln der Groß- und Kleinschreibung sowie der Getrennt- und Zusammenschreibung wiederholen und anwenden

Aufgabe 1
klein (Regel 1) // **biologischen** oder **botanischen, großschreiben** (Regel 2) // **nur einmal** (Regel 3) // **ein feststehender Begriff, beide** (Regel 4)

Aufgabe 2
mein erstes Frühstück (1) // der gemeinsame Mitarbeiter (1) // der Blaue Planet (3) // die Große Raubmöwe (3) // der blaue Himmel (1) // der Gemeine Bärenklau (2) // der Erste Mai (4) // das Rote Kreuz (3)

Seite 49
Aufgabe 3
Beispiellösung

Eigennamen von Dingen, die es nur einmal gibt: *das Aachener Münster, der Bamberger Reiter, die Blaue Mauritius, Vereinigte Staaten von Amerika, die Chinesische Mauer …* // **Titel und Ehrennamen:** *Karl der Kahle, Pippin der Jüngere, Karl der Große …*	**Namen biologischer bzw. botanischer Arten:** *die Belgische Dogge, der Deutsche Schäferhund, die Violette Goldtrompete, die Brasilianische Guave …* // **Namen bestimmter Tage/Feiertage:** *Weißer Sonntag, Schwarzer Freitag, Blauer Montag, Grüne Woche …*

differenzierte Aufgabe 4
sonnengelb // blitzschnell // federleicht // messerscharf // haushoch // daumendick
Beispiellösung: Paul hat es **faustdick** hinter den Ohren. // Die Figur auf dem Opernplatz ist mehr als **lebensgroß**. // Sie hat ihrer Freundin alles **brühwarm** erzählt. // Michael hat gestern das Haus **grußlos** verlassen. // Diese Lösung ist nicht **wasserdicht**.
individuelle Lösungen: Es ist darauf zu achten, dass der Text über die Nomen-Adjektiv-Verbindung hinaus orthografisch richtig ist.

Aufgabe 5
balinesische Schwestern, Deutsche Einheit, lieben Tante, Englische Bulldogge, Bayerische Alpen, Blaue Enzian, Scharfer Hahnenfuß, stachelige Kratzdistel, Iwan, der Schreckliche; räudiger Hund, Kleiner und Großer Wagen

Seite 50

Aufgabe 6
beängstigend hohe (2) // eiskalt (1) // todtraurig (1) // leichter verdaulich (4)

Aufgabe 7
erschreckend häufig // gleißend hell // verlockend ähnlich // bezaubernd schön // beängstigend hoch // verschwindend gering // leuchtend hell

Seite 51

Fremdwörter richtig schreiben und flektieren

Aufgabe 1 und 2
die **A**nalyse – analysieren, ich analysiere, ich analysierte, ich habe analysiert // das **B**rainstorming – brainstormen, ich brainstorme, ich brainstormte, ich habe gebrainstormt // das **C**oaching – coachen, ich coache, ich coachte, ich habe gecoacht // das **D**ate – daten, ich date, ich datete, ich habe gedatet // die **E**-Mail – mailen, ich maile, ich mailte, ich habe gemailt // die **F**latrate – kein Verb // die **G**arantie – garantieren, ich garantiere, ich garantierte, ich habe garantiert // das **H**eadset – kein Verb // das **I**t-Girl – kein Verb // der **J**ournalist – kein Verb // der **K**ontext – kein Verb // das **L**easing – leasen, ich lease, ich leaste, ich habe geleast // die **M**anipulation – manipulieren, ich manipuliere, ich manipulierte, ich habe manipuliert // die **N**o-go-Area – kein Verb // die **O**bservation – observieren, ich observiere, ich observierte, ich habe observiert // die **P**araphrase – paraphrasieren, ich paraphrasiere, ich paraphrasierte, ich habe paraphrasiert // die **Q**ualifikation – sich qualifizieren, ich qualifiziere mich, ich qualifizierte mich, ich habe mich qualifiziert // die **R**ekapitulation – rekapitulieren, ich rekapituliere, ich rekapitulierte, ich habe rekapituliert // die **S**ymbiose – kein Verb // das **T**uning – tunen, ich tune, ich tunte, ich habe getunt // die **U**rbanisierung – urbanisieren, meist passivisch: es wird urbanisiert, wurde urbanisert, ist urbanisiert worden // das **V**akuum – vakuumieren, ich vakuumiere, ich vakuumierte, ich habe vakuumiert // die **W**ork-Life-Balance – kein Verb // das **X**ylophon – kein Verb // der **Y**oungster – kein Verb // der **Z**ylinder – kein Verb

Aufgabe 3
Individuelle Lösung

Aufgabe 4
Fremdwörter des Dialogs nach Wortarten sortiert:
Nomen: der Blog (Abkürzung für Webblog) = öffentlich zugängliche Webseite, die ständig um Kommentare oder Notizen zu einem bestimmten Thema ergänzt wird // die Influencerin = Frau, die durch stetige Medienpräsenz auffällt // der Link = Verknüpfung mit einer Internetseite // der Look = Moderichtung, Modeerscheinung // der Lifestyle = Lebensstil // die App = zusätzliche Applikation, die auf Smartphones und Tablet-PCs heruntergeladen werden kann // die Fashion = Mode // die Affinität = Anziehung // die Chemikalie = industriell hergestellter chemischer Stoff // die Substanz = Stoff, Materie
Adjektive: extrovertiert = aufgeschlossen/offen // recycelbar = lässt sich recyceln/wiederbenutzen
Verben: polarisieren = Gegensätze schaffen // recyceln = erneut als Rohstoff einsetzen, wiederaufbereiten, wiederverwerten // shoppen = einen Einkaufsbummel machen, einkaufen

Seite 52

Regeln der Zeichensetzung beim Zitieren beachten

Aufgabe 1
„Nur gemeinsam", so betonte ein Experte, „können wir das Problem der Plastikflut in den Griff bekommen." Dieser Aussage stimmte eine Schülerin zu und ergänzte: „Meere haben keine Grenzen und deshalb müssen alle Länder an der Lösung mitarbeiten." „Oder wollen wir unseren Kindern [...] etwa mehr Müll als Fische im Meer hinterlasssen?", fügte Frau Marek, die Geografielehrerin, an.

Aufgabe 2
Beispiellösungen:
- Im Beitrag „Bye Bye Plastic Bags – Zwei, die nicht mehr zusehen wollen" finden wir dazu die folgende Aussage: „1000 Kubikmeter Plastikmüll – eine Menge in der Höhe eines 14-stöckigen Gebäudes – produzieren die Menschen dort tagtäglich." (Z. 5 ff.)
- Die balinesischen Schwestern erreichten, „ihr Heimatdorf Pererenan plastiktütenfrei zu machen" (Z. 13 f.) und dass die Regierung „ab 2018 alle Plastiktüten auf der Insel ...] verbiete[t]." (Z. 15 f.)
- „[Das gemessene Plastik im Magen der Eissturmvögel] ist ein anerkannter Verschmutzungsgradmesser." (aus: Meeresverschmutzung, S. 50, Z. 4 f.)
- Paula beschreibt in ihrem Blog unsere Verantwortung: „Der Wind wehte die Sachen umher, sogar in den Bach, der Teile mit sich spülte – vielleicht klein gehäckselt bis ins Meer? [...] Das Müllproblem ist überall und jeder kann und muss etwas dagegen tun! Packen wir es an." (Z. 12–15)

Aufgabe 3
Individuelle Lösungen

Seite 53

Kompetenztest: Texte richtig schreiben und daraus zitieren

Aufgabe 1
Schul-Aktion: „Upcycling – Basteln mit Müll"
Im Dezember fand am Christoph-Schreiner-Gymnasium in Nürnberg eine megageniale Projektwoche statt. Mit dabei war die WWF-Jugend mit der Aktion „Upcycling – Basteln mit Müll". Ziel war neben einer Sensibilisierung für die Müllproblematik auch die Schaffung einer faszinierend positiven Atmosphäre zum kreativen Umgang mit unseren Ressourcen. Entstanden war die bärenstarke Idee auf einer Plastikfrei-Aktion am Ostersonntag in München. Dort wurde ich überraschend spontan von einem Lehrer nach Nürnberg eingeladen, als ich eher geistesabwesend den zuckersüßen Deutschen Schäferhund meines supernetten Kollegen kraulte. Nach ein paar E-Mails mit der Schule gab es strahlend hellgrünes Licht und wir konnten eine WWF-Jugend-Aktion starten!
Es war eine aufsehenerregende und gleichzeitig gewinnbringende Aktion. Da wir weder leichtsinnig noch blauäugig sind, gab es eine megadetaillierte konzeptionelle Planung. Im ersten Block wurde mit Videos, Brainstorming und Materialien zur Veranschaulichung den hochmotivierten Teilnehmern das Thema näher gebracht. Im zweiten Block ging es rasend schnell dazu, selbst aktiv zu werden. Es wurden aus Dosen bildschöne Blumentöpfe gestaltet. Shampooflaschen wurden gnadenlos zu Handyhalterungen und Portemonnaies umfunktioniert. Das Ergebnis war mehr als berauschend schön. Im letzten Block waren alle kräftemäßig am Ende, doch konnten wir noch eine Mindmap über Handlungsalternativen zur Vermeidung von Plastik im Alltag erarbeiten.

Nachdem sich jeder Teilnehmer ein heißgeliebtes Lieblingsstück aussuchen durfte, wurde der Rest kurz vor dem Heiligen Abend auf dem Weihnachtsbasar verkauft. Sogar der Erste Bürgermeister kam vorbei und kaufte sich eine blauweiß gemusterte Dose, die mit einem bezaubernd schönen bunten Vergissmeinnicht bepflanzt war.
Dieses nervenaufreibende und herausfordernde Pilotprojekt war ein voller Erfolg und sollte unbedingt wiederholt werden. Ich schließe mit der tiefsinnigen Aussage des Teilnehmers Ben: Es hängt also von uns ab, wie die Zukunft wird.

Aufgabe 2

Richtig ist: „Sensibilisierung für die Müllproblematik," so eine Bloggerin, „und Schaffung einer [...] positiven Atmosphäre zum kreativen Umgang mit unseren Ressourcen." (Blog von Jenny vom 27.10.2019, Z. 2–5)

Tipps

Wenn deine sprachlichen Kompetenzen generell noch verbessert werden können:

- Mache dir die sprachlichen Unterschiede zwischen mündlicher und schriftlicher Kommunikation bewusst. Vermeide beim Schreiben „offizieller" Texte Mündlichkeitsmerkmale (umgangssprachliche Ausdrucksweise, durchgängige Kleinschreibung, Rechtschreib- und Grammatikfehler oder andere Nachlässigkeiten).
- Lies viel. Beim Lesen prägst du dir Schreibweisen ein und lernst viele unterschiedliche Satzarten, Satzglieder und Wörter kennen.
- Analysiere Sätze und bestimme Satzglieder:
  - Fertige ein Schema an, auf dem alle dir bekannten Satzglieder und ihre Beziehung zueinander abgebildet sind.
  - Schreibe einen Satz mit möglichst vielen Satzgliedern auf eine Pappe. Schneide die einzelnen Satzglieder aus und ergänze auf der Rückseite, wie du danach fragst.
  - Führe mit den einzelnen Pappstücken auch die Umstellprobe und die Weglassprobe durch.

Wenn du Probleme bei der Rechtschreibung hast:

- Lege ein Rechtschreibwörterbuch auf deinen Schreibtisch. Schlage schwierige Wörter immer nach oder nutze ein digitales Rechtschreibprogramm.
- Kontrolliere eigene Texte mit einer Korrekturkarte: Lies deinen Text zunächst vorwärts und achte darauf, was du geschrieben hast. Lies den Text dann rückwärts Wort für Wort: Decke nur das letzte Wort im Text mit der Korrekturkarte auf. So lässt du dich nicht vom Textinhalt ablenken. Lies genau, was dasteht, und achte auf die Rechtschreibung.
- Arbeite mit einer Fehlerkartei: Lege in einem Karteikasten für jedes fehlerhaft geschriebene Wort eine Karteikarte an. Schreibe auf die Vorderseite das korrekte Wort und auf die Rückseite ein Verwendungsbeispiel. Ordne die Wörter alphabetisch. Überprüfe mithilfe eines Lernpartners regelmäßig, ob du die Schreibung des Wortes jetzt beherrschst.
- Wende Rechtschreibstrategien (siehe Heftklappe) beim Überarbeiten deiner Texte an.
- Überprüfe Texte, die du am PC geschrieben hast, mithilfe der Rechtschreibkorrektur des Textverarbeitungsprogramms. Mache dir dabei bewusst, dass das Computerprogramm nicht alle Fehler findet oder auch falsche Korrekturen vorschlagen kann.

Wenn du deinen Ausdruck schulen und treffende Formulierungen verwenden möchtest:

- **Finde Unter- und Oberbegriffe:**
  Lege Mind-Maps zu Themen in gelesenen Texten an und schreibe auf die Äste jeweils passende Unterbegriffe, die du im jeweiligen Text dazu findest. Ergänze wenn möglich weitere Begriffe. Suche dabei auch Synonyme. So erweiterst du deinen Wortschatz.
- **Lege eine Fremdwortkartei an:**
  Schreibe dafür jedes von dir neu gelernte Fremdwort auf eine Karteikarte. Notiere darauf die Herkunft, eine „Übersetzung" (also eine deutsche Entsprechung) und einen Beispielsatz. Ordne die Karten alphabetisch. Prüfe immer wieder stichprobenartig, ob du noch alle schon gelernten Fremdwörter kennst.
- **Suche nach alternativen Ausdrücken:**
  Nimm dir in einem Text einen Satz vor. Versuche, den gleichen Inhalt noch einmal anders auszudrücken, indem du möglichst viele neue Wörter verwendest (Artikel und Präpositionen dürfen gleichbleiben). So lernst du, abwechslungsreich zu formulieren.
- **Lege ein Heft „Meine neuen Wörter" an:**
  Schreibe in dieses Heft aus jedem Text, den du gelesen hast, fünf Wörter, die du bisher noch nicht selbst verwendet hast. Versuche sie ab jetzt, in dein eigenes Schreiben und Sprechen zu integrieren. Du wirst sehen, wie dir diese Methode dabei hilft, dich immer besser auszudrücken.
- **Lege dir für bestimmte kommunikative Absichten Sammlungen mit Formulierhilfen an:**
  Beispiel **Textzusammenfassung:** In dem Text xy geht es um ... / Der Text xy geht der Frage nach ... / Zentraler Inhalt des Textes xy ist ... / Das Thema des Textes xy ist ...
  Beispiel **Argumentationsstruktur:** Am wichtigsten ist ... / Dazu ist als erstes anzuführen ... / Das Hauptargument dafür ist ... / Nicht weniger wichtig ist aber auch ... / Man darf aber auch keineswegs übersehen ... / Es sei jedoch darauf hingewiesen ...
- **Verwende den Konjunktiv zur Wiedergabe von Aussagen Dritter:**
  Benutze dabei würde-Formen nur, wenn Konjunktiv-Formen unklar oder veraltet sind. Nutze auch *sollen* und *wollen* zur Wiedergabe fremder Behauptungen.
- **Achte beim Schreiben von Texten auf ihren kohärenten, also zusammenhängenden und logischen Aufbau:**
  Nutze dafür neben Konjunktionen und Subjunktionen vor allem auch Proformen (Pronomen, Pronominaladverbien und Konjunktionaladverbien).

Lesen – mit Texten und Medien umgehen

Seite 54

3.1 Literarische Texte erschließen

Lernstand **Aufgabe 1**

Am Wochenende erwarten uns ... : 1, 4, 5
Um uns herum rauschte ... : 2, 3, 6

Seite 55

Aufgabe 2

„der Sommerabend ...“: Personifikation
„Glühwürmchen ...“: Vergleich
„eine kleine weiße Rose ...“: Personifikation
„Die Büsche beten ...“: Personifikation
„Die große Sonne ...“: Metapher

Aufgabe 3:

Beispiellösung: Die ungewöhnliche Personifikation des Sommerabends als fiebernder Mensch schafft erhöhte Aufmerksamkeit beim Leser und ruft möglicherweise Erinnerungen an eigene Erfahrungen mit diesem Fieberzustand hervor. Die geschilderten Zustände (Wangenglühen und Müdigkeit) werden anschaulich und eindringlich.
In der zweiten Strophe verwendet Rilke durchgängig Bilder aus dem Bereich „Kirche/Gottesdienst“. Damit stellt er eine gedankliche Verbindung zur Göttlichkeit der Natur her.

Aufgabe 4:

Es war, als hätt ... : Lyrik // Margarete: ... : Drama // Ich befahl mein Pferd ... : Epik

Aufgabe 5:

G: lyrisches Ich, Lied, Strophe // E: Erzähler, Ich-Perspektive, Außensicht // D: Szene

Seite 56

Inhalte von Erzähltexten zusammenfassen und Erzählmerkmale analysieren

Aufgabe 1

Beispiellösung: In der Geschichte geht es um die Hoffnungen und Träume eines Mädchens, das sich einsam fühlt und aus seinem Leben ausbrechen möchte.

Seite 57

Aufgabe 2 und 3

1. Abschnitt (Z. 1–14)	**ÜS: Ein einsamer Geburtstag:** Keiner beachtet den Geburtstag des Mädchens. // Enttäuscht isst sie den Kuchen zunächst allein. // Sie lädt ihre Freunde ein.
2. Abschnitt (Z. 15–28)	**ÜS: Gemeinsamkeit am See:** Freunde kommen und feiern mit ihr am See. // Die Erzählerfigur freut sich, dabei zu sein. // Das Mädchen scheint sich nicht zu freuen.
3. Abschnitt (Z. 29–42)	**ÜS: Die beiden Jugendlichen als Leuchtpunkte:** Die Erzählerfigur und das Mädchen betrachten zwei Jugendliche und sehen ihre glühenden Zigaretten. // Die Zigaretten lassen sie die vielen Sterne am Himmel wahrnehmen.
4. Abschnitt (Z. 43–53)	**ÜS: Der Mut, einen Wunsch zu äußern:** Die Erzählerfigur möchte dem enttäuschten Mädchen etwas schenken. // Das Mädchen äußert den Wunsch nach Pizza.
5. Abschnitt (Z. 54–68)	**ÜS: Der Weg zu den Sternen:** Ermutigt von den beiden Jugendlichen möchte die Erzählerfigur den Wunsch des Mädchens erfüllen. // Er bricht mit ihr auf, obwohl er um die Vergeblichkeit ihres Weges weiß.

Seite 58

Aufgabe 4

Beispiellösung: ... aber das war ein Tröstungsversuch, indem ich den Wunsch des Mädchens ernst nahm, und alles tun wollte, um ihn zu errreichen.

Aufgabe 5

- Obwohl es wahrscheinlich keine Pizza mehr gibt, möchte die Erzählerfigur alles versuchen, um ihr eine zu kaufen. (=konkrete, textbezogene Formulierung)
- Obwohl Träume manchmal nicht zu realisieren sind, muss man es doch mit aller Kraft versuchen. (=generelle, textübergreifende Formulierung)

Aufgabe 6

Beispiellösung:

Erste Lücke: einen nahezu unerfüllbaren Wunsch zu erfüllen.
Zweite Lücke: man versuchen sollte, Träume trotz ihrer Unerreichbarkeit zu verfolgen.

Differenzierte Aufgabe 7

Erzählform: Ich-Form // **Erzählperspektive:** Erzähler ist eine handelnde Figur // **Erzählsicht:** Innensicht

Wirkungen: **(a)** Der Leser teilt die Perspektive der Erzählerfigur, die von sich erzählt. → Ich-Form // **(b)** Gefühle des Mädchens werden von der Erzählerfigur nur vermutet, dadurch Distanz → Innensicht // **(c)** Gefühle der Erzählerfigur werden breit wiedergegeben.
→ Innensicht // **(d)** Dadurch entsteht Nähe zwischen dem Leser und der Erzählerfigur. → Ich-Form // **(e)** Erzähler als Teil der Geschichte → Erzähler ist handelnde Figur // **(f)** Der Erzähler schlüpft in die Rolle einer Figur. → Erzähler ist handelnde Figur

Beispiellösung: Die für den Text gewählte Ich-Form führt dazu, dass der Leser die Perspektive der Erzählerfigur teilt, die am Schluss den Mut zum Aufbruch findet. Dadurch entsteht eine Nähe zu der Erzählerfigur, die noch durch die gewählte Innensicht verstärkt wird: Während ihre Gefühle und Gedanken breit wiedergegeben werden, werden die Gefühle des Mädchens nur von der Erzählerfigur vermutet und indirekt wiedergegeben. Dies unterstreicht noch die vom Mädchen gefühlte Einsamkeit. Da der Erzähler in die Rolle einer Figur schlüpft, rücken seine Handlungen ins Zentrum und die Bedeutung seines Mutes für die ganze Geschichte wird unterstrichen.

Seite 59

Aufgabe 8

Beispiellösung: Der Autor nutzt die Figurenrede, weil dadurch die Worte des Mädchens direkter wiedergegeben werden. So wird das Gespräch realistisch und präzise erzählt. Der Erzählerbericht dagegen gibt ihre Worte nicht direkt wieder, sodass beim Lesen der Eindruck entsteht, nicht unmittelbar anwesend zu sein.

Aufgabe 9

Beispiellösung: Der Dialog wird in direkter Rede wiedergegeben, was den Eindruck verstärkt, in der Situation selbst anwesend zu sein. Der Erzähler als Figur wird nicht fassbar, man hört als Leser den beiden sprechenden Figuren direkt zu. Dies zeigt auch die Vertrautheit der beiden Figuren.

Aufgabe 10
Individuelle Lösung

Seite 60
Handlungsweisen und -motive von Figuren für das Textverständnis untersuchen

Aufgabe 1
Sie klang sehr traurig, weil sie Geburtstag hatte und niemand bei ihr war. Keiner von ihren Freunden hatte daran gedacht. Auch der nicht, den sie liebte. Ihr blieb also nichts anderes übrig, als sich nachmittags allein in die Küche zu setzen, ihren selbstgebackenen Kuchen zu essen und mit dem Biertrinken anzufangen. Irgendwann kam sie auf die Idee, von sich aus ein paar Freunde anzurufen. Sie sagte, ich habe heute Geburtstag; vielleicht habt ihr Lust, vorbeizukommen und ein bisschen zu feiern. // Sie sah aus wie jemand, der sich nicht darüber freut, Geburtstag zu haben. Ihre Gäste machten Scherze und lachten, und er war nicht da. // Es gibt kaum etwas, das man jemandem sagen kann, der sich vom Rest der Welt verlassen fühlt. Ich wollte nicht mit ihr tauschen. „Ich möchte Pizza", sagte sie plötzlich. Natürlich wusste sie, dass das unmöglich war. // Sie wehrte sich nicht. Ihre Hand war kalt, und sie zitterte wie jemand, der zu viel Bier getrunken und zu viel nutzlosen Kuchen gebacken hatte. Wir stolperten den Weg am See entlang. // „Ich hab doch Geburtstag", sagte sie. „Ich hab doch Geburtstag."

Aufgabe 2
Enttäuschung – Sie klang sehr traurig ... den sie liebte. (Z. 2–5) **und** Sie sah aus ... Geburtstag zu haben. (Z. 26–28) // **Einsamkeit** – Ihr blieb also nichts anderes übrig, ... allein ... (Z. 6 ff.) und Es gibt kaum etwas ... verlassen fühlt. (Z. 46–49) // **Wunsch nach Veränderung** – Irgendwann kam sie auf die Idee, von sich aus ein paar Freunde anzurufen. (Z. 10 f.) und „Ich möchte Pizza", sagte sie plötzlich. (Z. 50) // andere Gefühle: individuelle Lösung

Aufgabe 3
Beispiellösung: Bis dann Max mit mir losgefahren ist. Es war total verrückt – ich wollte eine Pizza essen und er meinte, ich bekäme sie auch. Dabei wussten wir doch beide, dass um diese Zeit in diesem kleinen Ort nirgendwo mehr eine Pizza aufzutreiben war. Wir fuhren die ganze Uferstraße entlang und hörten CD. Ganz hinten am See, am anderen Ufer, gab es noch die kleine Tankstelle. Da haben wir zwei Stück fettige und eigentlich viel zu scharfe Pizza bekommen. Wir setzten uns ins Auto, ließen die Fenster herunter und Max fuhr wieder los. Der Fahrtwind fuhr durch unsere Haare, ich kaute glücklich auf meiner Pizza und hatte zum ersten Mal an diesem Tag das Gefühl, nicht allein auf der Welt zu sein.

Aufgabe 4
Sie tut mir wirklich leid: Alle sind da, aber niemand interessiert sich wirklich für sie. Sie kommt mir richtig traurig und verlassen vor.
Ich möchte irgendwas tun. Vielleicht kann ich sie aus dieser Situation hier rausholen?

Seite 61
Differenzierte Aufgabe 5
■ zu streichen sind: überheblich, schüchtern und egoistisch
■ Beispiellösung: *Die Erzählerfigur wird aktiv, indem sie das Mädchen an die Hand nimmt und mit ihm losgeht, um seinen Wunsch zu erfüllen* (Z. 54 ff.) Das Handeln der Erzählerfigur ist für das Mädchen **tröstend**, weil sie deren Einsamkeit versteht und ihre Situation verändern will. Die Erzählerfigur hilft dem Mädchen, indem sie mit ihr aufbricht und sie aus der Situation befreit. Ihre mitfühlende Art hilft dem Mädchen bereits, sich besser zu fühlen. Durch Beobachtungsgabe schafft die Erzählerfigur es als einzige, sich in das Mädchen hineinzuversetzen.
■ Individuelle Lösungen

Aufgabe 6
- beobachtet Situation genau und erkennt Enttäuschung des Mädchens (Z. 46–49 Es gibt kaum etwas ... Ich wollte nicht mit ihr tauschen.)
- freut sich über Einladung, da sie sich mit ihm wohlfühlt (Z. 18: Als sie mich einlud, freute ich mich sehr ...)
- Jugendliche und Himmel voller Sterne bringen die Erzählerfigur auf eine Idee (Z. 40–42 Sie hatten nichts mehr ... Und der Himmel war voller Sterne.)
- Erzählerfigur kennt Mädchen noch nicht lange und ist nur lose mit ihm befreundet. (Z. 19 f.: obwohl ich sie noch nicht lange kannte ...)
- Mut zum Traum (Z. 42: Und der Himmel war voller Sterne.)
- zeigt Mitgefühl und möchte Freundin etwa schenken (Z. 44 f.: bekam ich Lust, meiner Freundin etwas zu schenken)
- zeigt mutig, dass Erzählerfigur den enttäuschenden Geburtstag noch wenden möchte (Z. 54 ff.: Wie auf ein Zeichen hin.)

Aufgabe 7
Beispiellösung: Der Junge – die Benennung der Protagonistin „als Mädchen" legt nahe, den Ich-Erzähler als Jungen zu identifizieren - ist ein sehr guter Beobachter. Der genaue Blick für das Umfeld und die Gefühle der Mitmenschen zeigen sich in **seiner** Fähigkeit, die Gefühlslage des Mädchens richtig zu deuten und auch zu **verstehen, während die** anderen die Enttäuschung des Mädchens nicht wahrzunehmen **scheinen.**
Außerdem ist er eher zurückhaltend **und** handelt **zunächst** nicht an der Geburtstagsfeier. **Vielmehr** beschreibt **er** die Situation, die Gefühls- und Handlungsweisen der anderen.
Er hat eine feine Beobachtungsgabe, **sodass er** die Gefühlslage des Mädchens verstehen **kann.** Aus seiner Kenntnis ihrer Einsamkeit und Enttäuschung entwickelt er Mitgefühl **und** möchte ihr etwas schenken.
Die Situation, in der er aktiv wird, zeigt seinen Mut und sein Verantwortungsgefühl. **Obwohl es** um diese Zeit keine Pizza mehr geben **wird,** fährt er los, um ihr ihren Wunsch zu erfüllen – oder es zumindest zu versuchen.

Seite 62
■ Einen informierenden Text zu einem Erzähltext schreiben und überarbeiten

Aufgabe 1
Aus der Geschichte kann man lernen, dass es manchmal wichtig ist, auch das unmöglich Scheinende zu versuchen. (3) // Anschließend ruft sie einige Freunde an und lädt sie ein, mit ihr zu feiern. (2) // Die Handlung setzt damit ein, dass die Erzählerfigur von einem Mädchen angerufen wird, dessen Freunde alle ihren Geburtstag vergessen haben. (2) // Die Erzählhandlung wird von zwei Figuren bestimmt, der Erzählerfigur und einem mit der Erzählerfigur bekannten Mädchen. (2) // Die Erzählung „Wir schießen Gummibänder zu den Sternen" wurde von Stefan Beuse im Jahr 1997 verfasst. (1) // Die Erzählung endet damit, dass die Erzählerfigur mit dem Mädchen in die Nacht aufbricht, obwohl sie um die Vergeblichkeit seines Wunsches weiß. (2)

Aufgabe 2

Aus der Geschichte kann man lernen ...	anschließend	die Handlung setzt damit ein	die Handlung wird bestimmt	wurde verfasst	die Erzählung endet damit
• der zentrale Aspekt der Geschichte ist ... • damit zeigt die Erzählung, dass ...	• danach • daraufhin • im weiteren Verlauf • später • bald darauf	• am Beginn der Erzählung	• im Zentrum der Handlung stehen/steht	• ... hat ... geschrieben • ist im Jahr ... entstanden	• den Abschluss bildet ... • am Ende ...

Aufgabe 3
Beispiellösungen: das Mädchen: ist zunächst traurig und enttäuscht, weil alle seinen Geburtstag vergessen haben; am Ende der Geschichte stellt es sich durch Äußerung eines Wunsches bewusst gegen die Traurigkeit // **die Erzählerfigur:** Geschlecht bleibt unklar, ist mitfühlend und empathisch; nimmt den Wunsch des Mädchens ernst und gibt dem Mädchen so Hoffnung

Seite 63
Aufgabe 4
Richtig wäre die Lösung 2; Lösung 3 scheidet aus, weil sie nicht vollständig ist; in Lösung 1 ist das Thema nicht getroffen, denn nicht die enttäuschende Erfahrung steht im Mittelpunkt, sondern die Stärkung des Mädchens durch die Erzählerfigur.

Aufgabe 5
Der Text enthält formale Fehler (Verwendung von Präteritum, Z. 4 u. 6; wörtliche Rede, Z. 19). Zudem sind die fünf behaupteten Handlungsschritte nicht konsequent angezeigt. Darüber hinaus ist die sprachliche Gestaltung noch verbesserungswürdig. Folgende **Beispiellösung** wäre denkbar:
Die Erzählung, in deren Zentrum ein Mädchen und die mit dem Mädchen bekannte Erzählerfigur stehen, kann in fünf Handlungsschritte unterteilt werden.

Die Handlung setzt damit ein, dass die Erzählerfigur von einem Mädchen angerufen wird, dessen Freunde seinen Geburtstag vergessen haben und es deshalb traurig, enttäuscht und allein in seinem Zimmer sitzt. In der Folge lädt es selbst telefonisch seine Freunde, einschließlich der Erzählerfigur, zum Kuchenessen ein und fährt mit ihnen anschließend an einen See, um dort Musik zu hören und Bier zu trinken.

Doch das Mädchen scheint sich anschließend auch in Anwesenheit seiner Freunde am See nicht zu freuen.

Die Erzählerfigur und das Mädchen betrachten schließlich zwei Jugendliche am anderen Ufer des Sees, die Zigaretten rauchen. Deren glühende Zigaretten lassen die beiden Hauptfiguren dann die Sterne am Himmel wahrnehmen.

In der Erzählerfigur entsteht der Wunsch, dem Mädchen etwas zu schenken, und dieses äußert seinerseits den Wunsch, eine Pizza essen zu wollen.

Wegen dessen Niedergeschlagenheit und ermutigt durch den Blick in den Himmel nimmt die mitfühlende und empathische Erzählerfigur das Mädchen an die Hand und möchte versuchen, ihm diesen Wunsch zu erfüllen.

Aufgabe 6
Beispiellösung:
Die Variante (1) ist insofern nicht zufriedenstellend, als sie nicht über den im Basissatz geäußerten thematischen Kern hinausgeht und ihn quasi nur wiederholt.
Die Variante (2) ist logisch nicht wirklich nachvollziehbar formuliert.
Eigene Variante könnte sein: Die Erzählerfigur bricht mit dem Mädchen am Ende ins Ungewisse auf, um ihm zu zeigen, dass sie seinen Wunsch ernst nimmt. Aus der Geschichte kann man lernen, dass es manchmal wichtig ist, auch das unmöglich Scheinende zu versuchen, wenn man damit jemanden glücklich machen kann.

Seite 64
Das Textverständnis durch die Lektüre von Vergleichstexten vertiefen
Aufgabe 1
Beispiellösung: Ich möchte das Meer kennenlernen, die Wellen kennenlernen, die Welt kennenlernen. Was wird dabei auf mich zukommen? Gefahren ... vielleicht Delphinjäger, vielleicht Strudel, in denen selbst ich als Delphin nicht mehr meine Richtung halten kann. Vielleicht alte Netze, in denen ich mich verfange und nicht mehr loskomme. Trotzdem weiß ich, dass ich aufbrechen muss ...

Aufgabe 2

Text	**Der träumende Delphin**	**Wir schießen Gummibänder ...**
Ort	Schwarm im Meer = vertraute Umgebung	Geburtstagsfeier mit „Freunden" = vertraute Umgebung
Zeit	anbrechende Nacht	Nacht
Hauptfigur(en)	Daniel Delphin	das Mädchen (und die Erzählerfigur)
Gefühl vor dem Aufbruch	Neugier aufs Leben	Traurigkeit, Einsamkeit (Mädchen)
Gefühlslage beim Aufbruch	Vorfreude und leise Zweifel	Unsicherheit und Mutlosigkeit (Mädchen)

Seite 65
Aufgabe 3
Beispiellösungen: Während Daniel den Aufbruch selbstbestimmt plant, ist das *Mädchen passiver und folgt dem Jungen.* // Der Schwarm des Delphins ist vergleichbar mit dem Freundeskreis *des Mädchens, in dem sich das Mädchen nicht verstanden und einsam fühlt und seine Träume nicht verwirklichen kann.* // Obwohl das Mädchen und die Erzählerfigur eigentlich nur eine Pizza holen möchten, hat der Aufbruch auch in dieser Erzählung eine tiefere Bedeutung: *Die beiden verlassen den gewohnten Ort und versuchen, etwas fast Unmögliches zu verwirklichen. Sie folgen ihren Wünschen (und Träumen).*

Differenziert Aufgabe 4
■ **Beispiellösung:** Einsamkeit, Eintönigkeit, Wunsch nach Nähe
■ **Beispiellösung:** Das Mädchen im Lied wartet passiv auf jemanden, der „von außen" kommt und es findet. Dieser Wunsch wird im Liedtitel schon als „broken dream" bezeichnet, der nicht mehr verwirklicht werden kann. Das Mädchen in der Erzählung hingegen verlässt die Einsamkeit des Alltags und sucht mit der Erzählerfigur einen neuen Weg.

Beispiellösung: Beide Mädchen leben in der Hoffnung, dass sich in ihrem Leben etwas ändert und sie aus der gefühlten Einsamkeit des eintönigen Lebens ausbrechen können. Beim Mädchen im Lied wird diese Situation allerdings viel pessimistischer gestaltet: Das Mädchen wartet passiv auf jemanden „out there", der ihm helfen könnte, und versucht nicht aus eigener Kraft, der trostlos empfundenen Lage zu entkommen. Das Lied schließt mit dem Zustand des Alleinseins, der Liedtitel „broken dreams" weist bereits darauf hin, dass diese Hoffnung wohl nicht realisiert wird. Das Mädchen der Erzählung schafft es hingegen mithilfe der Erzählerfigur, sich aus der Lage zu befreien. Zunächst wird es selbst aktiv und lädt Freunde ein, dann wünscht es sich eine Pizza und bietet damit der Erzählerfigur einen Anlass, mit ihm gemeinsam der Situation zu entfliehen. Es stellt sich dem Wunsch und der Hoffnung auf Veränderung aktiver und bricht am Ende der Erzählung tatsächlich auf. Die Geschichte ist damit viel optimistischer in Bezug auf die Frage, ob man seine Träume auch tatsächlich realisieren kann.

Aufgabe 5
Beispiellösung: In der Geschichte „Der träumende Delphin" kann der Delphin sprechen und handeln wie ein Mensch, was ein Fiktionalitätssignal darstellt. Die Geschichte muss deshalb erfunden sein. In Stefan Beuses Erzählung hingegen ist kein Element zu erkennen, was sich in der Wirklichkeit nicht hätte ereignen können.

Seite 66
Kompetenztest: Erzählmerkmale untersuchen und einen Erzähltext zusammenfassen und deuten

Aufgabe 1
Während die Gehörlosen ruhig bleiben, weil das Nicht-Hören zu ihrem Leben gehört, sind die, die früher gehört haben, fassungslos und suchen nach einem Ausweg.

Aufgabe 2
Verzweiflung (z. B. Z. 22) // Wut (z. B. Z. 15 f.) // Unsicherheit (z. B. Z. 33)

Seite 67
Aufgabe 3
Innensicht – Erzähler außerhalb der erzählten Welt

Aufgabe 4
Du siehst nicht wirklich die Welt, wenn du nur durch dein eigenes Fenster siehst.

Aufgabe 5
Beispiellösung: Im Text geht es darum, wie Menschen plötzlich mit einer neuen Situation (nicht mehr hören zu können) umgehen müssen. Sie sind völlig überfordert und haben Angst.

Aufgabe 6
Beispiellösung: Der Text besitzt ein Happy End, weil die neue Perspektive der Hörenden dazu führt, dass sie Verständnis für die Situation der Gehörlosen bekommen.

Aufgabe 7
Beispiellösung: **Die Erzählung** von Franz Hohler **„Die stumme Welt" handelt** von Hörenden, die plötzlich stumm werden, und dadurch die Gehörlosen besser verstehen lernen.
Die Geschichte wird in folgenden Handlungsschritten erzählt:
Im ersten Absatz wachen eines Morgens alle Menschen gehörlos auf und finden sich in dieser Welt nicht zurecht. Sie gehen zum Arzt oder versuchen, sich die Ohren zu säubern. Danach werden sie von den Menschen, die auch vor diesem Tag schon gehörlos waren, getröstet und in der Welt ohne Gehör begrüßt.
Der letzte Absatz liefert selbst einen Deutungsansatz für die Erzählung: Durch diese Erfahrung entwickeln die Menschen ohne und mit Gehör mehr Verständnis füreinander.
Mit dieser Geschichte zeigt Franz Hohler, dass Menschen oft nur dann Verständnis für die Probleme anderer Menschen aufbringen, wenn sie selbst **in eine derartige Situation geraten** und dadurch selbst eine neue Perspektive einnehmen können.

Aufgabe 8
Beispiellösung: Der Text in Aufgabe 7 weist über die unterstrichenen Ausdrucksmängel hinaus keine weiteren Fehler auf; er kann deshalb durchaus als Musterlösung angesehen werden.

Seite 69
Lyrische Texte untersuchen und verstehen: Das Zusammenspiel von Form, Sprache und Inhalt untersuchen

Aufgabe 1
Beispielinfos zum Poetry Slam: Erfunden wurde der Poetry-Slam vom amerikanischen Bauarbeiter Marc Kelly Smith, der aus Chicago stammt. Dieser veranstaltete den ersten Poetry-Slam am 20. Juli 1986 im Green Mill Jazz Club in Chicago. Der Poetry-Slam sollte langweilige Lesungen ablösen und verbreitete sich von Chicago aus. Zunächst gelangte das neue Literaturformat nach Nordamerika und 1989 gab es zum ersten Mal einen Poetry-Slam in New York. In Deutschland verbreitete sich der Poetry-Slam zunächst in Berlin und von dort aus in ganz Deutschland.
Wichtige Vertreter dieser jungen Literaturbewegung sind Julia Engelmann, Sebastian 23, Hazel Brugger und Lars Ruppel.

Aufgabe 2
Geschlecht: eher männlich (vgl. V. 10), aber nicht unbedingt eindeutig, **Alter:** zwischen 16 und 20 Jahre, **Wohnort:** nicht klar, **Nationalität:** vermutlich deutsch, jedenfalls auf dem Land in Deutschland aufgewachsen, **gegenwärtiger Aufenthaltsort:** Großstadt

Differenzierte Aufgabe 3
Das lyrische Ich ist nicht gleichzusetzen mit dem Autor.
Das lyrische Ich kann auch eine junge Frau sein, Autor ist jetzt älter, lyr. Ich kann an vielen ländlichen Orten Deutschlands aufgewachsen sein, Großstadt beliebig etc.
Beispiellösung: Autor und lyrisches Ich (genauso wie der Erzähler in epischen Texten) sind in der Regel nicht gleichzusetzen, da ein Autor Autobiografisches in seinen Werken verarbeiten kann, aber nicht muss. Der Autor kann Erfahrungen anderer Menschen verarbeiten, die ihm auf unterschiedliche Weise zur Kenntnis gekommen sind, oder nur bestimmte einzelne Facetten seiner Persönlichkeit ausdrücken. Das schließt allerdings nicht aus, dass gerade in live aufgeführten Poetry Slams ein hohes Maß an Identität zwischen Slammer und lyrischem Ich vorhanden ist.

Seite 70
Aufgabe 4 und 5
Sinnabschnitt A / Inhalt: Kindheitsspiele in der Natur, aufkommendes Interesse an Partys und Mädchen / mögliche Intention: Erfahrung von Naturnähe und Freiheit in der Kindheit, Erleben von Abenteuern, Aufregung, Veränderung in der Pubertät/neue Interessen: Zusammensein mit Gleichaltrigen, feiern, sexuelles Interesse; Farbgebung grün (Naturnähe, Glück)

Sinnabschnitt B / Inhalt: Hören von Flugzeugen, Träume von anderem Ort, Wut, Klagen / mögliche Intention: Gefühl des Eingesperrtseins, Traum von einer freien Zukunft, Sehnsucht, etwas Neues zu erleben und auszuprobieren; Farbgebung: blau: träumen, Himmel, Sehnsucht

Sinnabschnitt C / Inhalt: Bahnhof, Leuchtreklamen, „Fluss der Zeit", Rotlichtviertel, „Menschen, die aus der Realität gleiten"/ mögliche Intention: lebendiges, vielfältiges, anregendes Leben, Möglichkeit der Selbstverwirklichung, Möglichkeit selbst Erfahrungen zu machen, etwas auszuprobieren in der Großstadt; Farbgebung: bunt

Sinnabschnitt D / Inhalt: Beschreibung des Lebens auf dem Land als unerträglich, Ausdruck der Sehnsucht, den Ort zu verlassen: mögliche Intention: → Auflösung der Bilder: Langeweile (im Koma), Gleichförmigkeit, Kontrolle und Enge, Bösartigkeit, Unwissen und Oberflächlichkeit (Stammtischparolen), Perspektivlosigkeit, rechtes Gedankengut, Überalterung, Verlogenheit bei Brauchtum und Religion; Farbgebung: grau/braun

Differenzierte Aufgabe 6

■ „Dann geh doch."

■ ■ **Individuelle Lösungen:** Es ist darauf zu achten, dass im mittleren Niveau die Fortsetzung stimmig ist und im höchsten Niveau Inhalt und Stil passend gewählt sind.

Aufgabe 7

Beispiellösungen: Leute kennenlernen, wie wenn man Alzheimer hat (V. 27): Krankheit, Ironie: verwendet im Sinne von **scheinbar** ständig Neues erfahren // Möglichkeiten sprießen wie Gräser aus den Wiesen (V. 20): Natur, ständiges Nachwachsen von Neuem // tiefgründig wie Gartenteich (V. 52): künstlich gestaltete Natur, Ironie: Seichtheit des Landlebens // Leben als Sack Kartoffeln (V. 50): Landwirtschaft, Leben ist langweilig, tot und dreckig // Lebensort im Arsch der Welt (V. 40): Körper, Abwertung des Lebensortes

Seite 71

Aufgabe 8

Beispiellösung: **Kartoffel:** brauchbar für Interpretation: Erde, Schmutz, langweilig, Kartoffeleintopf, braun, Sack etc.; nicht brauchbar: Pommes Frites, Ketchup, Kartoffelschäler, Butter etc. **Pralinen:** lecker, süß, Geschenk, Geburtstag, Schokolade, braun, Marzipan, Nugat, naschen, Zahnweh, Bauchweh, Pralinenschachtel, Dekoration etc.

Aufgabe 9

■ **Individuelle Lösung**

■ Manche Konnotationen, die bei der Assoziationsübung notiert wurden, führen nicht weiter, weil sie nicht zum Inhalt des Slamtextes passen, sich zu weit von ihm entfernen.
Beispiellösung: **Pralinenmetapher:** Im Text wird das Leben als eine Schachtel Pralinen (Vers 49) beschrieben. Dieses Bild macht deutlich, dass man nie wissen kann, was einen im Leben erwartet, und dass das Leben voller Überraschungen steckt.
Kartoffelmetapher: Im Text wird das Leben als Sack Kartoffeln (Vers 50) bezeichnet. Dieses Bild macht deutlich, dass man im Leben manchmal genau weiß, was einen erwartet und es dadurch langweilig und wenig abwechslungsreich wirkt.

■ **Beispiellösung:** dieser Zauber sich legte (Vers 9): Die anfängliche Faszination lässt nach.

Aufgabe 10

Beispiellösung: Der **Reim** verbindet zwei ganz gegensätzliche Dinge, die auch gegensätzlich bewertet werden: Alkoholmissbrauch und die Schönheit der Landschaft, die man genießen kann. Der **Gegensatz** wird verstärkt, indem der Alkoholmissbrauch **umgangssprachlich** mit „sich volllaufen lassen" benannt wird und besonders durch die **Verbindung** mit dem **bildungssprachlichen** „perspektivlos" wirkt. Beim zweiten Beispiel wird mit dem Mittel der **Übertreibung** gearbeitet, zusätzlich wird der Ort personifiziert. Der **Vergleich** „wie Oma und Opa" übertreibt, macht bildlich die Überalterung anschaulich.

Aufgabe 11

Individuelle Lösung

Seite 72

Zeitgeschichtliche Informationen bei der Deutung eines Gedichtes aus einer anderen Zeit einbeziehen

Aufgabe 1

Sinneswahrnehmung visuell: sieht die Vögel, die im Sturm fliegen und den Strand/das Meer mit den vom Sturm aufgepeitschten Wellen, die Gischt, die Wimpel von Schiffen, die auf den Wellen auf und nieder gehoben werden

Aufgabe 2

Wünsche: **Sehnsucht** nach Abenteuer und Fortgehen, nach Bewegung (mit dem Wind um Leben und Tod ringen, das Walross jagen), nach Selbstbestimmung (Steuerruder ergreifen), für sich selbst kämpfen können und danach, ein Soldat, ein Mann zu sein

Aufgabe 3

Verben und Adjektive der Bewegung: wühlen, umstrichen, flatternden, wilder, umschlingen, ringen, frisch, spielende, tummeln, schnellen, springen, tobende, jagen, wehn, sich auf- und niederdrehen, zischend, brandende, streifen
Verben und Adjektive der Ruhe und des Stillstands: stehen (V. 1), sitzen (V. 29)
Verteilung: ganz am Anfang der ersten Strophe: Ruhe, Bewegungslosigkeit (stehen), dann in den ersten drei Strophen; Bewegung, in der vierten Strophe wieder Bewegungslosigkeit (sitzen), nur in den letzten beiden Versen wird wieder die Sehnsucht nach Bewegung zur Sprache gebracht, aber deutlich, dass dies nur heimlich gedacht, aber nicht verwirklicht werden kann

Seite 73

Aufgabe 4

Das lyrische Ich ist körperlich ruhig, aber in Gedanken in Bewegung. // Das lyrische Ich kann seine Situation nicht ändern und ist unzufrieden.

Aufgabe 5

Individuelle Lösungen

Differenzierte Aufgabe 6

■ spíe/len/de Dóg/gen // glän/zen/de Fló/cken // ko/rál/le/nen Wáld // käm/pfen/den Schíff // tó/ben/de Méu/te

■ lautmalerisch: flattern, Gezisch, zischen, tummeln, keck, Geklaff und Gezisch, Wimpel wehen, Sehne an Sehne, auf freier Flur (gleiche Anfangslaute/Alliterationen),

■ Wirkung des Rhythmus:
bewegt, tänzerisch (Walzertakt)
(Daktylen)

Aufgabe 7

Individuelle Lösungen

Seite 74

Aufgabe 8

Beispiellösung: Frauen sind rechtlich am Anfang des 19. Jahrhunderts unmündig, das heißt, sie haben keine Rechte, sondern ihre Väter, Ehemänner oder Brüder bestimmen über sie. Sie bleiben immer abhängig und müssen froh sein, wenn sie einen Vater oder Ehemann haben, der sie gut behandelt. Von einer Frau wird erwartet, dass sie sich nicht in die Politik („Welthändel") und die Wirtschaft einmischt, schon gar nicht selbst aktiv wird. Frauen sollen sein wie Kinder: gehorsam und naiv. Manche Frauen haben dieses Frauenbild verinnerlicht und halten sich selbst von der Welt außerhalb des Lebensbereiches fern und bleiben ganz auf Haus und Familie fixiert: Sie sind „stolz" auf ihre Naivität, die als Unschuld, Reinheit gesehen wird.

Aufgabe 9

Individuelle Lösungen: möglicher Inhalt: Vergleich der Beschreibung des Frauenlebens mit den Ergebnissen aus der Gedichtinterpretation: lyrisches Ich fühlt sich eingeengt, sieht seine Lage klar (vom „Turme" aus), formuliert seine Sehnsucht nach Ausbruch aus der Enge, der aber als Frau unmöglich erscheint, spricht von seiner mangelnden Selbstbestimmung und Abhängigkeit, die im Gedicht zum Ausdruck kommt; lyrisches Ich wehrt sich innerlich gegen dieses Frauenbild („Mänade")

Aufgabe 10

Die flatternden Haare stehen für die Sehnsucht, aus der eingeengten Position als Frau auszubrechen.

Aufgabe 11

Individuelle Lösungen

Seite 75

Kompetenztest: Form, Aufbau und Inhalt eines lyrischen Textes untersuchen

Aufgabe 1

Hier spricht kein lyrisches Ich, das im Text erkennbar ist. Vielmehr **spricht das lyrische Ich als Erzähler im Text eine andere Person an.**

Aufgabe 2

Beispiellösung: Das Gedicht lässt sich in verschiedene Sinnabschnitte einteilen. Es wechseln sich Abschnitte in der Zeitform des Perfekts oder Präteritums mit Teilen im Präsens ab. Zu Beginn steht der erste Teil im Perfekt und dient als Rückblende. Danach folgen zwei Abschnitte im Präsens. Daran schließt ein Teil im Präteritum an und zum Schluss folgt ein Teil im Präsens.

Aufgabe 3

Beispiellösung: Der Text beschreibt die Gefühlslage des Angesprochenen. Zuerst ist dieser ängstlich und zieht sich zurück, dann wird er stärker (Refrain), in der zweiten Rückblende (Zeile 17–22) wird die angesprochene Person als hilflos und ruhig beschrieben, die dann selbstbewusster wird und die Kraft entwickelt, etwas zu verändern. Zum Abschluss des Gedichts wird dann wieder auf den Refrain zurückgegriffen und die Person als autark und stark beschrieben.

Aufgabe 4

Paar-Reime: befreit – bereit (Zeile 9/10), zu – du (Zeile 25/26); mögliche Antwort: Der Reim in den jeweils aufeinanderfolgenden Verszeilen erzeugt sprachlich eine besondere Nachdrücklichkeit bzw. Entschlossenheit, was zu den Inhalten der Gedichtzeilen passt.

Aufgabe 5

Fest wie ein Turm stehen (V. 14) = standfest bleiben, nichts bringt einen zum Wanken // mit dem Rücken zur Wand stehen (V. 17) = keinen Ausweg sehen // den Schalter selbst umlegen (V. 23) = selbst einen Prozess der Veränderung ins Rollen bringen // Der Schüssel zur Wende sein (V. 26) = der Auslöser für eine Veränderung sein

Seite 78

Dramentexte verstehen und die Interaktion der Figuren untersuchen

Aufgabe 1

1. Teil (Z. 1–29): Geheimnis auf dem Dachboden: Schmitz und der Andere sind auf dem Dachboden und befürchten, in ihrer Absicht erkannt zu werden. // 2. Teil (Z. 29–61): Der versuchte Rauswurf: Biedermann möchte Schmitz aufgrund der Lautstärke rauswerfen. // 3. Teil (Z. 62–116): Beschwichtigungsversuche nach der Entdeckung des Anderen: Biedermann entdeckt, dass Schmitz seinen Freund dabei hat. Beide wollen ihn beruhigen und dessen Anwesenheit erklären. // 4. Teil (Z. 117–146): Die Entdeckung des Benzins: Biedermann sieht die Fässer und macht sich bewusst, dass die beiden Benzinfässer auf seinen Dachboden gebracht haben.

Aufgabe 2

Biedermann betritt den Dachboden, um **Schmitz hinauszuwerfen.** Sein Fazit zeigt allerdings, dass er **vor lauter Verwunderung über die Vorgänge dieses Ziel nicht erreicht und nicht mehr vor Augen hat.**

Aufgabe 3

..., indem er diese ignoriert und eine höfliche Gegenfrage stellt. // ..., zunächst zu gehorchen und Entgegenkommen zu signalisieren, indem er seine Schuhe nimmt. // ..., indem er von diesem Befehl ablenkt, indem er den Anderen plötzlich anspricht.

Seite 79

Aufgabe 4

Biedermann → (Eisenring + Schmitz)
Verständnis

E signalisiert vordergründig Verständnis gegenüber B, E und S sind Komplizen, Wut von B gegenüber E und S.

Aufgabe 5

Beispiellösung: Schmitz hat Eisenring mit auf den Dachboden gebracht und lenkt Biedermanns Aufmerksamkeit zunächst auf Eisenring. Danach stellt er sich naiv, um so dem Zorn Biedermanns zu entgehen und ihn von seinem ursprünglichen Ziel abzubringen, die beiden hinauszuwerfen.

Aufgabe 6

Beispiellösung: ...weil er selbst nicht unschuldig ist und deshalb nicht die Aufmerksamkeit der Polizei erregen will. (Dies hat im Drama zur Folge, dass er sich zunehmend zum Komplizen der Männer macht, weil er der Wahrheit nicht ins Auge sehen will und Meister der Verdrängung ist.)

Seite 80

Aufgabe 7

Art der Regie-anweisung	Beispiel 1	Beispiel 2
... zum Aussehen der Figuren:	„immer im Kostüm des Ringers" (Z. 2)	„zieht sich die Krawatte zurecht" (Z. 27 f.)
... zum Ort:	„im Dämmer-dunkel" (Z. 16)	„verriegelte Tür" (Z. 22)
... zum Handeln der Figur:	„stumm, nimmt seine Schuhe" (Z. 50)	„zeigt mit gestrecktem Arm zur Tür" (57)
... zur Interaktion der Figuren:	„blicken einander an" (Z. 67)	„Er wendet sich an Biedermann" (Z. 77)

Differenzierte Aufgabe 8

Beispiellösungen:

■ Biedermann ist komplett weiß gekleidet. Schmitz und Eisenring dagegen in schwarz-weiß. Besonders auffällig sind die beiden feuerroten Perücken von Eisenring und Schmitz.

■ Der „naive" Biedermann trägt das Weiß der Unschuld. Die Perücken von Eisenring und Schmitz zeigen bereits, was die beiden tun möchten und werden – Brände stiften.

■ Ich halte die Kostüme für gelungen, weil die Perücken der beiden Brandstifter direkt auf ihre Tat verweisen. Dies passt zum Stück, in dem die Absicht der beiden eigentlich sofort klar wird, sie aber dennoch aufgrund der Verdrängung von Biedermann von ihrer Tat nicht abgehalten werden.

Aufgabe 9

Beispiellösung: Inszenierungen dürfen sich von im Stück selbst gegebenen Regieanweisungen unterscheiden, da jeder Regisseur die Freiheit hat, das Stück neu zu interpretieren. Dieser Freiheit sind allerdings Grenzen gesetzt, weil zentrale Aussagen des Stücks auch in der neuen Inszenierung noch sichtbar werden sollen.

Seite 81

Im Drama Merkmale und Verhaltensweisen von Figuren untersuchen

Aufgabe 1

Äußere Merkmale Biedermanns: Mantel, Hut, Ledermappe, Armbanduhr

Seite 82

Aufgabe 2

korrekt und ordentlich: (1) „blickt auf seine Armbanduhr", (2) „vergewissert sich, ob er alles in der Mappe hat", (3) „gibt einen Gewohnheitskuss"

selbstzufrieden und egoistisch: (1) „zum letzten Mal: Er ist kein Brandstifter", (2) „Ich schreie dich nicht an, Babette, ich schreie ganz allgemein", (3) „Ich bin zu gutmütig, du hast schon recht"

materialistisch: (1) „diesem Knechtling werde ich die Kehle schon umdrehn", (2) „weil ich ihn nicht mehr brauche", (3) „Warum hast du Knechtling entlassen?"

Aufgabe 3

Beispiellösung: Biedermann hat seinen Angestellten Knechtling entlassen, weil er ihn nicht mehr braucht. Offensichtlich hat Knechtling das Haarwasser, das Biedermanns Firma vertreibt, mitentwickelt. Nun sieht Biedermann keinen Nutzen mehr für sich darin, Knechtling weiter zu beschäftigen.
Er berücksichtigt also nur seine eigenen Interessen und handelt egoistisch, ohne sich für seinen Angestellten verantwortlich zu fühlen.

Aufgabe 4

egoistisch

Aufgabe 5

Beispiellösung: **Gottlieb Biedermann trägt seinen Namen**, weil er sehr selbstbezogen und kleingeistig handelt und stets seinen eigenen Vorteil sucht. Dies passt zur Bezeichnung „Biedermann" für einen spießigen Kleinbürger. // Knechtling ist ebenfalls ein sprechender Name, weil die Figur im Drama von Biedermann als Knecht behandelt wird: Er wird ausgenutzt, indem er das Haarwasser für die Firma entwickelt, dann allerdings entlassen. Das Suffix -ling gibt der Bezeichnung Knecht noch eine zusätzliche negative Wirkung.

Seite 83

Differenzierte Aufgabe 6

■ Biedermann meint, er sei zu gutmütig, weil er Knechtling einfach nur entlassen hat, anstatt Schlimmeres zu unternehmen, obwohl ihn dieser angeblich ausnützen will.

■ Auch Babette schimpft Biedermann als zu gutmütig, aber sie bezieht diese Aussage auf **sein Verhalten gegenüber Schmitz**, während sie sein Verhalten gegenüber Knechtling **nicht als gutmütig, sondern eher als hart wahrnimmt.**

■ Während Biedermann sich selbst als zu gutmütig wahrnimmt, ist die Sicht von Babette auf ihn eine andere: Sie versteht sein gutmütiges Vertrauen gegenüber Schmitz nicht, kann aber die Entlassung des fleißigen Arbeiters Knechtling nicht nachvollziehen. Selbst- und Fremdeinschätzung unterscheiden sich hier also stark.

Seite 84

Kompetenztest: Dramentexte und ihre Figuren untersuchen

Aufgabe 1

Regieanweisung, Bühne, Monologe, Publikum, Schauspieler, Akte und Szenen, Dialoge, Rollen

Aufgabe 2

(1) Er **stellt sich vor.** // (2) Er **fragt.** // (3) Er **wirft** ihnen ihr Eindringen **vor.** // (4) Er **macht** Schmitz und sich selbst **Vorwürfe.** // (5) Er **äußert seine Aufregung**/Unverständnis. // (6) Er **bestätigt** seine Meinung/**betont** das Gesagte. // (7) Er **rechtfertigt sich.**

Aufgabe 3

Was und wie sprechen die Personen? (Redehandlung) // Wie ist das Verhältnis der Personen? (Personenkonstellation und Interaktion) // Wie ist das Bühnenbild gestaltet? (Bühnenbild) // Wie sehen die Figuren aus und warum sehen sie so aus? (Aussehen)

Aufgabe 4

Beispiellösung: Eisenring ist Biedermann deutlich überlegen, er spielt mit ihm: Biedermann stellt naive Fragen, ohne zu verstehen, was die Eindringlinge vorhaben, und regt sich auf. Eisenring tut so, als ob er Verständnis für Biedermann habe. Eisenring tut auch so, als sei er Schmitz überlegen, aber nur, um ihr Verhalten gegenüber Biedermann zu rechtfertigen. Aber eigentlich arbeitet er mit Schmitz zusammen (gleiche Ebene).

Seite 85

3.2 Sachtexte erschließen und für das Schreiben eigener Texte nutzen

Lernstand **Aufgabe 1**

Beispiellösung:

Die Nachricht informiert kurz und objektiv über ein neues, wichtiges Ereignis. Sie verweist auf einen auf den nachfolgenden Seiten stehenden Bericht.

Der Bericht ist im Lead-Stil verfasst. Das bedeutet, dass er eine Schlagzeile, eine Unterzeile, dann erläuternde Aspekte und ergänzende Details aufweist. Der Bericht ist sachlich und objektiv formuliert.

Der Kommentar ist ein subjektiver Meinungsbeitrag zu einem Bericht. Er enthält wertende sprachliche Mittel und intendiert, die Leser von der dargelegten Meinung zu überzeugen. Am Ende des Kommentars wird der Autor namentlich genannt.

Aufgabe 2

Beispiellösung: Thema: Schulfest; **Adressat:** Schüler, ggf. Lehrer und Eltern; **Textaufbau:** Lead-Stil; **Tempus:** Präteritum; **Intention:** informieren; **Sprache/Stil:** sachlich, objektiv; **Darauf muss ich achten:** keine persönlichen Meinungsäußerungen, Lead-Stil, Präteritum etc.

Seite 86

Sachtexte mit geeigneten Kategorien untersuchen und unterscheiden

Aufgabe 1

Panorama – Mehr als 100 Tote bei Großbrand (Nov. 2012) (WAS? und WANN?)

Unglücksfabrik in Bangladesch produzierte auch für ein Bekleidungsunternehmen mit Sitz u. a. in Deutschland (WER? und WO?)

Todesfalle Textilfabrik: Mehr als 100 Menschen (WER?) sterben in einem Inferno. Von den Produktionshallen in Bangladesch (WO?) bleiben nach dem Brand (WIE?) nur noch verkohlte Trümmer übrig. […]

Aufgabe 2

1 f, 2 -, 3 d, 4 -, 5 a, 6 g, 7 c, 8 e, 9 b,

Seite 87

Differenzierte Aufgabe 3

■ Nachricht → Begründung: Es werden reine Fakten darüber genannt, was wo wann passiert ist.

■ Es handelt sich um eine Nachricht. Darin werden meist die fünf W-Fragen (Wer? Was? Wie? Wo? Wann?) rein sachlich/objektiv beantwortet, damit die Leserinnen und Leser über ein wichtiges aktuelles Ereignis informiert werden und deren Interesse daran geweckt wird, den ausführlichen Bericht auf einer der nachfolgenden Zeitungsseiten zu lesen.

■ Eine Nachricht enthält die wichtigsten Informationen häufig in einem kurzen einspaltigen Text. In der Nachricht werden die W-Fragen beantwortet, damit die Leserinnen bzw. die Leser über die wichtigsten Fakten des Ereignisses informiert werden und deren Interesse daran geweckt wird, den ausführlichen Bericht auf einer nachfolgenden Seite in der Zeitung zu lesen.

Aufgabe 4

Mögliche Begründung für hohe Glaubwürdigkeit: Die Nachricht ist sachlich distanziert formuliert. Der Autor nennt den Ort des Geschehens, die Todeszahlen und dass ein deutsches Unternehmen die Fabrik beliefert hat. Es wird keine Meinung geäußert.

Aufgabe 5

☒ Der Text ist ein Bericht, weil sich die wichtigsten W-Fragen zu dem Ereignis beantworten lassen.

☒ Der Text ist wie ein Bericht aufgebaut: Schlagzeile, Unterzeile, Kurzzusammenfassung gefolgt vom Haupttext mit vielen Hintergrundinformationen zu dem Ereignis.

Aufgabe 7

informieren → **Begründung:** Der Text enthält keine Formulierungen, die den Leser zum Handeln auffordern (= appellieren). Der Text enthält keine meinungsbildenden (= überzeugenden) Passagen.

Aufgabe 8

Textilindustrie in Bangladesch: Deutschland sollte Anschubfinanzierung für eine Unfallversicherung leisten
Von Timot Szent-Ivanyi

… Am Morgen des 24. April 2013 … Gebäudekomplex Rana Plaza … 1127 Menschen wurden getötet, 2438 zum Teil schwer verletzt … wurden die Gebäude sicherer gemacht, Fluchtwege angelegt und Brandschutztüren eingebaut. Die Kontrollen wurden verstärkt, die Löhne angehoben … Entschädigung der verletzten Opfer und der Hinterbliebenen … 30 Millionen Dollar … Aufbau einer gesetzlichen Unfallversicherung … Finanzierung von Stipendien, …

Seite 89

Aufgabe 6

Bangladesch trauert um die Toten der Brandkatastrophe	③ Schlagzeile
Bei dem Brand starben mehr als 100 Menschen, über 200 weitere wurden verletzt.	⑥ Untertitel
(dpa) Nach dem fatalen Brand in einer Textilfabrik ist die Empörung groß in Bangladesch. Wütende Arbeiter protestieren gegen die schlechten Arbeitsbedingungen. Die Regierung ruft einen Tag der Trauer aus.	⑦ Lead (= ④ Kurzzusammenfassung)
Dhaka: Wut und Trauer in Bangladesch: Nach dem verheerenden Großbrand in einer Textilfabrik gedenkt das Land der mehr als 100 Toten.	
Die Nichtregierungsorganisation Anjuman-e-Mafidul Islam bot an, die Beerdigungen zu übernehmen. […]	Ab hier: ① Body (= ⑤ Haupttext) mit ② Einzelheiten und Hintergrundinformationen zu Ursachen und Folgen des Unglücks
Das Feuer in dem Gebäude, das mehrere Näh-Fabriken beherbergt, konnte demnach schnell unter Kontrolle gebracht werden.	

Seite 90

Aufgabe 9

Zur Überschrift: Das direkte Inbeziehungsetzen der Textilindustrie in Bangladesch und der Finanzierung einer Unfallversicherung durch Deutschland erweckt das Interesse der Leser in Deutschland.
Zum Textanfang: Thema: Konsequenzen aus dem Einsturz des Gebäudes in Rana Plaza // **Intention:** Der Autor informiert über die bereits erfolgten Verbesserungen in der Textilindustrie.
Zum Text insgesamt: Argumente: Zahlreiche Opfer wurden entschädigt. // Einige Unternehmen zahlten 30 Millionen Dollar in einen Entschädigungsfond. // These: Die Opfer seien auf die Zahlung von dem „guten Willen der Unternehmen angewiesen". // Die Fabriken wurden nach dem Einsturz sicherer gemacht.
Bildliche Sprache: „kollabierte der Gebäudekomplex" → Das Gebäude hat einen Schwächeanfall, es ist eingestürzt. // „der gute Wille der Unternehmen" → Personifikation: Das Unternehmen hat einen eigenen Willen und kann sich entscheiden, wie es sich verhält
wertende Adjektive: größte, verstärkt, gut, angelegt …
wertende und strukturierende Adverbien: zumindest, ansatzweise, daher, allerdings, beispielsweise, derart … → Bildlichkeit (= Anschaulichkeit) und Wortwahl (emotionsfördernd) verstärken die Eindringlichkeit der Argumentation.
Zum Textende: Der Autor möchte mit seinem Schlussabsatz die Leserinnen und Leser seines Kommentars von der Beteiligung Deutschlands bei einer Anschubfinanzierung für eine Unfallversicherung in Bangladesch überzeugen.

Aufgabe 10

Kommentar, **mögliche Begründung:** Der vorliegende Text ist ein Kommentar, da hier über die Darstellung von Fakten hinaus eine Meinung wiedergegeben wird, von der der Autor die Leserinnen und Leser mit Argumenten und durch emotionale Sprache überzeugen will.

Seite 91

Aufgabe 11

Individuelle Lösung: Der Antworttext sollte die Position des Schreibers deutlich formulieren und er sollte sich in der Argumentation auf den Ausgangstext von Seite 89 beziehen, entweder unterstützend oder gegenargumentierend. Dabei helfen Formulierungen aus dem Speicher.

Aufgabe 12

Beispiellösung: Der Online-Kommentar von Kaia ruft dazu auf, die Verantwortung für eine Verbesserung der Arbeitsbedingungen der Näherinnen auch bei den Fabrikbesitzern und den Kunden zu suchen und macht zudem konkrete Vorschläge – beispielsweise Demonstrationen –, wie dies erreicht werden könnte.

Aufgabe 13

Wer ist schuld und wer sollte endlich etwas unternehmen? … Schiebt man […] die Schuld in die Schuhe … macht man es sich ein bisschen zu einfach … Was ist mit den Fabrikbesitzern vor Ort? … gierigen … doch vollkommen egal … Aber auch wir alle […] sind in der Pflicht … die armen jungen Mädchen … im Stich zu lassen … Warum sorgen wir nicht für eine Kontrolle der großen Unternehmen und der Fabriken vor Ort? Warum unterstützen wir die Näherinnen nicht finanziell und organisieren Demonstrationen vor den Türen der Fabriken? Lehnen wir uns weiter zurück, dann lässt die nächste Katastrophe sicherlich nicht lange auf sich warten. Wir alle können helfen … endlich … auf die Straße gehen … wir fragen als Kunden … Offen gesagt, weiß ich aber selbst nicht, wo man am besten anfängt. … Kaia … 18. Januar 2016

Aufgabe 14

Adressat: Leserschaft von Online-Portalen und damit Käufer/-innen von Textilien; **Intention:** Die Autorin des Online-Kommentars fordert die Leserinnen und Leser auf, sich für bessere Arbeitsbedingungen der Näherinnen in Bangladesch zu engagieren, beispielsweise in Form von Demonstrationen, und appelliert an die Leserschaft, die Verantwortung auch bei sich selbst und den Fabrikbesitzern in Bangladesch zu suchen. Sie will alle Beteiligten aus der Bekleidungsbranche wachrütteln und vor den Folgen des bisherigen Vorgehens warnen (erneute Katastrophe!).

Seite 92

Sprachliche Gestaltung von Zeitungstexten untersuchen und deren Funktion für Textkohärenz und Überzeugungskraft analysieren

Aufgabe 1

sprachliche Mittel	Textbeispiel	Funktion
bildliche Sprache (genau: Personifikation)	„kollabierte der Gebäudekomplex" (Z. 3)	*Personifikationen veranschaulichen ansonsten abstraktere Formulierungen*
	„der gute Wille der Unternehmen" (Z. 23 f.)	
wertende Adjektive und Zahlwörter	größte (Z. 1)	*Superlative zeigen die Intensität, (sollten aber nicht zu häufig verwendet werden, sonst verpuffen sie)*
	Dutzende (Z. 4)	*Dutzend = 12; viel mehr als 12 → ungenaue Angabe soll Unübersichtlichkeit der Lage, aber auch die Größe des Ausmaßes verdeutlichen*
	1127 und 2438 (Z. 5 und 6)	*Genauer Wert, um die enorme Dimension des Leids zu verdeutlichen*
	vergleichsweise (Z. 17)	*Vergleich mit anderen Werten, um das Leid hervorzuheben*
	gute (Z. 17)	*positive Bewertung*
wertende Adverbien	nicht ansatzweise (Z. 24 f.)	*Negation (nicht) einer sowieso schon geringen Maßangabe (ansatzweise) verstärkt die Geringfügigkeit*
	allerdings (Z. 30 f.)	*Betonung des Folgesatzes*
	vielmehr (Z. 31 f.)	*Hervorhebung der nachfolgenden Aussage*

Seite 93

Differenzierte Aufgabe 2

Textauszug: ①②③=wertend // ④⑤=sachlich

Weitere Textbeispiele	sachlich	wertend
Es war der größte Fabrikunfall in der Geschichte von Bangladesch. (Z. 1 f.)	✗	○
Die Unternehmen zahlten 30 Millionen Dollar in einen Entschädigungsfonds. (Z. 18 f.)	✗	○
Das gute Beispiel darf aber nicht darüber hinwegtäuschen, dass genau hier das Problem liegt: (Z. 20 ff.)	○	✗
Die Finanzierung von Stipendien, um entsprechendes Fachwissen zu erwerben, kann allerdings nur ein erster Schritt sein. (Z. 28 ff.)	○	✗
Vielmehr sollte überlegt werden, ob sich Deutschland beispielsweise an einer Anschubfinanzierung für eine derartige Versicherung beteiligt. Das wäre gut angelegte Entwicklungshilfe. (Z. 31 ff.)	○	✗

Beispiellösung für weitere sachliche Auszüge: z.B. alle Informationen von Z. 2 bis 14
Beispiellösung für weitere wertende Auszüge: Z. 15 – 18, Z. 26 – 28
Festzustellen ist, dass sachliche und wertende Anteile in dem Text etwa gleich groß sind.

Zustimmende Position: Deutschland sollte Bangladesch mit einer Anschubfinanzierung helfen, die Bedingungen der Textilarbeiterschaft dort zu verbessern. (mögliche Argumente: deutsche Kunden profitieren von günstiger Bekleidung, die reiche erste Welt trägt gegenüber Entwicklungs- oder Schwellenländern Verantwortung …)
Mögliche Gegenposition: Deutschland ist nicht dafür zuständig, die Arbeitsbedingungen der Textilindustrie in Bangladesch zu verbessern. (mögliche Argumente: Bangladesch nimmt die Steuern aus der Bekleidungsindustrie ein, also ist es für die Unterstützung auch selbst verantwortlich; durch Anschubfinanzierung stützt man das prinzipiell ausbeuterische System …)

Seite 94

Aufgabe 3

a – 2, b – 3, c – 1, d – 6, f - 5, e – 4: Die Autorin zeigt die Möglichkeit auf, dass wir in Deutschland mit Demonstrationen die Anbieter ebenfalls unter Druck setzen könnten, bessere Arbeitsbedingungen zu schaffen.

Seite 95 und 96

Aufgabe 4 und 5

Aufbau des Textes: Zunächst geht die Autorin des Online-Kommentars auf die Gier der Fabrikbesitzer ein. Sie behauptet, dass diese „humane und sichere Arbeitsbedingungen" nicht in den Fokus stellen würden.
Im nächsten Absatz spricht sich die Kommentatorin für eine breite Unterstützung der Arbeiterinnen aus. Dabei geht sie auf eine Reihe von Möglichkeiten ein, wie das geschehen könnte: So könnten wir eine strengere Kontrolle der großen Modefirmen und der Fabriken vor Ort anregen, die Arbeiterinnen finanziell unterstützen und Demonstrationen in Bangladesch planen.
In diesem Zusammenhang warnt sie vor einem weiteren Unglück in den Fabriken in Bangladesch.
Zum Schluss appelliert die Autorin an die Leser und Leserinnen, indem sie die Leserschaft aufruft, auf eine gute Qualität der Klamotten zu achten und selbst demonstrieren zu gehen.
Eingesetzte sprachliche Mittel: Die Autorin setzt zahlreiche wertende Adjektive und Adverbien ein, um die Dringlichkeit ihres Aufrufs zu unterstützen. Angefangen mit der Bewertung des alleinigen Beschuldigens der Konzerne als „ein bisschen zu einfach", beschreibt sie die Fabrikbesitzer mit dem Adjektiv „gierig". Des Weiteren wird die Haltung der Fabrikchefs als negativ charakterisiert, da diesen die Arbeitsbedingungen „doch vollkommen egal" seien.
Darüber hinaus verdeutlicht die bildhafte Redewendung „die Schuld in die Schuhe schieben", dass es keineswegs ausreicht, nur die großen Modefirmen in die Pflicht zu nehmen. Vielmehr müssen auch die Fabrikbesitzer und die Kunden etwas ändern.
Auch hat die Personifikation „lässt die nächste Katastrophe […] nicht lange auf sich warten" die Wirkung, dass eine nahende Katastrophe noch bedrohlicher erscheint. Somit wird der darauf folgende Appell an die Leserschaft eindringlicher.
Außerdem weist sie in zahlreichen rhetorischen Fragen auf offensichtlich mögliche Handlungsoptionen hin, die aber nicht wahrgenommen werden.
Am Ende räumt die Autorin ein, dass sie zwar viele Ideen zur Verbesserung der Situation habe, dass sie aber selbst nicht wisse, wo man am besten beginne, diese Vorschläge umzusetzen.

Seite 96

Aufgabe 6

Der Artickel von der dpa über die Brandkatastrophen in einer Textilfabrik~~en~~ in Ban-	R, Gr
gladesch und deren Folgen macht mich echt voll wütend. Man muss doch endlich	A (sehr)
etwas tun gegen die schlechten und gefährlichen Arbeitsbedingungen in den Tex-	
tilfabriken in Bangladesch. Der Bericht gibt an, dass bei einem Brand in einer Text-	R (dass)
tilfabrik ~~dort~~ über 100 Menschen gestorben sind und noch viel mehr verletzt wur-	R, A (*dort* überflüssig)
den. Die Regierung hat einen offiziellen Trauertag ausgerufen. Sonst passiert nicht	nicht kohärent; Stil („Sonst pas-
viel. Viele Textilarbeiter gingen aus Protest auf die Straßen und errichteten Barrika-	siert nicht viel“, besser: Leider
den. Die Textilarbeiter haben an die Behörden appelliert, die genaue Zahl der Toten	folgten aus dieser Katastrophe
zu ermitteln. Die genaue Brandursache wird noch ermittelt und die Leichen sollen	keine Konsequenzen.), T (appel-
durch DNA-Analysen identifiziert werden.	lierten)
Der Verband der Textilhersteller wollen zwar die Angehörigen der Opfer entschä-	
digen und die Kosten für die medizinische Behandlung der Verletzten übernehmen,	Gr
aber ob das dauerhaft und nachhaltig etwas an den schlimmen Arbeitsbedingungen	Gr
in den Textilfabriken in Bangladesch ändert, wer glaubt schon daran? Das ist doch	Stil
eine Megakatastrophe. Noch während man sich mit den Folgen der einen Katastro-	A
phe befasste, brach in anderen Bekleidungsfabriken Feuer aus. Nach meiner An-	
sicht wird sich an diesen schlimmen Zuständen nur dann etwas ändern, wenn wir	
in den Industriestaaten keine Kleidung mehr kaufen, die unter diesen Umständen	
produziert werden.	Gr (wird)

Aufgabe 7

Individuelle Lösung: Es sollten alle oben genannten Fehler korrigiert sein und die Textkohärenz sollte verbessert werden.

Seite 97

Qualität von Sachtexten prüfen, Informationen entnehmen und auf deren Basis eigene kommentierende Texte verfassen

Aufgabe 1

Wo ist etwas passiert? → Fabrik in Bangladesch // **Wer?** → Arbeiter in Textilfabriken // **Was ist passiert?** → Gedenken an den Einsturz einer Textilfabrik in Bangladesch vor zwei Jahren mit vielen Toten und Verletzen, unveränderte Arbeitsbedingungen // **Wie ist es passiert?** → Einsturz des Gebäudes aufgrund des Gewichts illegal errichteter Stockwerke und schwerer Maschinen // **Warum ist es passiert?** → mangelnde Sicherheitsvorkehrungen und -überprüfungen // **Wann ist es passiert?** → 24. April 2013 // **Welche Konsequenzen wurden daraus gezogen?** → Vereinbarung von Nachbesserungen: die Entlohnung, die Verbesserung der Arbeitsbedingungen, Sanierungsstau, weiterhin mangelnde Sicherheitsstandards; Billigmodeketten ändern nichts am Vorgehen, Menschenrechtsorganisationen beklagen nach wie vor unveränderte Bedingungen // **Welche Intention haben die Autoren?** → Die Autoren möchten die Leserinnen und Leser über die Situation in den Textilfabriken zwei Jahre nach dem Unglück informieren.

Seite 98

Aufgabe 2

Beispiellösung: Der Artikel „Die lebensgefährliche Schufterei der Textilarbeiter“ ist sachlich formuliert. Der Artikel gibt einen Überblick über die Umsetzung der Konsequenzen, die nach dem Fabrikeinsturz vor zwei Jahren angekündigt worden waren. Zunächst stellen die Urheber kurz den gegenwärtigen Zustand der Textilarbeiter in Bangladesch dar. Dann informieren sie über die Unglücksursache und die daraus folgenden Konsequenzen, bevor sie Aussagen von Menschenrechtsorganisationen zu aktuellen Zuständen referieren. Es handelt sich um einen Bericht, da die Urheber nur Ist-Zustände beschreiben und andere Meinungen referieren, aber selbst keine eigene Meinung im Artikel zum Ausdruck bringen.

Seite 99

Aufgabe 3

☒ Es werden Urheber und Quelle des Textes genannt. // ☒ Der Text ist auf einer bekannten und renommierten Webseite veröffentlicht. // ☒ Der Text bezieht sich auf Aussagen bekannter und renommierter internationaler Institutionen.

Aufgabe 4

Beispiellösung: Sinnvolle Unterstreichungen wären:
Es sei „inakzeptable Realität“, dass nicht eine einzige Textilfabrik zu hundert Prozent sicher für die Arbeiter sei, teilt die Arbeitsschutzorganisation IndustriALL mit Sitz in der Schweiz am Donnerstag mit. (Z. 9–13) // Die nach dem Unglück vereinbarten Nachbesserungen in den Fabriken verzögerten sich erheblich. (Z. 14 f.) // Auch [... eine] Billigmodekette [...] sieht weiter schockierende Zustände in vielen Produktionsstätten in dem Land (Z. 37–39) // Von rund 4500 Textilfabriken in Bangladesch seien 1500 in einem „akzeptablen Zustand“. In einem Teil der anderen Fabriken seien die Arbeitsbedingungen aber weiter schlimm. (Z. 41–44) // Die Menschenrechtsorganisation Human Rights Watch hatte diese Woche beklagt, viele Textilarbeiter in dem Land litten unter Angriffen, sexuellen Beschimpfungen, erzwungenen Überstunden und verspäteten oder unvollständigen Lohnzahlungen. Die Hilfsorganisation Oxfam Deutschland zog am Donnerstag ebenfalls eine kritische Bilanz: „Gesundheit und Sicherheit der Arbeiter und Arbeiterinnen sind immer noch gefährdet, und sie müssen weiterhin 12-Stunden-Schichten für einen Hungerlohn leisten.“ (Z. 51–60)

Aufgabe 5

Beispiellösung:

Schreibplan: Appell (Zielgruppe: Mitschülerinnen und Mitschüler)	
Schlagzeile	Augen auf beim Kleiderkauf!
Unter (oder: Ober-) zeile	Können wir weiterhin beim Einkauf von Textilien über die lebensgefährlichen Produktionsbedingungen hinwegsehen?
Haupttext:	(1) Referieren der aktuellen Faktenlage über die Produktionsbedingungen von vor allem Billigmodeketten in Ländern wie Bangladesch (Einbeziehen der unterstrichenen Passagen aus Aufgabe 4)
	Veranschaulichung der katastrophalen und lebensgefährlichen Produktionsbedingungen durch Beispiele von vergangenen Unglücksfällen
	Sprache: anschaulich und auch Emotionen weckend
	(2) Aufzeigen, durch welche Konsumgewohnheiten wir in Deutschland für diese Katastrophen mitverantwortlich sind
	Beispiele Billigmodeketten und deren Preise und Vielzahl von ständig wechselnden Kollektionen und dauernden Kaufanreizen
	Sprache: anschaulich und drastisch
	(3) Aufzeigen der Möglichkeiten, was wir verändern können und müssen, um dieses System nicht länger am Laufen zu halten
	Darstellen der positiven Folgen einer Verhaltensänderung
	Sprache: Emotionen weckend
Schlussfolgerung/ Appell	Kauft weniger und kauft nur noch Textilien, die nachweislich unter fairen Bedingungen produziert werden.

Aufgabe 6

Individuelle Lösung

Seite 100

Kompetenztest: Sachtextsorten unterscheiden und selbst einen kommentierenden Text schreiben

Aufgabe 1

Text 1 ist vermutlich ein Bericht, weil es sich beim Auszug nur um den Textanfang eines umfangreicheren Textes handelt. Der Inhalt weist auf reine Faktendarstellung hin ohne kommentierende oder appellierende Intention.

Text 2 ist vermutlich eine Nachricht, weil nach der Schlagzeile nur kurz die W-Fragen sachlich beantwortet werden. Der Text ist so offensichtlich vollständig.

Text 3 ist vermutlich ein Kommentar, weil die Autorin namentlich benannt wird und Wörter wie „blutgetränkt, Ausbeutung, unwürdig, schuften" verwendet werden, die stark negative Wertungen enthalten.

Aufgabe 2

Merkmal	Kommentar	Bericht	Nachricht
	Text Nr. 3	Text Nr. 1	Text Nr. 2
Leadstil		✗	
Beantwortung der W-Fragen		✗	✗
Meinung des Autors	✗		
wertende sprachliche Mittel	✗		
namentliche Nennung des Autors	✗		
sachlich/informativ		✗	✗
Einzelheiten/Hintergrundinformationen		✗	
überzeugen/appellieren	✗		

Seite 101

Aufgabe 3

Individuelle Lösung: Dabei ist zu beachten, dass Kurt die Verbraucher in Deutschland zumindest teilweise von der Verantwortung für die Zustände in der Textilindustrie in Bangladesch freispricht. Er beschreibt diese als von allen Beteiligten bewusst und wissentlich akzeptiert.
Dazu soll eine Gegenposition formuliert werden. Es ist darauf zu achten, dass die Position des Ausgangstextes auch richtig eingeschätzt und berücksichtigt wird.
Es müssen sprachliche Mittel eingesetzt werden, die entweder Kurts Argumente zur Bestätigung der eigenen Meinung anzeigen (z. B. Wie Kurt bin ich der Meinung ...) oder eine Gegenposition zu Kurts Aussagen versprachlichen (z. B. Ich dagegen denke ..., Anders als Kurt bin ich der Meinung ...).

Aufgabe 4

Individuelle Lösung

Seite 102

3.3 Weitere Medien verstehen und nutzen

Lernstand **Aufgabe 1**

Individuelle Lösung

Aufgabe 2

Beispiellösung:

Froschperspektive oder Normalperspektive //
Gefühle oder Reaktionen //
Hörspiele oder Hörbücher oder Radioreportagen ... //
on-/off-Töne – Musik – Geräusche – Stimmen

Seite 103

Sich vorab über einen Film informieren und Informationen filtern

Aufgabe 1

Beispiellösung: Trailer // Online-Rezensionen // offizielle Filminternetseite // Kinoprogrammseiten (online oder offline) // gedruckte Zeitungsrezensionen (in Tageszeitungen oder Filmzeitschriften)

Aufgabe 2

Beispiellösung: Ich nutze Kinoprogrammseiten, da ich dort eine kurze Zusammenfassung lesen kann und (online) meistens einen Link zum Trailer habe, über den ich mir einen ersten Eindruck vom Film verschaffen kann.

Aufgabe 3

eine Online-Bewertung: subjektive Eindrücke/ausgewählte Aspekte // neutrale Informationen meist nicht erfahrbar // Quelle trotzdem sinnvoll, weil Filme immer Geschmackssache

der Trailer: Stimmung/erster Eindruck zu Figuren/Stil des Films // Verlauf des Filmes nicht erfahrbar // trotzdem sinnvolle Quelle, da er mir eine objektive Einschätzung auf der Basis meines eigenen Geschmacks erlaubt

weitere Recherchemöglichkeiten: z. B. Urteil von Freunden, die den eigenen Geschmack teilen oder zumindest kennen

Seite 104

Aufgabe 4

Beispiellösung

	positiv +	negativ –
1)		• Handlung • Schauspieler
2)	• Arbeit des Regisseurs • Film insgesamt nicht seicht, sondern gut ausbalancierte Inhalte	
3)	• Thema des Films • Handlung rührend und komisch • Leistung der Schauspieler	

Differenzierte Aufgabe 5

1: a d g // 2: b c e f // 3: b e f

Beispiellösung: zu 1) Total **vorhersehbare** Story. (–) Schauspieler finde ich **doof.** (–) Total **langweiliger** und **schlechter** Film.(–)

Beispiellösung zu 1) Du schreibst davon, dass der Film total vorhersehbar sei. Kannst du das näher begründen? Du sagst außerdem, die Schauspieler seien „doof". Meinst du damit, dass die Leistung der Schauspieler nicht gut ist oder dass die Rollen falsch besetzt wurden?

Aufgabe 6

Beispiellösung: eine eindeutige Wertung // eine nachvollziehbare Argumentation // eine wertschätzende, eher sachliche Sprache

Seite 105

Die Hauptfigur Simpel im Roman und Film untersuchen

Aufgabe 1

Beispiellösung: **Cover:** kindlich/etwas albern/Hase im Vordergrund // **Filmplakat:** Spaß/es ist etwas los/verrückt

Aufgabe 2

Beispiellösung: Da der Film ganz andere Inhalte transportiert als das Buch und die „Action" des Filmes im Buch so gar nicht vorkommt, kann man meiner Meinung nach das Filmplakat nicht zum Cover des Buches machen.

Seite 106

Aufgabe 3

Beispiellösung: **Still:** Kameraeinstellung/Kostüm/Mimik/Gestik/Requisiten

Romanausschnitt: Sprache der Figur/Beschreibungen des Erzählers

Aufgabe 4

3) Nahaufnahme b) Figur steht mit ihren Gefühlen und Reaktionen im Fokus

Seite 107

Aufgabe 5

Beispiellösung: **Emotionen und Gestaltungsmittel:** starker Wechsel der Emotionen: anfangs Leichtigkeit und Witz durch Musik und Lachen Simpels (z. B. schnelle Gitarrenläufe), gefolgt von Traurigkeit durch traurige Musik und leise Stimmführung. Danach dramatische Verzweiflung durch schreienden Simpel, danach wieder Ruhe und Ausgeglichenheit usw. Insgesamt signalisieren schnelle Kameraschnitte Tempo und Abwechslung in der Handlung. Die am Ende erklingende Titelmusik erzeugt Freude/Hoffnung und deutet ein gutes Ende an.

Rolle der Kamerabewegung: spiegelt Emotionen, langsame Kamerafahrten für eher ruhigere Passagen, schnelle Schnitte bei Action z. B. Trennung der Brüder

Aufgabe 6

Individuelle Lösung: Es ist darauf zu achten, dass konsequent in einer Erzählform und Erzählsicht geschrieben wird.

Aufgabe 7

Individuelle Lösung

Seite 108

Film und Hörfassungen als Deutung der Textvorlage vergleichend untersuchen

Aufgabe 1

Beispiellösung: **Unterschiede:** Hörprobe A: Volltext gelesen/Erzähler und Figurenreden – Hörprobe B: Geräusche/Musik/nur wechselnde Figurenreden/kein Erzähler // **Gemeinsamkeiten:** nur derselbe Stoff und dieselben Figuren

Aufgabe 2

Individuelle Lösung: Bei den Definitionen ist vor allem auf die Unterscheidung zwischen Hörbuch und Hörspiel zu achten: Während sich das Hörbuch an den Originaltext hält (höchstens gekürzt wird), finden sich im Hörspiel zudem Geräusche, Musik und sogar veränderte Dialoge (vgl. Aufgabe 1).

Aufgabe 3

1/c) – 2/ b) – 3) a)

Seite 109

Aufgabe 4

Individuelle Lösung: Die notierten Merkmale müssen inhaltlich zum Textausschnitt passen und nachvollziehbar sein.

Differenzierte Aufgabe 5

Beispiellösung: Mutter: besorgt – ängstlich – beschwichtigend – ruhig // Corentin: genervt – wütend – kalt – ungeduldig

Individuelle Lösung: Kennzeichne am besten farblich, wenn eine neue Person spricht. Markiere Pausen und entsprechende Gefühle, die du in deine Stimme legen willst.

Individuelle Lösung: Suche geeignete Personen für die Sprechrollen. Überlegt euch gemeinsam, wie ihr das Telefonat umsetzen wollt. Wie kann man in einer nur gehörten Fassung andeuten, dass es ein Telefonat ist? (Handyvibrieren, Knacken in der Leitung etc.)

Seite 110
Kompetenztest: Einen Film und seine Technik kompetent beurteilen

Aufgabe 1

Beispiellösung Buch: Vorteile: Innensicht der Figuren durch Erzähler sichtbar/eigenes Bild von Figuren möglich (Imagination wird angeregt); Nachteil: Stimmung wird nur durch Text erzeugt // **Hörspiel:** Vorteile: Stimmen liefern gewisses Bild von Figuren/ Musik und Geräusche erzeugen Stimmung; Nachteile: fehlende Bilder für abschließendes Bild von Handlung // **Film:** Vorteile: Stoff wird detailliert gedeutet, neben dem Text können Töne und Bilder Stimmungen und Emotionen erzeugen oder zumindest unterstützen; Nachteile: Zuschauer hat keine Freiheit mehr für Deutung

Urteil: individuelle Lösung

Aufgabe 2

Beispiellösung: Hier ist Simpel in einer Totalaufnahme zu sehen. Das Bild wäre auch als Filmplakat geeignet gewesen, da man auf den ersten Blick sieht, dass Simpel „anders" ist. Das Plakat macht neugierig auf die Figur. Allerdings ist hier nicht Simpels Bruder zu sehen, das heißt, dass vielleicht die falsche Erwartung geschürt worden wäre, dass nur Simpel im Mittelpunkt steht. Dabei ist die Bruderbeziehung das entscheidende Filmthema. Dies würde dieses Plakat nicht wiederspiegeln.

Aufgabe 3

Beispiellösung: Simpel ist nicht simpel. Simpel ist anders. Dies wird nicht nur deutlich, wenn er eigentümlich bekleidet durch das Watt tanzt und dabei seinen Stoffhasen hinter sich herzieht.

Dass der Film und auch die Hauptfigur jedoch gar nicht so „simpel" sind, zeigt die großartige schauspielerische Leistung David Kross, der die Figur Simpel zum Leben erweckt und zeigt, wie vielfältig seine Emotionen sind. Dies gelingt zum einen durch die Mimik und Gestik, die sehr variabel eingesetzt werden. Zum anderen zeigen aber auch weitere Gestaltungsmittel des Films, dass dieser keine flache Komödie ist. So schafft der Regisseur beispielsweise durch gezielt eingesetzte Kameraperspektiven, wie durch Nahaufnahmen des Gesichts Simpels, seine Reaktionen deutlich darzustellen. Dabei gelingt eine perfekte Mischung aus Spaß und Ernsthaftigkeit.

„Simpel" ist ein lohnenswerter Film für die Schule und Zuhause, der die Schwierigkeiten der Inklusion zeigt, aber auch Anregungen gibt, wie sie funktionieren könnte.

Tipps

Wenn du noch Probleme beim Erschließen von Texten und Medien hast:

Wende geeignete Lesestrategien für das Erschließen von Texten zur Informationsentnahme an:

- Wähle passendes Textmaterial für eine bestimmte Fragestellung mit dem überfliegenden Lesen aus.
- Wenn du passende Texte ausgewählt hast, nutze navigierendes Lesen zur Markierung zentraler Textstellen. Lies einschlägige Textstellen selektiv noch einmal genauer.
- Wenn der Text für seine Fragestellung sehr viele passende Informationen liefert, lies ihn sinnerfassend (siehe Heftklappe).

Wende für verschiedene Textgattungen und Textsorten das Wissen um spezifische Textmerkmale an:

- Unterscheide zwischen fiktionalen Texten und Sachtexten (auch pragmatischen Texten).
- Untersuche bei epischen Texten die Erzählmerkmale (Erzählform, Erzählperspektive, Erzählsicht, Erzählweise, Erzählzeit), die Figuren und ihre Handlungsmotive.
- Untersuche bei lyrischen Texten das Zusammenspiel von Form (Strophen, Verse, Reim, Metrum, Rhythmus), Sprache (Vergleich, Metapher, Personifikation, besondere Wortwahl) und Inhalt (z. B. lyrischer Sprecher).
- Untersuche bei Dramen vor allem die Figuren, ihre Charaktermerkmale, ihre Verhaltensweisen und ihre Konstellation zueinander. Beziehe dafür Dialoge (ggf. auch Monologe) und Regieanweisungen ein.
- Beachte bei allen fiktionalen Texten auch ihre Entstehungszeit und auch den Entstehungsort.
- Untersuche bei Sachtexten die kommunikative Absicht (informierend und/oder argumentierend), ihren Aufbau und ihre sprachliche Ausgestaltung.

Beachte beim Untersuchen von Filmen oder Hörtexten neben dem Inhalt deren mediale Besonderheiten:

- Welche Mittel nutzt der Regisseur bei der Verfilmung von Romanvorlagen, um Inhalte, die im Buch im Erzählerbericht transportiert werden, mitzuteilen?
- Wie gelingt es dem Regisseur durch Kameraperspektive, Kameraeinstellung, Kamerabewegung oder durch Musik oder andere Geräusche bestimmte Reaktionen der Zuschauer herbeizuführen?
- Welche Rolle spielt in Hörtexten die Stimme und die Stimmführung der Sprecher?

Nutze und ordne Notizen:

- Notiere die wichtigsten Begriffe, die du dir zu einem Text merken willst.
- Fertige Stichwortzettel oder Notizen in grafischer Form an, z. B. Tabellen, Mind-Maps, Zeichnungen mit Symbolen.
- Ordne die Inhalte und Aspekte, die du zu einem Text stichwortartig notiert hast.
- Nummeriere deine Notizen farbig in der Reihenfolge, in der du sie wiedergeben möchtest. Nummeriere ergänzende Informationen zu den einzelnen Punkten genauso.

Wenn du beim Formulieren von Erschließungsergebnissen noch Probleme hast:

Beachte beim Formulieren von Texten:

- Nummeriere zunächst die Notizen deiner Mind-Map und formuliere dann in der entsprechenden Reihenfolge ganze Sätze.
- Schreibe überwiegend einfache Sätze, die du gut überblicken kannst. Mache bei neuen Gedanken Absätze.
- Formuliere einen Entwurf und lasse eine Korrekturspalte.
- Lies deinen Entwurf durch und markiere nun alle Stellen, an denen du noch ein Beispiel aus dem Text anführen oder eine Begründung ergänzen kannst.
- Überprüfe außerdem, ob du auf alle geforderten Erschließungsaspekte eingegangen bist.
- Verbinde außerdem deine Sätze durch Strukturwörter bzw. Überleitungen (Signalwörter: *außerdem, des Weiteren, hinzuzufügen ist noch ...*).

Allgemeine Tipps zur Überarbeitung von Texten:

- Überprüfe durch Gegenlesen genau, ob auch jemand deiner Analyse folgen kann, wenn er den Text zum ersten Mal liest.
- Besprich deinen Text mit einem Lernpartner und sucht gemeinsam alternative Formulierungen.
- Überprüfe abschließend noch einmal die Rechtschreibung und die Zeichensetzung.
- Übertrage den fehlerfreien Text in dein Heft oder speichere ihn ab, wenn du am Computer gearbeitet hast.

Wenn du Hilfe beim Nutzen von sozialen Medien brauchst:

Überprüfe die Nutzungsbedingungen der Plattformen, auf denen du dich bewegst:

- Lies die Gemeinschaftsregelungen genau.
- Melde nicht angemessenes Verhalten den Betreibern der Seite.

Nutze den Schutz der Privatsphäreeinstellungen:

- Sichere dein Profil vor ungewünschten Besuchern.
- Überprüfe außerdem, wer deine Posts und Fotos sehen kann.
- Überdenke genau, welche Informationen du im Netz öffentlich machen willst und auch welche Bilder du noch in einigen Jahren dort sehen möchtest.

Hinterfrage auch dein eigenes Nutzerverhalten

- Kontrolliere eigenständig die Zeit, die du mit sozialen Medien verbringst und warum du online gehst. Versuche herauszufinden, was deine Beweggründe sind und ob du dich damit wohlfühlst. Überprüfe auch dein eigenes Verhalten im Netz: Hältst du dich an die Nutzungsbedingungen? Dazu gehört z. B. auch, vorher Freunde sowie andere Personen zu fragen, wenn du Bilder mit ihnen hochladen möchtest.
- Verhalte dich auch fremden Personen gegenüber angemessen: Sie haben ebenso das Recht auf das Einhalten der Gemeinschaftsregelungen.
- Sprich auch mit Freunden außerhalb von sozialen Medien über deine Erlebnisse. Besprich z. B. mit einem guten Freund, was man machen kann, wenn man auf einer Seite beleidigt oder sogar bedroht wird.

Wenn du Tipps für das Recherchieren von Informationen im Internet brauchst:

So recherchierst du gezielt im Internet:

- Verwende wichtige Begriffe und Schlüsselwörter.
- Suche Alternativen oder neue Kombinationen von Begriffen, wenn deine Suche keine passenden Treffer ergibt.
- Überprüfe, wenn du Zweifel an gefundenen Informationen hast, diese mithilfe weiterer Seiten oder auch mittels Lexika bzw. Fachbüchern.

Prüfe die Qualität von digitalen Rechercheergebnissen:

Nutze eine Checkliste zur Prüfung der Qualität bei ...

- der Seitengestaltung (frei von Werbung, regelmäßig aktualisiert, klar strukturiert, ohne Fehler, keine versteckten kostenpflichtigen Links),
- der Informationsseriosität (Richtigkeit prüfbar, Information klar von Meinung getrennt, Gültigkeit prüfbar, Plausibilität der Informationen) und
- der Seriosität des Urhebers (Urheber wird genannt, gilt als seriös).

D.U.

DeutschUnterricht

Arbeitsheft 8

Bayern

Sarah Unterreitmeier
Bad Endorf
Ludwig-Thoma-Gymnasium
08053/9327

C.C.Buchner Verlag

D.U.

DeutschUnterricht

Bayern

Herausgegeben von Thorsten Zimmer

D.U. – Arbeitsheft 8

Bayern

Herausgegeben von Claudia Högemann
Bearbeitet von Carolin Fritz-Zikarsky, Claudia Högemann, Renate Kellner, Veronika Lüdecke, Christina Martin, Jennifer Niermann, Nadine Niermann und Tanja Trumm

Weitere Materialien finden Sie unter www.ccbuchner.de.

Die Mediencodes enthalten zusätzliche Unterrichtsmaterialien, die der Verlag in eigener Verantwortung zur Verfügung stellt. Um diese Materialien zu verwenden, wird im Suchfeld auf www.ccbuchner.de/medien der jeweils angegebene Mediencode eingegeben.

Als zusätzlichen Service stellen wir Trainingsaufgaben für den **zentralen Jahrgangsstufentest Deutsch 8** auf der Webseite des C.C. Buchner Verlags zur Verfügung.

Aufgaben und Lösungen zum literarischen Text des Jahrgangsstufentests:

Aufgaben und Lösungen zum Sachtext des Jahrgangsstufentests:

1. Auflage, 1. Druck 2020
Alle Drucke dieser Auflage sind, weil untereinander unverändert, nebeneinander benutzbar.

Dieses Werk folgt der reformierten Rechtschreibung und Zeichensetzung. Ausnahmen bilden Texte, bei denen künstlerische, philologische oder lizenzrechtliche Gründe einer Änderung entgegenstehen.

© 2020 C.C.Buchner Verlag, Bamberg
Das Werk und seine Teile sind urheberrechtlich geschützt. Jede Nutzung in anderen als den gesetzlich zugelassenen Fällen bedarf der vorherigen schriftlichen Einwilligung des Verlags.
Das gilt insbesondere auch für Vervielfältigungen, Übersetzungen und Mikroverfilmungen. Hinweis zu § 52 a UrhG: Weder das Werk noch seine Teile dürfen ohne eine solche Einwilligung eingescannt und in ein Netzwerk eingestellt werden. Dies gilt auch für Intranets von Schulen und sonstigen Bildungseinrichtungen.

Redaktion: Jutta Förtsch
Layout und Satz: tiff.any GmbH, Berlin
Illustrationen: Anna Reichel, Bamberg und tiff.any GmbH, Berlin
Umschlag: mgo360 GmbH & Co. KG, Bamberg
Druck und Bindung: Brüder Glöckler GmbH, Wöllersdorf

www.ccbuchner.de

ISBN 978-3-661-**11048**-6

1 Schreiben

1.1 Informierende Texte schreiben

1.2 Argumentierende Texte schreiben

2 Sprachgebrauch und Sprache untersuchen und reflektieren

2.1 Wortschatz: Den Sprachgebrauch untersuchen und Sprache gezielt einsetzen

2.2 Wortarten kennen und bewusst nutzen

2.3 Syntaktische Strukturen von Texten und deren Funktion beschreiben und nutzen

2.4 Rechtschreibstrategien und Rechtschreibregeln kennen und anwenden

3 Lesen – mit Texten und Medien umgehen

3.1 Literarische Texte erschließen

3.2 Sachtexte erschließen und für das Schreiben eigener Texte nutzen

3.3 Weitere Medien verstehen und nutzen

Du kennst schon Charly, das Chamäleon, und Paula, Jakob, Tarek, Enya und deren Freunde aus den vorangegangenen Arbeitsheften. Sie werden dich auch in Klasse 8 wieder durch das Heft begleiten:

Paula Jakob Tarek Enya

So arbeitest du mit diesem Heft:

Trainiere deine Fähigkeiten im Fach Deutsch mit dem Heft in einer Lerngruppe oder übe auch selbstständig. Damit du sofort erkennst, zu welchem Lernbereich du arbeitest, hat jedes Kapitel eine eigene Farbe. Die Kapitel sind farblich so gekennzeichnet wie die Bereiche, die du aus dem Schülerbuch kennst:

■ Schreiben
■ **Sprachgebrauch und Sprache untersuchen und reflektieren**
■ **Lesen – mit Texten und Medien umgehen**

Zweifarbige Quadrate (Beispiel: ■) vor manchen Teilkapiteln zeigen dir an, dass du dort für verschiedene Lernbereiche trainierst.

Die Kapitel sind immer gleich aufgebaut:

- Ein **Vorspann** sagt dir, welche Kompetenzen zu jeweils trainierst und wo du bei Problemen nachschlagen kannst oder Hilfen findest.
- Vor dem Training schätzt du jeweils in einem **Lernstand** ein, wie fit zu schon in den jeweiligen Kompetenzen bist.
- Auf den Trainingsseiten selbst steigert sich der Schwierigkeitsgrad der **Aufgaben**. Bei den mit den drei Fähnchen (■ ■ ■ – wie auf der Skipiste) markierten Aufgaben kannst du zwischen drei **Niveaustufen** auswählen.
- Nach dem Üben prüfst du in einem **Kompetenztest**, ob du dich durch das Training verbessert hast: Entscheide dort bei jeder Aufgabe mit einem selbstgezeichneten Smiley, ob du die Aufgabe schon sehr gut gelöst hast oder ob du noch trainieren musst. (Gut gelöst = 🙂 // Du musst noch trainieren: 😐) Addiere jeweils beide Smiley-Varianten und dokumentiere so deinen Lernfortschritt.
- Deine **Lösungen** kannst du mithilfe des Lösungshefts kontrollieren. Auch dort findest du nochmals Tipps, wie du deine Leistungen bei Defiziten in bestimmten Lernbereichen noch verbessern kannst.

Viele Aufgaben kannst du im Arbeitsheft selbst beantworten. Wenn aber längere Texte geschrieben werden müssen, kannst du das im Heft oder an deinem Computer erledigen.
Digitale Zusatzmaterialen für die Arbeit kannst du auf der Webseite des Verlags unter den jeweils in Klammern angegebenen Mediencodes [Mediencode 11048-01] herunterladen.

Und zum Schluss noch ein Tipp: Trau dir etwas zu! Vergiss den Satz „Ich kann das nicht".
Du kannst alles trainieren.
Nun wünschen wir dir viel Spaß beim Training!

Dein Autorenteam und Charly

1.1 Informierende Texte schreiben

Hier findest du Informationen im Schülerbuch: *S. 48–67 und 128–141*

Diese Kompetenzen trainierst du: *sich und andere mithilfe strukturierter Mitschriften informieren, pragmatische Texte unterschiedlicher medialer Form nutzen, Texte adressatengerecht konzipieren, informierende Texte auf der Grundlage ausgewählter Materialien verfassen, Texte kriterienorientiert planen und überarbeiten*

Hier findest du Hilfestellungen: *Arbeitsheft S. 111 f., 119 und Schülerbuch S. 271 f.*

Teste deinen Lernstand

Wie gut kannst du selbst durch Mitschriften Informationen gewinnen und andere durch einen selbst verfassten Text informieren?

1 Wie gut gelingt es dir, während des Zuhörens Mitschriften anzufertigen? Kreuze an, was dir gut gelingt und was du noch trainieren musst.

Beim Anfertigen von Mitschriften muss ich ...	gelingt mir	muss ich noch trainieren
• ... Wichtiges von Unwichtigem unterscheiden.	○	○
• ... Gehörtes in Stichworten zusammenfassen.	○	○
• ... nachfragen, um Wiederholung von Unklarem, nicht Verstandenem bitten.	○	○
• ... Zeichen und Abkürzungen verwenden.	○	○
• ... Erklärungen, Thesen und Ergebnisse unterscheiden und so genau wie möglich festhalten.	○	○
• ... Tafelanschriften, Folien, Lernplakate etc. möglichst originalgetreu wiedergeben.	○	○

2 Wie gut schätzt du deine Fähigkeiten beim Schreiben eines informierenden Textes ein? Kreuze im Speicher grün an ⊗, was dir bekannt ist und was du sicher anwenden kannst. Kreuze rot an ⊗, was du noch nicht kannst, wozu du demnach noch üben musst.

Speicher

○ Ich kann Materialien für informierende Texte recherchieren. – ○ Ich kann die Informationen für den informierenden Text sammeln und ordnen. – ○ Ich kann Informationen aus Grafiken nutzen. – ○ Ich kann Informationen aus Sachtexten in eigenen Worten zusammenfassen. – ○ Ich kann das Schreiben des Textes planen. – ○ Ich kann Texte für einen bestimmten Adressaten verfassen. – ○ Ich kann Fremdwörter und Fachbegriffe erklären. – ○ Ich weiß, dass ich in einer sachlichen Sprache schreiben muss. – ○ Ich kann meine Meinung sachlich formulieren. – ○ Ich kann meinen Text orientiert an den im Unterricht besprochenen Kriterien überarbeiten.

Eine Mitschrift zu einem Referat anfertigen

1 Lukas hat in der Geographiestunde ein Referat zu „Erdbeben in Bayern" gehalten. Höre dir das Referat unter dem Mediencode [11048-01] an.
Vergleiche es mit der hier vorliegenden schriftlichen Fassung, die Lukas bei der Ausarbeitung seines Referates zunächst angefertigt hatte, ehe er einen Stichwortzettel für den mündlichen Vortrag angefertigt hat. Notiere in deinem Heft Unterschiede zwischen der mündlichen und der schriftlichen Fassung.

Ich habe im Radio zufällig einen Bericht über eine superspannende Problemstellung gelesen und dann auch noch einen Artikel dazu in einer Zeitung gelesen. In Bayern werden tatsächlich jährlich ungefähr 200 kleine Erdbeben aufgezeichnet.

Die meisten Erdstöße gibt es im Alpenraum und im Bayerischen Vogtland, aber fast niemand bemerkt sie. Klirrendes Geschirr, wackelnde Wände und verängstigte Hausbewohner sind kein Thema, weil die Erschütterungen im bayerischen Erdreich in der Regel so leicht sind, dass nur einige wenige Beben für Menschen überhaupt spürbar sind.

Doch manchmal ist es anders. Meine Großeltern waren 2017 im Winterurlaub im Allgäu, wo innerhalb weniger Tage gleich zwei Mal die Erde bebte, frühabends am 17. Januar und gegen zwei Uhr nachts am 1. Februar. Meine Oma war ganz schön beunruhigt. Sie ist gleich vors Hotel gerannt und hatte danach Angst, sich wieder ins Bett zu legen und weiterzuschlafen. Erst mein Opa hat sie dann wieder so beruhigt, dass sie sich wieder ins Bett gelegt hat.

Der Erdbebendienst Bayern beobachtet schon seit Anfang des Jahrtausends sämtliche seismologischen Aktivitäten im Freistaat, zeichnet sie auf und analysiert sie. So wollen sie herausfinden, was unter der Erde passiert. Im Geophysikalischen Observatorium der Ludwig-Maximilian-Universität in München laufen sämtliche Daten der 24 in ganz Bayern verteilten Messstationen des Erdbebendienstes zusammen. Die Geräte, die verwendet werden, sind zwischen 20.000 und 50.000 Euro teuer und so sensibel, dass sie jede Erschütterung wahrnehmen.

Die Messstation liegt 30 Meter unter der Erde und registriert sekündlich „Beben", das kann auch ein in der Ferne vorbeifahrender Lastwagen sein. Und in Oberstdorf spürten die Sensoren kürzlich die Erschütterungen aus dem benachbarten Österreich.

Aber was steckt hinter den Erdbeben in Bayern? Die Ursache für Erdbeben ist vielschichtig. Zum Beispiel stoßen die sogenannten Kontinentalplatten der Erde zusammen und reiben sich gegeneinander. Auslöser für manche Beben können auch aufsteigende Gase von unterirdischen Vulkanen sein oder Starkregen, dessen Wasser sich zwischen Gesteinsschichten drückt. Diese Phänomene kann man auch in Bayern beobachten. Also kann man zu dem Schluss kommen, dass die Ursachen für Erdbeben auch auf anderen Kontinenten liegen können.

Die Experten untersuchen momentan eine mögliche neuere Ursache: Die Beben könnten Auswirkungen von geothermischen Bohrungen in der Region sein. Dabei wird warmes Wasser aus der Tiefe nach oben gepumpt, abgekühlt und wieder in die Tiefe gepumpt, damit man regenerative Energien gewinnen kann. Ein Gutachter hat festgestellt, dass von weiteren Beben keine große Gefahr ausgehen würde, deshalb bohren sie weiter, obwohl nicht geklärt ist, ob Beben im Dezember 2016 und im September 2017 in Poing nicht durch die geothermischen Bohrungen verursacht wurden.

Erdbeben können leider nicht vorhergesagt werden, denn die Erde ist manchmal einfach unberechenbar und die Wissenschaft weiß auch nach mehr als 110 Jahren Forschung immer noch nicht genug über das, was im Untergrund passiert.

Ich habe auch gelesen, dass schon 1905 in München-Bogenhausen die erste Erdbebenwarte in Bayern eingerichtet wurde.

Danke für eure Aufmerksamkeit.

Verfassertext

2 Markiere, was so wichtig ist, dass es bei einer Mitschrift des Referats notiert werden sollte.

3 Notiere, worum es sich bei der Textstelle → Z. 15–25 handelt und wie diese in einer Mitschrift wiedergegeben werden sollte.

____

____

4 Untersuche nun die Mitschrift, die Tanja angefertigt hat. Wähle dazu eine der nach der Mitschrift stehenden Aufgaben.

Geographiestunde Referat über Erdbeben in Bayern Lukas	21.8.2019
Radiosendung gehört und Zeitungsartikel gelesen in Bayern jährlich ungefähr 200 kleine Erdbeben → im Alpenraum und im Bayerischen Vogtland – kein klirrendes Geschirr, wackelnde Wände und verängstigte Hausbewohner ! 2017 im Winterurlaub im Allgäu, zwei Mal bebte die Erde, frühabends am 17. Januar und gegen zwei Uhr nachts am 1. Februar → Oma war ganz schön beunruhigt, Opa musste sie beruhigen ↓ Geophysikalisches Observatorium der LMU sammelt sämtliche Daten von 24 Messstationen des Erdbebendienstes in Bayern Geräte, teuer und sensibel, dass sie jede Erschütterung wahrnehmen !!! Messstation liegt 30 Meter tief URSACHEN Vielschichtig: 1 Kontinentalplatten der Erde zusammen und reiben gegeneinander 2 aufsteigende Gase von unterirdischen Vulkanen sein oder 3 Starkregen, dessen Wasser sich zwischen Gesteinsschichten drückt 4 Auswirkungen von Geothermie-Kraftwerken zur Erzeugung regenerativer Energien ↓↓ Dezember 2016 und September 2017 in Poing → dreimal bebte die Erde ? Zusammenhang mit geothermischen Bohrungen ? Erdbeben können leider nicht vorhergesagt werden → Dank an die Zuhörer	Observatorium? Nachfragen: Was genau ist Geothermie? → genauere Infos?

■ Kreuze an, was gut gelungen ist.

- ◯ Das Blatt ist gut vorbereitet (Datum, Name des Vortragenden ...).
- ◯ Die Mitschrift ist sinnvoll nachbearbeitet worden.
- ◯ Mit Marker sind ausschließlich wichtige Stellen gekennzeichnet.
- ◯ Es wurden Symbole eingesetzt.
- ◯ Es gibt Abkürzungen.
- ◯ Unterstreichungen heben wichtige Einzelheiten hervor.
- ◯ Es wurden eigene Formulierungen gewählt.

■ Markiere grün, was gut, rot, was nicht so gut gelungen ist.

■ Formuliere in Stichpunkten in deinem Heft, was verbessert werden sollte.

5 Überarbeite die Mitschrift in deinem Heft oder am Computer. Unter dem Mediencode [11048-02] findest du die digitale Fassung.

6 Nutze den vorgegebenen Notizzettel bzw. die digitale Fassung unter dem Mediencode [11048-03] und verfasse eine übersichtliche und für eine dritte Person hilfreiche Mitschrift zu dem Vortrag zum Thema Geothermie, den du dir mithilfe des Mediencodes [11048-04] anhören kannst.
Überlege und entscheide, ob du Tanjas Nutzung der rechten Spalte (→ S. 8) sinnvoller findest oder die in dieser Vorlage vorgegebene.

Datum:	Name des Vortragenden:
Thema des Vortrags: **Anlass des Vortrags:**	
wichtigste Vortragsinhalte: ggf. Tafelbild / Anschriebe:	Gliederung, wichtigste Stichpunkte / Begriffe:
Anmerkungen: offene Fragen: Hinweise auf Lexika oder Literatur: ggf. Hausaufgaben:	

Zu einem Thema Informationen aus verschiedenen Materialien entnehmen

In den vergangenen Jahren sind auch in Bayern die Pegel der Flüsse immer wieder gestiegen und Wasser ist über die Ufer getreten. Es kommt im Unterricht der 8b die Frage auf, ob sich Hochwasserschäden nicht vermeiden lassen. Die Schülerinnen und Schüler haben dazu viele Informationen zusammengetragen.

1 Lies beim ersten Blick auf die Texte v. a. die Überschriften und überfliege den Rest. Notiere in den Denkblasen an den Texten jeweils die wichtigsten W-Fragen, auf die in den Texten geantwortet wird.

M1

An alle von Hochwasser geplagten Mitbürgerinnen und Mitbürger!

Das biblische Bild „sintflutartige Regenfälle“ bringt es auf den Punkt: Regen – in großen Mengen – führt zu Hochwasser. Deshalb müsst ihr wissen, dass sich Hochwasser auch nicht abschaffen lassen.

Es regnet und was nicht verdunstet oder im Boden gespeichert wird, fließt ober- und unterirdisch ins nächste Gewässer. Und wenn der Regen zu stark ist und die Gewässer und Flüsse das Wasser nicht aufnehmen können, gibt es Hochwasser.

Ausschlagend ist also, **wie man sich am sinnvollsten** vor diesem naturgegebenen Phänomen **schützen kann** …

Verfassertext

Beispiel:

Was bedeutet Hochwasser?

M2

Bayerisches Landesamt für Umwelt 2018

Das eigene Zuhause schützen

Der beste Schutz vor jeder Gefahr ist, diese zu vermeiden. Auch Hochwassergefahren kann man ausweichen – zum einen natürlich, indem man gar nicht erst in einem Gebiet baut, das als hochwassergefährdet gilt. Zum anderen lassen sich durch eine erhöhte Bauweise, zum Beispiel auf Stelzen […] oder den Verzicht auf ein Kellergeschoss, Risiken vermeiden.

Ist ein Ausweichen nicht möglich, können technische Maßnahmen helfen, dem Wasser zu widerstehen, das von außen oder aus dem Untergrund ins Haus eindringt. Dazu gehören zum Beispiel mobile Barrieresysteme, die vor Türen eingesetzt werden, Fensterklappen oder die Kellerabdichtung. Eine Rückstausicherung der Hausleitung schützt vor eindringendem Abwasser aus der Kanalisation.

Außerdem sollte man die Bauweise und die Nutzung von Häusern in betroffenen Gebieten an die Hochwassergefahr anpassen. Dadurch können größere Schäden vermieden werden, wenn trotz der installierten Schutzanlagen Wasser eindringt. Bei Neubauten ist es wichtig, wasserunempfindliche Materialien und spezielle Baukonstruktionen einzusetzen. Wohnräume können in obere Etagen verlagert werden. Auch Heizungsanlagen, Strom- und Wasserversorgung gehören in gefährdeten Gebieten in die höheren Stockwerke. Bereits bestehende Heizungsanlagen und Öltanks im Keller müssen unbedingt gegen Auftrieb und Wasserdruck gesichert sein. […] Auch sollten im Keller weder gefährliche Stoffe noch Wertgegenstände gelagert werden.

M3 **Schutzfunktionen des Waldes – Schutz vor Naturgefahren**
Bergwald schützt vor Erosion, Lawinen und Hochwasser.

In den Bereichen des Schutzes und der Vorsorge vor Hochwasser kommt den Wäldern eine bedeutende Rolle zu. Das gilt für die Bergwälder in Wildbacheinzugsgebieten, wo der Hochwasserschutz beginnt, aber auch für die Wälder im Flachland, insbesondere für die flussbegleitenden Auwälder.

Wald wirkt auf den Wasserabfluss verzögernd und auf den Wasserhaushalt insgesamt ausgleichend. Bäume fangen in ihren Kronen die Niederschläge auf, die dort teilweise verdunsten und so gar nicht erst auf den Boden gelangen. Durch die Beschattung taut Schnee im Wald langsamer ab. So kommt das Schmelzwasser später in den Bächen an. Darüber hinaus verhindert der Wald Erosionsprozesse und vermindert damit die Gefahr, dass abgeschwemmte Feststoffe die Wildbäche verklausen und es zu Überschwemmungen kommt.

Am besten erfüllen diesen Hochwasserschutz intakte Mischwälder mit einer intensiven Durchwurzelung des Bodens. Ein lockerer, gut durchwurzelter Waldboden kann mehr als alle anderen Böden wie ein Schwamm große Mengen an Niederschlagswasser speichern. Insbesondere bei kurzem, aber heftigem Starkregen ist die verzögernde Wirkung des Waldes auf den Wasserabfluss grundsätzlich gegeben. Nicht nur im Alpenraum und den Mittelgebirgen ist der Wald damit äußerst wichtig für die Pufferung des Wasserabflusses. Allerdings kann der Wald nur so viel Wasser zurückhalten, wie in den Bodenporen aufgenommen werden kann. […]

Auch Moore sind ein wertvoller Bestandteil und wichtige regulierende Elemente im Wasserkreislauf. In der Vergangenheit wurden viele dieser Moore durch Torfabbau oder Entwässerung mit oftmals folgender Aufforstung tiefgreifend verändert. Daher kommt dem Erhalt und der Renaturierung der Moore seit Jahrzehnten eine hohe Bedeutung zu.

Internetseite des Bayerischen Staatsministeriums für Ernährung, Landwirtschaft und Forsten

2 Lies jetzt die drei Texte sinnerfassend (→ Umschlagklappe) und teile sie in Sinnabschnitte ein. Verfasse zu jedem Sinnabschnitt eine Überschrift, die den Inhalt des Abschnittes kurz zusammenfasst. Vergiss nicht, bei der Formulierung der Überschriften zu notieren, auf welche Textstelle(n) im jeweiligen Material du dich beziehst.

3 Fasse nun in deinem Heft oder am Computer die Kernaussage jedes Textes (M1, M2 und M3) jeweils in einem Satz, maximal in zwei Sätzen zusammen. Folgende Formulierungen können dir dabei helfen.

Formulierhilfen

- In dem Text „…" von … (aus dem Jahr) … geht es um …
- Der Text „…" von … (aus dem Jahr) … thematisiert … – geht der Frage nach, … – befasst sich mit dem Problem … – weist auf … hin
- Das Thema des Textes „…" von … (aus dem Jahr) …

4 Um welche Textsorten handelt es sich bei den drei Materialien jeweils? Verbinde.

Tipp Sprache, Inhalt und Urheberangaben geben dir Hinweise auf die Textsorte.

M1		Interview
M2		Ratgeberseiten einer Broschüre
		Behördeninformation
M3		Reportage

5 Untersuche die nachfolgende Grafik. Wähle dazu eine der folgenden Aufgaben:

- Ergänze den Lückentext rechts neben der Grafik.

M4 **Schäden des Hochwassers 2013**

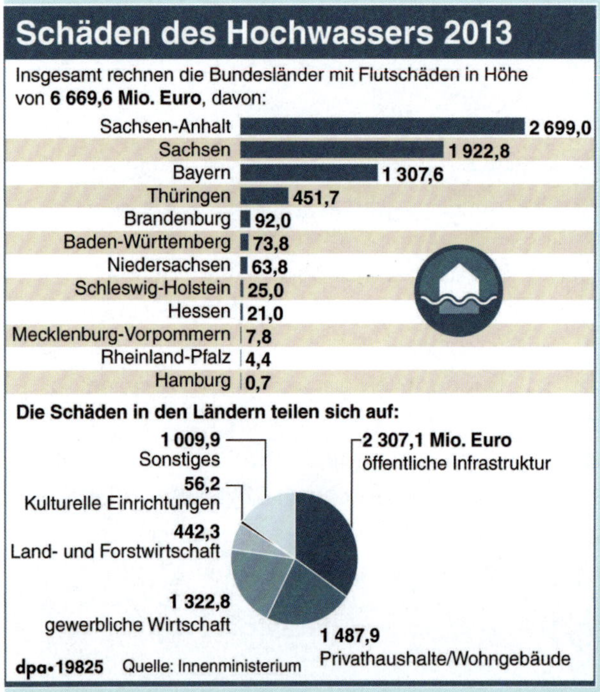

Thema: Schäden des Hochwassers 2013

Quelle: Innenministerium

☒ vertrauenswürdige Quelle
○ nicht vertrauenswürdige Quelle

Angabe der Zahlen in
○ Tausend ○ Prozent ☒ Millionen

Das Bundesland mit den höchsten Flutschäden ist Sachsen-Anhalt.

Das Bundesland mit den niedrigsten Flutschäden ist Hamburg.

Der größte Teil der Schäden betrifft die öffentliche Infrastruktur

_______________________.

sind nur geringfügig von Flutschäden betroffen.

www.bpb.de (Bundeszentrale für politische Bildung)

- Vervollständige die folgenden Sätze in deinem Heft oder am Computer. Die Satzanfänge findest du unter dem Mediencode [11048-05].

Das Thema der Grafik ist/sind ... – Das Balkendiagramm informiert über ... – Durch das Kreisdiagramm erfährt der Betrachter auch ... – Die Grafik wurde von ... publiziert. – Der Herausgeber der Grafik ist ... – Die Quelle ist vertrauenswürdig/wenig vertrauenswürdig, weil ... – Die Zahlenwerte werden in ... angegeben.

- Untersuche die Grafik genauer und schreibe deine Untersuchungsergebnisse in einem fortlaufenden Text in dein Heft oder mit der Textverarbeitung am Computer.

Einen informierenden Text schreiben und überarbeiten

Starkregen hat im Sommer die Flüsse über die Ufer treten lassen. In Jakobs Familie ist der Keller vollgelaufen. Er beschließt, selber aktiv zu werden und mittels eines Blogeintrages seine Erfahrungen zu veröffentlichen sowie über Ursachen sowie Vermeidungs- und Schutzmöglichkeiten von Hochwasser zu informieren.

1 Sammle Informationen aus den Materialien M1 bis M4 (→ S. 10–12) sowie aus deinen persönlichen Recherchen zum Thema „Hochwasserschutz – Gegenmaßnahmen ergreifen" in einer Mind-Map. Übertrage eine Grafik wie dieses Muster in dein Heft und „befülle" sie mit den Ergebnissen seiner Sammlung.

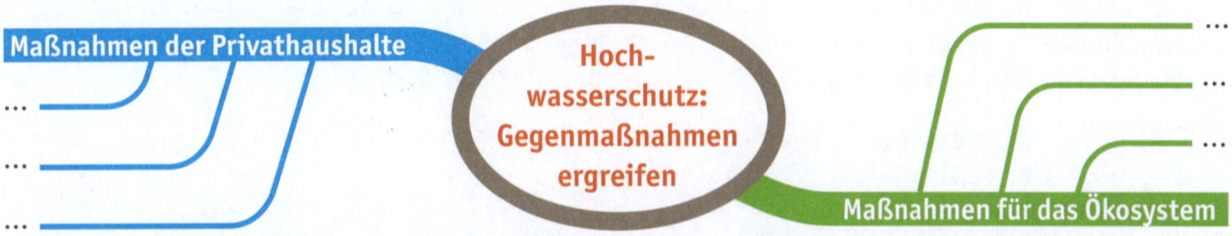

2 Erstelle in deinem Heft oder mit der Tabellenfunktion deiner Textverarbeitung einen Schreibplan für deinen Blogbeitrag orientiert an der nachfolgenden Struktur.
Ordne zu, woraus (Quelle) du für welche Inhalte Informationen entnommen hast.

Schreibplan			
			Quelle
	Adressat:		
	Thema:		
	Schreibabsicht:		
	Überschrift:		
Einleitung	z. B. Schreibanlass	Hochwasserschäden im eigenen Keller	
Hauptteil	Entfaltung des Themas:		
	• Ursachen und Auswirkungen von Hochwasser		
	• Gegenmaßnahmen		
Schluss	z. B. Schlussfolgerung oder Appell		

Tipp

Im Gegensatz zu einem rein informierenden Text enthält ein Blogeintrag auch schildernde Passagen zum Beispiel über eigene Erlebnisse bei Hochwasser, d. h. neben sachlichen Aussagen gilt es auch, Emotionen zu wecken. Du siehst ein Beispiel im Lukas' Referat auf Seite 7 in den Zeilen 15 bis 25.

3 Formuliere deinen Blogeintrag am Computer unter Berücksichtigung deines Schreibplans. Nutze dafür auch Zitate aus den Materialien, die du direkt oder indirekt wiedergeben kannst (vgl. zur indirekten Rede → S. 114). Vergiss nicht, jeweils die Quelle anzugeben.

Achtung: Die roten Begriffe im Schreibplan oben tauchen als solche in einer möglichen Gliederung nicht auf!

4 Lass den ausgedruckten Text von einem Lernpartner mithilfe der nachfolgenden Checkliste prüfen und kommentieren.
Nutze die digitale Fassung [Mediencode 11048-06], wenn du mehr Platz brauchst.

		👍	👍👍	👍👍👍	Fragen	Tipps
	Überschrift: Weckt sie Interesse?					
	Wird berücksichtigt, dass die Leser hier wohl eher unkundige Jugendliche sind?					
Einleitung	Einleitung: Enthält die Einleitung alle zentralen Informationen und die Leseransprache?					
Hauptteil	Ursachen und Auswirkungen von Hochwasser: Werden alle zentralen Aspekte so dargestellt, dass auch ein unkundiger Leser das Thema versteht?					
	Gegenmaßnahmen: Sind die Gegenmaßnahmen gut erklärt und verständlich? Erscheinen die Gegenmaßnahmen plausibel?					
Schluss	Schlussfolgerung: Setzt sich der Autor mit den Vor- und Nachteilen der Maßnahmen auseinander und bewertet er diese, bevor er sich auf Hauptmaßnahmen festlegt? Spricht er den Leser direkt an?					
	Gibt es Quellenangaben?					
Darstellungsleistung	Ist der Text verständlich formuliert, übersichtlich gegliedert und das Thema überzeugend entfaltet?					
	Werden Emotionen und Erfahrungen geschildert und dadurch auch beim Leser angesprochen?					
	Inwiefern wurden Sätze durch Satzverknüpfungen verbunden?					
	Wird eigenständig formuliert?					
	Sind Rechtschreibung, Zeichensetzung, Grammatik und Satzbau korrekt?					

5 Verbessere deinen Text unter Berücksichtigung der Korrekturanmerkungen (Fragen und Tipps) deines Lernpartners am Computer. Drucke ihn erneut aus und gib ihn deinem Lernpartner zum nochmaligen Lesen.

Sich zu einem Hörtext Notizen machen und jemanden in einem Blogbeitrag informieren

1 Höre den Text unter [Mediencode 11048-07] zum Thema „Hochwasserprognosen für Deutschland" einmal komplett an. Notiere beim zweiten Anhören die wichtigsten Inhalte, die du brauchst, um einen Interessierten über das Gehörte zu informieren.

2 Einer der Schüler hat im Internet zum Thema „Hochwasserschutz" recherchiert und schließlich seinen ersten eigenen Blogeintrag verfasst. Beurteile die sprachliche und inhaltliche Qualität des Beitrags. Notiere rechts, was überarbeitet werden sollte. Nutze die digitale Fassung unter dem Mediencode [11048-08], wenn du mehr Platz für die Notizen brauchst.

Blogeintrag	Deine Korrekturanmerkungen
Hochwasserschutz durch den Wald In den vergangenen Wochen habt ihr sicherlich immer mal wieder über die Folgen von Starkregen gelesen oder vielleicht wart ihr sogar selber betroffen. Hochwasser kann durch Wälder verhindert werden. Ihnen kommt nach den Angaben des Bayerischen Staatsministeriums für Ernährung, Landwirtschaft und Forsten eine sehr wichtige Rolle bei der Hochwasservorsorge zu. Das gilt insbesondere für Bergwälder. Denn hier beginnt der Hochwasserschutz. Wichtig ist es eben, dort anzusetzen, wo der Schnee schmilzt und das Schmelzwasser die kleinen Bäche direkt in reißende Flüsse verwandeln kann. Die Konsequenzen haben hinterher die Täler zu tragen, in denen die Straßen überflutet, Autos von dreckigen Wassermassen mitgerissen werden und Keller volllaufen. Darüber hinaus ist auch die Anpflanzung von Mischwäldern bzw. Auwäldern zentral für den Hochwasserschutz. Auwälder reduzieren die Wassermenge. Also setzt euch für den Schutz und die Neuanpflanzung von Wäldern ein. Sonst läuft demnächst auch bei euch der Keller voll!	

3 Gestalte in deinem Heft oder mit der Tabellenfunktion am PC eine Checkliste, die hilft, inhaltliche Fehler zu vermeiden. Der erste Punkt ist dir als Beispiel vorgegeben.

Ja	Nein	Ich habe …
		eine inhaltlich zum Thema passende Überschrift formuliert.
		…

4 Überarbeite den Text im Heft oder am Computer.

Wenn du in diesem Test noch 😐 zeichnen musstest → SB-S. 48–67 und S. 128–141.

1.2 Argumentierende Texte schreiben

Hier findest du Informationen im Schülerbuch: *S. 32–43 und 128–141*

Diese Kompetenzen trainierst du: *Verfahren zur Ideensammlung anwenden, in Sachtexten recherchieren und für die Produktion eigener Texte nutzen, argumentierende Texte planen, argumentierende Texte adressatengerecht formulieren, den Aufbau argumentierender Texte prüfen und überarbeiten, einen eigenen Standpunkt auch mithilfe von Materialien formulieren, einen Kommentar schreiben*

Hier findest du Hilfestellungen: *Arbeitsheft S. 112, S. 119 und Schülerbuch S. 273 f.*

„Hast du die besseren Argumente?“

Teste deinen Lernstand

Kannst du überzeugend argumentieren?

1 Erläutere den Unterschied zwischen „jemanden überreden“ und „jemanden überzeugen“. Denke an entsprechende Situationen und beschreibe die entscheidenden Unterschiede.

überreden: Beim Überreden sage ich so viel gute Punkte o. Sachen, dass der andere nachgibt

überzeugen: Hier handelt es sich um ein Argumentierendes Gespräch bei dem eine Person ihre Meinung ändert.

2 Weißt du noch, wie ein vollständiges Argument aufgebaut ist? Kreuze das für dich Zutreffende an.

◯ Nein: Versuche trotzdem im Argument (siehe Aufgabe 3) die unterschiedlichen Bestandteile zu erkennen. Lies dafür noch einmal im Anhang des Arbeitsheftes nach (→ S. 112).

☒ Ja – die die vier Bestandteile des Arguments sind:

Behauptung — Beispiel

Begründung — Bezug zur Position

3 Verdeutliche den Aufbau des folgenden Arguments, indem du mit vier verschiedenen Farben die vier Bestandteile kennzeichnest. Nutze die Farbe der Linien oben.

Wenn man andere Menschen von seinem Standpunkt überzeugen will, ist es wichtig, die Kunst des Argumentierens zu beherrschen. Wenn man nur Behauptungen aufstellt, ohne sie zu belegen, oder unsachlich schreibt, hat man keinen Erfolg, da der andere die Behauptungen mit Recht in Frage stellt oder sie nicht ernst nimmt. Beispielsweise wird man mit der Behauptung „Wir brauchen eine andere Auswahl von Speisen und Getränken in der Schulmensa“ alleine nichts erreichen. Man kann z. B. gesundheitliche Aspekte, Kosten und Bedürfnisse der Schüler als Begründung heranziehen, wenn man die Schulleitung dazu bringen will, etwas zu ändern. Um etwas zu erreichen, muss man also sachlich und überzeugend argumentieren können.

Einen eigenen Standpunkt zu einem Thema formulieren und begründen

In der 8. Jahrgangsstufe bieten einige Schulen das Projekt „Herausforderung" an. Die Jugendlichen wählen sich ihr Projekt, also ihre Herausforderung, selbst. Es kann sich z. B. um ein Theaterstück, eine Wanderung oder ein soziales Projekt handeln, das selbst organisiert wird und einen bestimmten finanziellen Rahmen (ca. 150,– / Schüler) einhält. Ein Coach, der nur im Notfall eingreift, begleitet die Gruppe. Planung und Durchführung des Projekts finden innerhalb der Unterrichtszeit statt.

An alle 8. Klassen

Stellt euch dem Projekt

HERAUSFORDERUNG!

- Lernt eure Grenzen kennen!
- Werdet Teamplayer!
- Übernehmt Verantwortung!
- Plant von Anfang bis Ende!
- Habt Spaß durch Erfolg!

Euer Coach leitet euch und hilft in schwierigen Situationen.

Auch das kann Schule!

1 Sammle fünf Gründe, die zögerliche Mitschüler und Eltern davon überzeugen, dass du als „Herausforderung" mit Freunden eine Hüttentour in den Alpen durchführen kannst. Arbeite in deinem Heft oder am Computer.

2 Andere Schulklassen haben solche Projekte bereits durchgeführt, worüber in den Medien berichtet wurde. Entnimm dafür den Materialien 1 und 2 vier weitere Gründe und ergänze deine Stoffsammlung aus Aufgabe 1.

Material 1

14-jährige Göttinger OHG-Schüler stellen sich Herausforderungen

Neun Stunden zu Fuß über einen italienischen Pass – bei Dauerregen und mit schwerem Rucksack. „Das war heftig und wirklich eine Herausforderung", sagt Sven Austen. „Aber irgendwann haben wir gesungen und uns gegenseitig angefeuert."

Göttingen. Achtklässler vom Göttinger Otto-Hahn-Gymnasium (OHG) lebten zwei Wochen in einem Kloster, arbeiteten in einem Altenheim, […], halfen bei der Göttinger Tafel oder peppten die Toilettenbereiche der Schule farblich auf – inklusive gruppendynamischer (Streit-)Prozesse. Und das sind nur einige von 18 Aktionen, bei denen die Schüler körperlich und mental an ihre Grenzen gehen konnten – und sollten.

Göttinger Tageblatt vom 01.08.2014

Material 2

Das übergeordnete Ziel der Reise ist klar: „Die Jugendlichen sollen fürs Leben lernen", erklärt Lensges. Und zwar, indem sie Verantwortung übernehmen für sich und andere, indem sie auf eigenen Füßen stehen. […] „Sie mussten sich in Gruppen zusammenfinden und eine Tour planen, die sie dann Eltern und Lehrern vorgestellt haben", sagt [die für das Projekt zuständige Lehrerin]. Ganz unterschiedliche Reisen kamen dabei heraus: […]

„Wir hatten keinen Bock auf Radfahren oder Wandern", erzählen Philipp, Felix, Erik und Robin – sie haben sich deshalb für eine Tour mit zwei Kanus entschieden. […] Die theoretische Vorbereitung war zwar gut, die Realität sah aber anders aus. „Das Wasser in der Lenne war zu niedrig", erzählt Robin. Anstatt zu paddeln, mussten sie durch den Fluss laufen und die Boote hinter sich herziehen.

Der Plan, 15 Kilometer am Tag zu schaffen, war damit hinfällig. Und auch die geplante Übernachtungsmöglichkeit erreichten sie nicht. Das Problem mussten sie selbst lösen. „Wir haben dann einen Bauern gefragt, ob wir auf seiner Wiese zelten können", sagt Robin. Der Landwirt war einverstanden und fuhr sie sogar zu einem Supermarkt. Denn auch versorgen müssen sie sich alleine, was für sie ganz neu ist. […] Dabei würden sie lernen, was sonst gar nicht oder nur in Ansätzen in der Schule vermittelt wird, z. B. der vernünftige Umgang mit Geld. […]

Rheinische Post vom 10.09.2016

Eine lineare Argumentation planen und schreiben

1 Ordne die gefundenen Gründe von Seite 17 nach Oberpunkten wie z. B. „Übernahme von Verantwortung", „Aushandeln von Ergebnissen in Gruppen". Ergänze weitere geeignete Oberpunkte und finde eine geeignete Darstellungsform für die Stoffordnung. Arbeite im Heft oder am Computer.

2 Du willst aus deiner Sammlung von Gründen für deine Position (Hüttentour ist sinnvoll) eine überzeugende Argumentation formulieren, die an die Eltern geschickt werden kann. Wähle eine der Aufgaben:

- Markiere dafür die vier Gründe aus deiner geordneten Stoffsammlung (Aufgabe 1), die für die Schülereltern vermutlich am überzeugendsten sind.
- Erledige die blaue Aufgabe und ordne die markierten Gründe nach Überzeugungskraft.
- Erledige die blaue und die rote Aufgabe und begründe Auswahl und Ordnung stichpunktartig.

3 Erstelle unter Verwendung der Oberpunkte eine numerische Gliederung für deine Argumentation.

4 Ergänze die vier Gründe zu vollständigen Argumenten. Lege dazu in deinem Heft/am Computer eine vierspaltige Tabelle an, in die du deine Argumente wie im **Beispiel** einträgst.

Behauptung/These 1	Begründung	Beispiel	Bezug zur Position
① *Verantwortungsübernahme wird geschult*	*Projekt scheitert, wenn Verantwortlicher nicht gewissenhaft*	*Proviantverantwortlicher kauft falsches Essen*	*Folgen mangelnder Verantwortungsübernahme spüren gleich alle* -länger *→ Hüttentour ist sinnvoll (= Position)* weil man das kennt, nämlich Verantwortung für Gruppe
② Zusammenhalt wird gestärkt	alle wollen Ziel erreichen	zB Gipfel oder nächste Hütte	→ Stolz / Foto Gruppe ↳ Zusammenhalt wird stärker

5 Beim Schreiben eines argumentierenden Textes helfen dir bestimmte sprachliche Wendungen (Strukturwörter), einen zusammenhängenden und überzeugenden Text zu schreiben. Ordne die strukturierenden Formulierungen aus dem Speicher in die Tabelle ein.
Du kannst mit dem Mediencode [11048-09] am Computer arbeiten.

reihende Verknüpfung von Argumenten	Steigerungen deutlich machen	betonen, hervorheben	Gegensätze hervorheben/ein Gegenargument einbeziehen

Formulierungsspeicher

zunächst einmal – es bleibt auch zu bedenken – dem steht allerdings entgegen – zwar ... aber – eng damit verknüpft ist – dabei muss auch bedacht werden – schwieriger wird es schon mit – gewichtiger ist – eine erneute Steigerung der Schwierigkeiten ergibt sich – hauptsächlich – es sei auch daran erinnert, dass – als weiterer Gesichtspunkt ist zu nennen – darüber hinaus – dafür spricht außerdem, dass ... – es kommt hinzu, dass ... – nicht weniger wichtig ist – vor allem – insbesondere – das Hauptargument dafür ist – nicht zu vergessen ist – entscheidend ist jedoch ... – von außerordentlicher Wichtigkeit ist – man darf keinesfalls übersehen, dass ... – außerdem spielt noch eine wichtige Rolle – weitaus wichtiger ist aber noch – einerseits ... andererseits – es ist zu betonen/hervorzuheben, dass – demgegenüber aber ist zu bedenken

6 Verfasse eine lineare Argumentation für den Elternbrief mit den vier Argumenten, in der du sinnvolle Verknüpfungen verwendest. Reihe die Argumente keinesfalls nur aneinander!

7 Die Eltern haben schließlich dem Projekt „Alpenhüttentour" zugestimmt. Du bist für die Auswahl der Hütten auf eurer Wanderroute zuständig und schlägst unter anderem die „Sonnbichl-Hütte" vor. Euer Coach merkt kritisch an, dass sie bei einem Bewertungsportal nur mit zwei von fünf Sternen bewertet ist. Prüfe die Kommentare daraufhin, ob sie für die Planung eurer Hüttentour relevant sind, oder nicht. Notiere jeweils eine kurze Begründung für deine Beurteilung.

a) Der Wanderweg ist wegen einer eingestürzten „Brücke" gesperrt, man muss also die Forststraße benutzen, was bei unserem Sprössling wenig Begeisterung auslöste. Angekommen an der Alm waren wir erst erfreut über die humanen Preise für Getränke und Essen, fanden aber leider die Kommentare wegen der extremen Wartezeiten bestätigt. Nach 20 min Anstellen in einer langen Schlange in der prallen Sommerhitze und ohne Vorwärtskommen sind wir zurückgelaufen. Unzumutbar. *Anna, 15. Juli 2017*

Der Kommentar ist relevant / nicht relevant, weil ______

______

b) Übernachtung gut, angemessenes Preis-Leistungsverhältnis und schöne Atmosphäre ... nur leider für Feierlichkeiten nicht geeignet! Keine Herzlichkeit und als große Gruppe fühlt man sich nicht erwünscht.
Nicht zu empfehlen, sehr schade! *Rainer, 6. Juni 2017*

Der Kommentar ist relevant / nicht relevant, weil ______

______

c) Die Hütte ist NICHT ganzjährig geöffnet! Bestes Wetter, Wege schneefrei, letzter Samstag der Osterferien – aber leider zu! Da hilft auch die schönste Aussicht nicht. *Susanne, 6. April 2016*

Der Kommentar ist relevant / nicht relevant, weil ______

______

8 Begründe schriftlich in einem zusammenhängenden Text für euren Coach, warum du die Hütte dennoch gewählt hast, indem du auf die Kommentare eingehst und sie entkräftest. Arbeite mit der Subjunktion *obwohl* oder der Präposition *trotz*. Verwende auch die Begriffe Zielgruppe und Adressat.
Schreibe in deiner Textverarbeitung auf dem Computer. Schicke den Text deinem Coach und lass dir über die Kommentarfunktion Rückmeldung von ihm geben.

9 Ergänze nun die Entkräftung der Kommentare aus Aufgabe 8 mit zusätzlichen positiven Argumenten für die Wahl der Hütte: Preis für die Übernachtung, Etappenlänge der Tageswanderung, freie Kapazitäten.

Einen kommentierenden Text schreiben und überarbeiten

Eure Nachbarschule hat auf ihrer Website über das Projekt „Herausforderung" informiert. Sofort haben besorgte Eltern das Vorhaben ablehnend kommentiert.

Schule auf Abwegen – abwegige Herausforderungen

Wir sind empört über das Vorhaben, in den achten Klassen das Projekt stattfinden zu lassen!

Mit ihren gerade einmal vierzehn Jahren (manche sind erst dreizehn!) halten wir die Kinder für viel zu jung, sodass sie im Ernstfall noch nicht verantwortungsvoll für sich und andere handeln können. Ihr Taschengeld können sie vielleicht halbwegs einteilen, aber sie haben keine Vorstellung von den Kosten des täglichen Lebens und können noch nicht mit größeren Geldsummen umgehen. Zudem besitzen die meisten keine handwerklichen Kenntnisse, ja, die heutige Generation Smartphone kann nicht einmal ein Fahrrad flicken. Wie sollen die Kinder diese fehlenden Erfahrungen und Fertigkeiten in der Vorbereitungszeit eines Projektes aufholen, auch wenn sie ein halbes Schuljahr dafür hätten? Dafür braucht es Jahre der Erfahrung und der Reife. Auch die Kenntnis der Grammatik- und Kommaregeln und die Beherrschung des mathematischen Dreisatzes und Prozentrechnens bildet fürs Leben! Hier liegen die Aufgaben der Schule. Sie sollte sich nicht auf die Modeerscheinung einer vagen Spaß- und Erlebnispädagogik einlassen und den Erwerb von Kompetenzen ins Uferlose ausdehnen.

Es ist schlicht unverantwortlich, die Kinder bei Gebirgswanderungen, Paddeltouren oder Ähnlichem sich selbst zu überlassen. Sie gehen in diesem Alter alle möglichen Risiken ein, sodass die Gefahr von Unfällen viel zu hoch ist.

Und wer kontrolliert, dass die Kinder sich von Alkohol oder gar anderen Drogen fernhalten? Die Versuchung liegt doch nahe, dies in der Zeit auszuprobieren.

Stoppen Sie das Projekt! Eine verantwortungsvolle Schule sollte die Kinder nicht sich selbst überlassen und sich auf ihre eigentlichen Aufgaben besinnen!

Verfassertext

1 Entnimm dem Text die Behauptungen, die der Argumentation zugrunde liegen. Schreibe sie kurz und möglichst prägnant auf.

Beispiel: *14-jährige Jugendliche sind noch Kinder. Sie können noch keine Verantwortung übernehmen.*

- ______________________
- ______________________
- ______________________
- ______________________
- ______________________
- ______________________
- ______________________

2 Entkräfte drei der von den Eltern vorgebrachten Einwände durch vollständige Gegenargumente. Formuliere sie im Heft oder am Computer.

3 Die Achtklässler der Nachbarschule bitten euch um Schützenhilfe.
Ihr schreibt einen kommentierenden Text zum Projekt „Herausforderung" als Antwort auf das Elternschreiben. Darin befürwortet ihr die Durchführung des Projekts an der Nachbarschule, hebt eure erfolgreiche Hüttentour positiv hervor und stellt die Ängste besorgter Eltern als unnötig und übertrieben dar. Eure erste Fassung ist jedoch sprachlich noch verbesserungswürdig.
Wähle für die Überarbeitung eine der unter dem Text und auf Seite 22 stehenden Aufgaben:

ACHTUNG FEHLER!

Sagt ja zum Projekt Herausforderung!

Auch wenn manche Eltern es sich nicht vorstellen können – unser Projekt war toll. Wir fanden unserer Hüttentour viel cooler als Matheaufgaben zu lösen und Aufsätze zu schreiben!

Natürlich machten wir auch Fehler und erreichten unser Ziel trotzdem. Wir schafften alle Etappen, auch wenn sie länger dauerten, als wir uns das vorgestellt hatten. Keiner blieb auf der Strecke. Natürlich wurde auf die Schwächeren Rücksicht genommen. Wir erreichten unser Ziel trotz strömenden Regen und Blasen an den Füßen. Auch die eitlen Gockel haben jetzt gecheckt, dass es eher auf die Passform der Wanderschuhe als auf das Aussehen von Schuhen ankommt. Chips sind auch nicht gerade als Proviant geeignet.

Wir haben massig gelernt. Davor hat keiner von uns eine Reise für eine ganze Gruppe geplant. Beispielsweise mussten wir Schlafgelegenheiten buchen und mit den Hüttenbesitzern telefonieren oder mailen und für die Gruppe die Zug- und Busverbindungen heraussuchen. Dabei hilft uns unser Handy, das so oft verteufelt wird. Und unser Geld hat uns auch gereicht! Wir haben sogar noch etwas übrig, das wir für den Erhalt der Alpenwälder spenden wollen.

Wenn jemand, meint, wir hätten nichts anders im Sinn, als zu rauchen und uns zulaufen zu lassen, ist das wirklich nicht unser Problem. Man braucht für die Wanderung ja Ausdauer und Muckis. Steile Aufstiege sind ein sonst echt heavy. Wenn die sich hinziehen, ist man fix und foxy und kann nicht weiter.

Das alles hat geklappt und, ob Eltern und Lehrer es glauben oder nicht: Unsere Lust, sich von Kühen aufspießen oder von Blitzen erschlagen zu lassen oder hohen Felsen zu stürzen, ist doch nicht so groß, wie sie denken.

Wir haben unser Ziel erreicht! Und wenn wir das können, können Ihre Kinder das auch! Und jetzt würden wir uns freuen, wenn Sie das auch Ihren Kindern zutrauen.

Verfassertext

Überarbeite den Text. Arbeite dafür mit der digitalen Fassung des Textes [Mediencode 11048-10]. Verbessere vor allem die sprachliche Gestaltung. Die Hinweise im Speicher helfen dir.

Logische Verbindung durch Adverbialsätze herstellen! – Überleitungen schaffen! – Umgangssprache korrigieren! – Wiederholungen tilgen! – Abwechslungsreich schreiben! – Orthografisch und grammatikalisch richtig schreiben!

Das weißt du bereits

Überarbeite den Text. Verbessere die sprachlichen Schwächen und schreibe den Text so um, dass er deine Sicht zugespitzt ausdrückt und unterhaltsamer wird. Die Verbesserung gelingt dir, wenn du z. B. (in Maßen) übertreibst und besonders aussagekräftige Adjektive und Verben verwendest. Es eignen sich auch gezielte Wiederholungen und rhetorische Fragen.

Wenn du die Aufgabe 4 zuerst bearbeitest, hilft dir das dabei.

Tipp

■ Schreibe einen kommentierenden Text, der sich über die überzogenen Befürchtungen der Eltern hinwegsetzt, und das Projekt klar befürwortet, weil die Hüttentour ein Erfolg war.
Beziehe mögliche Gegenargumente der Eltern in deinen Text ein und widerlege sie.

4 Trainiere, sprachlich zugespitzt zu formulieren. Beschreibe dafür – je nach Lücke in der Tabelle – entweder, welches sprachliche Gestaltungsmittel im Text eingesetzt wurde (dritte Spalte) oder schreibe die rein sachlichen Textabschnitte (erste Spalte) in der mittleren Spalte um, indem du das angegebene Gestaltungsmittel verwendest.

Elemente aus einer sachlichen Argumentation	pfiffige, zugespitzte Kommentierung	sprachliches Gestaltungsmittel
Obwohl der Weg immer steiler wurde und unsere Kräfte nachließen, hielten wir durch bis zum Ziel.	Obwohl der Weg immer steiler anstieg und unsere Kräfte immer mehr sanken, bissen wir die Zähne zusammen und erreichten unser Ziel.	____________
Weil die Hütte durch ein Ofenfeuer geheizt war, vergaßen wir am Abend die Mühen der Tageswanderung durch den Regen.	Weil in der Hütte ein wunderbar warmes, wohliges Feuer brannte, vergaßen wir die Wanderung über mühsame, matschige Wege bei strömendem Regen.	____________
Manche Eltern und Lehrer halten uns für so unvernünftig, dass sie meinen, wir würden bedenkenlos Risiken eingehen.	____________	Übertreibung
Aber dazu gibt es keinen Grund. Denn wir übernehmen ja in der Familie und Schule selbstverständlich Verantwortung und planen auch außerhalb des Projekts selbständige Unternehmungen.	____________	rhetorische Fragen
Anfangs gaben wir tatsächlich zu viel Geld aus. Aber wir lernten rasch, mit dem Geld hauszuhalten, damit wir unsere Tour durchführen konnten.	Anfangs rann uns das Geld wie Wasser durch die Finger, löste sich scheinbar in Nichts auf, aber wir lernten in Windeseile, mit den Geld hauszuhalten, damit wir nicht schlapp in den Seilen hingen und die Segel einziehen mussten.	____________

Einen kommentierenden Text analysieren und selbst schreiben

1 Auch ein Austausch zwischen Schülern aus Ost- und Westdeutschland könnte eine „Herausforderung" im Rahmen des Projekts sein. Beschreibe die sprachliche Gestaltung der markierten Stellen und die Wirkung, die damit erzielt wird, in übersichtlicher Form in deinem Heft oder am Computer.

Beispiel:
Z. 7–9: *Aufzählung fremder Länder - Reiz des Abenteuercharakters vieler Austauschprogramme wird betont*
Z. 10 f.: *Elliptische Reihung möglicher Erlebnisse (Staunen inklusive, Abenteuer garantiert) klingt nach Formulierungen aus Reiseprospekten*

Lasst die Schüler rübermachen

von *Ulrike Heidenreich*, in: SZ.de am 15.01.2018

Die Idee von Thüringens Kultusminister zu einem Austausch zwischen neuen und alten Ländern ist längst überfällig. Auf die Schüler wartet ein Abenteuer, denn Ost und West sind noch immer zwei getrennte Welten.

Es ist die große, weite Welt, die sich beim Schüleraustausch eröffnet. Da lockt die Highschool in den USA, in Südafrika, Kanada, Costa Rica, China und anderen fernen Ländern. Ein Hauch von Exotik, Staunen inklusive, Abenteuer garantiert. Doch nun soll es in die andere Richtung gehen – wenn es nach dem neuen Präsidenten der deutschen Kultusministerkonferenz geht: [Er] schlägt einen Schüleraustausch zwischen Ost und West vor, zwischen den neuen und den alten Bundesländern. Also zwischen Leipzig und Stuttgart beispielsweise.

Das ist sinnvoll, überfällig und verspricht, für Schüler ein ebenso spannendes Abenteuer zu werden. Denn 30 Jahre nach der deutschen Einheit gibt es immer noch große Unterschiede, wirtschaftlich wie kulturell.

Ein Schüleraustausch zwischen Ost und West dürfte für viele wie eine Expedition zur *Terra incognita* werden, für Schüler aus den neuen Bundesländern genauso wie für jene aus den alten. [...]

Ost und West redeten viel zu wenig miteinander – über das, was früher war und heute ist. Heute ist: immer noch ein großer wirtschaftlicher und sozialer Unterschied. Die Ost-West-Lücke hat sich noch nicht geschlossen. [...] Die Arbeitslosenquote ist höher, der Bruttodurchschnittslohn geringer. Die Bevölkerungsdichte ist niedriger und der Ausländeranteil im Osten ebenso. Bei der Lebenserwartung gibt es Unterschiede, beim Alter der Mütter bei der Geburt des ersten Kindes, bei der Belegung von Kindertagesstätten, und, und, und. [...]

Es gibt das Gefühl des Abgehängtseins im Osten. Es gibt die **Attitüde**[1] der Überheblichkeit im Westen. Wo, wenn nicht bei jungen Menschen, kann man da eine – innere – Wende schaffen? Demokratie müsse täglich gelernt und gelebt werden, begründet der Chef der Kultusminister seine Initiative. Gerade Schüler spielen dabei eine große Rolle. Verständnis für kulturelle Werte, Ängste oder andere soziale Umfelder könnte bei dieser Form des Schüleraustauschs herauskommen. Nicht unbedingt die Sprache steht dann an erster Stelle. Wobei allerdings auch Sächsisch oder Fränkisch ziemlich fremdartig klingen können.

[1] **die Attitüde:** Haltung

2 Forme den Zeitungskommentar in einen kommentierenden Text für die Schülerzeitung um, indem du die Idee eines Austauschs zwischen den westdeutschen und ostdeutschen Bundesländern befürwortest. Beachte dabei die andere Schreibsituation, den anderen Adressatenkreis und deine Perspektive als Schüler(in).

Wenn du in diesem Test noch 😐 zeichnen musstest → SB-S. 32–43 und S. 128–141.

2.1 Wortschatz: Den Sprachgebrauch untersuchen und Sprache gezielt einsetzen

Hier findest du Informationen im Schülerbuch: *S. 198–205*

Diese Kompetenzen trainierst du: *mündlichen und schriftlichen Sprachgebrauch reflektieren; Merkmale von Jugendsprache, Standardsprache und Fachsprache erkennen; Jugendsprache, Dialekt und Standardsprache als verschiedene Sprachvarietäten bewusst anwenden; das Sprachbewusstsein vertiefen*

Hier findest du Hilfestellungen: *Arbeitsheft S. 113 und Schülerbuch S. 290 f.*

„Sprechen kann ich gut!"

Teste deinen Lernstand

Wie gut kannst du bestimmte Sprachformen unterscheiden?

1 Bist du ein Sprachprofi oder fehlen dir oft die Worte? Schätze dich selbst ein.

	zutreffend	teilweise	stimmt nicht
Ich finde für das, was ich sagen will, immer die richtigen Worte.			
Im Schriftlichen mache ich fast nie Ausdrucksfehler.			
Ich kann Fachsprache zu mir bekannten Themen sicher verwenden.			
Unterschiedliche Wörter (Synonyme) für denselben Sachverhalt zu finden, fällt mir leicht.			
Ich passe meine Sprache an, je nachdem mit wem ich spreche.			

2 Weißt du noch, was Fachsprache, Dialekt und Standardsprache unterscheidet? Ordne mittels der Zahlen die Begriffe aus dem Kasten den entsprechenden Lücken im Text zu.

Wortspeicher

Standardsprache ① – Dialekt ② – einfache Sätze ③ – offiziellen Situationen ④ – Fachgebiet ⑤ – Fachbegriffe ⑥ – Umgangssprache ⑦

Um das Verstehen zwischen Menschen zu gewährleisten, die z. B. aus unterschiedlichen Regionen kommen oder die deutsche Sprache als Fremdsprache erlernt haben, bedient man sich der ____________________. Diese verwendet man vor allem in ____________________ und im Schriftlichen. Wenn Menschen eines bestimmten Berufs- oder ____________________s zusammenkommen, verwenden diese die sogenannte Fachsprache. Sie ist besonders gekennzeichnet durch präzise ____________________. Im Alltag sprechen wir entweder im ____________________ oder auch häufig in der ____________________, die man auch Alltagssprache nennt. Diese ist geprägt durch eher ____________________. Im Wortschatz werden mitunter vom Standard abweichende Wörter oder ungewöhnliche Wortformen benutzt.

Schriftliche und mündliche Sprache unterscheiden und bewusst verwenden

Beim Radiosender Star4u gibt es einen Wettbewerb, bei dem man ein Konzert seines Lieblingsstars in der eigenen Schule gewinnen kann. Deine Klasse will an dem Wettbewerb teilnehmen.

„Mich könnt ihr auch buchen!“

1 Bei Star4u sind schon zahlreiche Bewerbungen eingegangen, teilweise als **E-Mail**, teilweise als **Anruf** oder **Sprachnachricht.** Ordne die folgenden Bewerbungsausschnitte zu, indem du mündliche und schriftliche Aussagen in zwei unterschiedlichen Farben umkreist.

1) „Äh ... hi! Hier ist Sandra aus der 8c. Ich fänd's voll cool, wenn meine Klasse des gewinnen würde.“

2) „Mein Name ist Jakob und ich bewerbe mich mit meiner Klasse für die Aktion ‚Mein Star in der Schule‘.“

3) „Hallo, hallo! Hier Lucy ... oh, ähm, ich bin voll aufgeregt. Was wollte ich sagen? Ja, wir, die Klasse 8b, wollen das Konzert unbedingt gewinnen!“

4) „Sind wir schon dran? Ja, hi, hier Moritz. Einfach mega, eure Sendung so. Wir sind die 8a.“

5) „Wir hätten es verdient zu gewinnen, weil wir eine wirklich tolle Schule sind.“

6) „Liebes Star4u Team, wir sind die Klasse 8d und wollen euch davon überzeugen, dass wir es verdienen, dass das Konzert bei uns stattfindet.“

2 Auch wenn die schriftlichen Bewerbungs-E-Mails im Star4u-Wettbewerb sicher weniger formell sind als z.B. Bewerbungsschreiben für einen Ausildungsplatz, zeigen sich doch klare Unterschiede zu den mündlichen Bewerbungen (zur konzeptuellen/medialen Mündlichkeit/Schriftlichkeit vgl. Anhang, → S. 113).
Leite aus den Auszügen aus Aufgabe 1 die jeweils erkennbaren Merkmale ab und ordne weitere Beispiele aus den Auszügen in die mittlere Spalte ein.

Schriftlichkeit	- korrekte Standardsprache (Bsp. 2)	
Mündlichkeit	- Pausen im Redefluss (Bsp. 1)	

3 E-Mails tragen oft Kennzeichen konzeptueller Mündlichkeit, auch wenn sie schriftlich verfasst sind (sie also medial schriftlich sind). Entscheide bei den folgenden medial schriftlichen Kommunikationen, ob du sie konzeptuell eher schriftlich (ks) oder mündlich (km) einordnen würdest.

Wortspeicher

Gesetzestext ___ Urlaubspostkarte ___ Chat unter Kollegen ___ Aushang im Treppenhaus ___
Bedienungsanleitung für Kaffeemaschine ___ Bewerbungsschreiben um Praktikum ___

4 Damit vor allem schriftliche Texte überzeugend wirken, müssen sie auch kohärent (also zusammenhängend und logisch) sein. Findest du die verbindenden Elemente in den folgenden Sätzen? Bestimme, ob sie lokal, temporal, kausal oder modal sind.

Beispiele	Element	Bestimmung
Wir wollen unserer Schule ein besonderes Sommerfest schenken, darum brauchen wir einen Star!	darum	kausal
So veranschaulichen wir unseren Wunsch: Mit vielen Details zu unserer Schule.		
Erst mussten wir mit der Schulleitung sprechen und dann konnten wir mit unserer Bewerbung beginnen.		
Unsere Schule ist wie eine große Familie, dort können wir alle zusammen sein.		
Wir haben einen großen Schulhof, daher haben wir auch genügend Platz für ein Konzert.		

5 Die Klasse 8b hat einen ersten Entwurf für eine E-Mail-Bewerbung an Radio Star4u geschrieben. Der Entwurf weist aber – vor allem in schriftlicher Form – viele Schwächen auf.

ACHTUNG FEHLER!

An: Star4uFM@mail.de
Von: dieklasse8b@schule.net
Betreff: Konzert in unserer Schule

Hey Star4u,

wir sind die voll coole Klasse 8b. Wir möchten bitte dieses Konzert gewinnen. Dieses Konzert wäre voll cool für unsere Schule. Echt, wir sind echt ne gute Schule. In unserer Schule kann man voll viel machen. Wir haben einen großen Sportplatz und eine Aula und einen großen Schulhof. Das Konzert hätte also Platz. Unsere Schulleiterin ist auch einverstanden. Wir haben sie gefragt und sie unterstützt uns total. Es gibt viele Gründe uns zu nehmen. Hier nochmal die Gründe: Wir sind eine super coole Schule ☺, wir haben Platz. Unsere Schüler sind musikalisch. Ach, und wir hören alle immer Star4u! Versprochen!

Bis bald, nehmt uns! Die Klasse 8b

Wähle zur Verbesserung eine der folgenden Aufgaben. Arbeite im Heft oder am Computer:

- Ersetze die vielen Wiederholungen im Text durch geeignete Ersatzformen, z. B. anstatt *toll: großartig, wunderbar* etc.
- Markiere alle Textstellen, die noch Mündlichkeitssignale zeigen. Versuche, diese durch geeignete Formulierungen zu ersetzen oder sie ganz wegzulassen, wenn sie unnötig sind.
- Neben den unpassenden Mündlichkeitsmerkmalen zeigt der Text auch noch Schwächen in der Kohärenz. Bearbeite die rote Aufgabe und formuliere kohärenter.

6 Entwerft zu zweit eine originelle und damit potenziell erfolgreiche mündliche Bewerbung für eine Sprachnachricht. Nutzt dabei die Möglichkeiten der (medialen) Mündlichkeit (ihr könnt z.B. etwas singen o.Ä.). Gebt euch in Gruppen gegenseitig Feedback und stellt anschließend einen Katalog auf mit Regeln, die auch in mündlichen Texten einzuhalten sind.

Fachsprache – Standardsprache – Jugendsprache – Dialekt

Hey Bro – die wollten echt die Wahl zum Jugendwort des Jahres canceln. Des wär´ fei jammerschad` gwesen. Gott sei Dank haben sie die Entscheidung wieder revidiert. Wir ham doch immer a Mordsgaudi, wenn wir Freunde unser Voting für das Jugendwort des Jahres abgeben. Jetzt ist es wieder safe. Das ist nice, oder?

1 Dieser Chat-Beitrag ist eindeutig nicht standardsprachlich geschrieben. Er enthält jugendsprachliche (JS), dialektale (D) und sonstige umgangssprachliche (U) Wendungen. Markiere Vertreter der drei Sprachformen mit unterschiedlichen Farben.

2 Schreibe zunächst eine komplett standardsprachliche Fassung des Beitrags in dein Heft, die du dann in deine eigene, ganz individuelle Fassung mit deinen jugendsprachlichen und dialektalen Wendungen übertragen kannst.

3 Erläutere in zwei bis drei Sätzen, ob die Wörter „revidieren“ oder „Voting“ als Fachsprache zu werten sind, oder nicht.

____

____

____

4 In dem folgenden Wordle verstecken sich fünf Jugendwörter der letzten Jahre. Notiere sie in deinem Heft und erläutere ihre Bedeutung.

Babo
Bub napflixen
isso YOLO Server
Swag
argumentieren
nörgeln surfen

5 Ein Mitglied der Jury hat in einem Interview zum Jugendwort des Jahres gesagt:

„Das Jugendwort des Jahres bildet nicht die Sprachrealität aller Jugendlichen ab, aber es gibt uns einen Einblick in die Entstehung neuer Wörter, die wir Erwachsene nicht immer verstehen.“

Diskutiere diese Aussage mit einem Lernpartner. Notiere in deinem Heft Vorschläge, wie man jeweils aktuelle Tendenzen der Jugendsprache noch besser erfassen könnte.

6 Skizziere ein Projekt, das du in deiner Schule gerne zum Thema Jugendsprache umsetzen würdest.

7 Erstelle nun in deinem Heft oder am Computer eine persönliche Rangliste zum Jugendwort des Jahres. Wähle dafür eine der folgenden Aufgaben:

- Vergib die Plätz der Rangliste 1 bis 3 nach deiner persönlichen Einschätzung.
- Bearbeite die blaue Aufgabe und erkläre die Bedeutung dieser Wörter.
- Bearbeite Blau und Rot und ergänze jeweils eine kurze Begründung, warum du das Wort jeweils vorschlägst.

8 Du bist der Meinung, dass auch die vom Aussterben bedrohten Dialekte gepflegt werden sollen, und schlägst deshalb der Gesellschaft der deutschen Sprache vor, einen Wettbewerb für besonders ausdrucksstarke Wörter und Wendungen aus deutschen Dialekten auszuloben.

Sammle dafür fünf Beispiele aus deinem Dialekt oder befrage Freunde oder Familie, wenn du selbst keine kennst. Notiere – wenn möglich – eine standarddeutsche Entsprechung und eine Begründung für den jeweiligen Vorschlag.

Beispiel: *a Hundling* (bairisch): **standardsprachlich:** Spitzbub; gewiefter, gewitzter Kerl

Begründung: sehr ausdrucksstark; standardsprachlich braucht man mehr Wörter, um die gesamte Bedeutung zum Ausdruck zu bringen

9 Damit du ein Bewusstsein für die Sprachverwendung bei Jugendlichen bekommst, sollst du deinen eigenen Sprachgebrauch oder den deiner Freunde analysieren: Welche Wörter/Formulierungen verwendest du/ihr häufig? Welche sonstigen Auffälligkeiten kennzeichnen deine Sprache?
Lege folgende Tabelle auf einem Arbeitsblatt an und befülle sie am Abend eine Woche lang.

1. Füllwörter (wie z. B. *eigentlich, sozusagen, im Prinzip …*)	2. Mündlichkeitskennzeichen, Unterbrechungen (z. B. *ähm, also*)	3. jugendsprachliche Ausdrücke, Dialektausdrücke oder Umgangssprache	4. Auffälligkeiten im Satzbau (z. B. nur sehr kurze Hauptsätze, unvollständige Sätze)	5. Auffälligkeiten in der Grammatik (z. B. falsche Kasus)

10 Nimm dir pro Woche einen der fünf Bereiche vor, in dem du deine sprachlichen Äußerungen (schriftlich und mündlich) verbessern willst. Notiere für mündliche und schriftliche Äußerungen getrennt, worauf du künftig achten möchtest bzw. wo du deiner eigenen Einschätzung nach an deiner Ausdrucksfähigkeit arbeiten solltest.

Tipp

Manchmal ist es schwierig, sich selbst zu analysieren. Bitte darum doch deine Freunde oder Familie, dich einen Tag zu beobachten. Es mag zunächst unangenehm sein, hilft aber sehr, um sich im Ausdruck zu verbessern.

Sprachvarietäten erkennen und gezielt nutzen

1 Der folgende Chatverlauf ist in einer Klasse entstanden, als sie tatsächlich die Aktion „Mein Star in der Schule" gewonnen hat.
Notiere am Rand Kennzeichen von Mündlichkeit und Schriftlichkeit dieses Chats. Beurteile abschließend, welchem Medium, schriftlich oder mündlich, der Chat näher ist, und begründe dein Urteil.

Kennzeichen Schriftlichkeit:		Kennzeichen Mündlichkeit:
______	**Sarah:** Leeeeeeeeeuuuute, wir haben gewonnen! Wir kriegen das Konzert! ☺☺	______
______	**Tom:** Yeah! ☺☺☺	______
______	**Karl:** Juhu!	______
______	**Paula:** „handstandmach" – super gut!	______
______	**Sergej:** das ist ja endcool. wie geht das jetzt weiter? wann kommen die?	______
______	**Tessa:** zu viele Fragen … aber hammer!	______
______	**Arndt:** gewonnen? was denn gewonnen?	______
______	**Toby:** du kriegst auch gar nix mit oder	______
	Sarah: Konzert von Star4u wird voll die Parteeeey	
	Tessa: und ob!	
	Paula: ♬ ♬	
	Sarah: in einer Woche erfahren wir, wer kommt und auch wann	

Urteil: ______________________________

____

____

2 Nach dem Konzert äußern einige Schüler ihre Meinung darüber. Für einen Beitrag in der Schülerzeitung sollen daraus „zitierfähige" Aussagen werden. Formuliere die umgangssprachlichen Bemerkungen oder Dialektausdrücke in deinem Heft in die Standardsprache um.

1) „Also … ich bin sprachlos, man. Das war echt der absolute Hammer."

2) „Echt gut. Ich bin total begeistert. Das Licht, die Musik, die Stimmung. Glücklich. Ich bin einfach glücklich."

3) „Die Musik von der Band war fei spitze. Hab noch nie sowas Tolles ghört!"

4) „Die Musik war endgeil und auch die Mitglieder der Band hinterher supernett."

Wenn du in diesem Test noch 😐 zeichnen musstest → SB-S. 198-205.

2.2 Wortarten kennen und bewusst nutzen

Hier findest du Informationen im Schülerbuch: *S. 210–221*

Diese Kompetenzen trainierst du: *Modalverben und ihre Bedeutungen kennen und nutzen, bei der Redewiedergabe Modi bewusst als Mittel zur sprachlichen Differenzierung einsetzen, Modalverben zum Ausdruck von Vermutungen und zur Distanzierung von fremden Behauptungen nutzen, mit Proformen Verknüpfungen in Sätzen und Texten herstellen*

Hier findest du Hilfestellungen: *Arbeitsheft S. 114 f. und Schülerbuch S. 292–294*

„Modalverben soll ich schon gelernt haben?“

Teste deinen Lernstand

Wie gut kennst du dich mit Modalverben und Verbmodi aus?

1 Trage alle dir bekannten Modalverben und deren Bedeutungen in die folgende Tabelle ein.

Modalverb	Bedeutungen

2 Wie gut kannst du direkte Rede in indirekte Rede umwandeln? Setze das Beispiel in die indirekte Rede. Wenn du noch Probleme hast, lies im Anhang (→ S. 114) nach oder konsultiere nochmals dein Schulbuch.

„Weil mein Smartphone gerade in Reparatur ist“, klagt Jonas, „habe ich die Einladung zur Feier verpasst.“

Jonas klagt, ______________________________

____

3 *Vater zu Paul: „Bring bitte vom Bäcker ein Brot mit!“*
→ *Vater sagt zu Paul, er* ***solle*** *vom Bäcker ein Brot mitbringen.*

Notiere in einem Satz, welche Bedeutung *sollen* hier in der indirekten Rede hat.

____

____

Bedeutungen von Modalverben kennen und nutzen

Geheimnisse und Gerüchte spielen in bestimmten Arten von Literatur eine große Rolle – wie beispielsweise in dem Jugendroman „Nachtvogel oder Die Geheimnisse von Sidwell" von Alice Hoffman.

Die zwölfjährige Twig, gleichzeitig die Erzählerin der Geschichte, kann nichts so gut, wie Geheimnisse zu bewahren. Sie weiß, dass sie sich als Neuankömmling in dem beschaulichen Städtchen Sidwell, in dem ihre Mutter eine Apfelplantage bewirtschaftet, mehr als sonst in Schweigen hüllen muss. Niemand darf etwas über ihren älteren Bruder James erfahren, auf dem ein Fluch lastet. Damit sie möglichst niemandem auffällt, will sich Twig daher so unsichtbar wie möglich machen und muss dafür den Preis der Einsamkeit zahlen. Anfangs kann sie ihr Umfeld auch gut auf Distanz halten, doch dann zieht die gleichaltrige Julia in die unmittelbare Nachbarschaft ein und will unbedingt mit Twig befreundet sein. Mit ihr wird Twig schließlich entdecken, dass sie noch einige Rätsel lösen muss, bis sie das Schicksal ihrer Familie und auch des Städtchens Sidwell zum Guten wenden kann.

Alice Hoffmans Roman will jungen Lesern den Wert der Freundschaft und den toleranten Umgang mit dem Anderssein vor Augen führen.

Aufgrund der spannenden Thematik, der poetischen Sprache und der Botschaft des Textes kann ich „Nachtvogel oder Die Geheimnisse von Sidwell" uneingeschränkt empfehlen.

Allerdings will ich nicht verschweigen, dass die bisweilen düsteren Schilderungen der Geschehnisse in Sidwell auch ein bisschen die Stimmung drücken können.

Geheimtipp: Wer einmal für seine Freunde einen leckeren Apfelkuchen backen möchte, findet dazu ein passendes Rezept im Anhang des Buchs!

1 Lies die Rezension, also die Buchkritik, und tausche dich – wenn möglich – mit einem Lernpartner darüber aus, ob ihr den Jugendroman lesen würdet. Begründe stichpunktartig deine Meinung.

2 Übertrage die nachfolgende Tabelle in dein Heft oder auf den Computer und trage alle Modalverben, die in der Rezension verwendet wurden, mit Zeilenangabe ein. Erkläre stichpunktartig, welche Bedeutung dem Modalverb jeweils zukommt.

Modalverb (mit Zeilenangabe)	Bedeutung im Satz	alternative Formulierungsmöglichkeit(en)
kann (→ Z. 2)	Fähigkeit	kein anderes Modalverb möglich → Fähigkeit kann nur durch *können* ausgedrückt werden

3 Entscheide, in welchen Fällen die Modalverben in Aufgabe 2 durch andere Modalverben ersetzt werden könnten. Formuliere entsprechende Alternativen und trage diese ebenfalls in die Tabelle ein. Begründe jeweils kurz deine Wahl.

Indikativ-/Konjunktiv-Formen und Modalverben zur sprachlichen Differenzierung nutzen

1 Hör dir den Anfang des Romans „Nachtvogel oder Die Geheimnisse von Sidwell" an [Mediencode 11048-11]. Formuliere schriftlich eine Einschätzung, wie die Ich-Erzählerin über das Gerücht aus Sidwell denkt.

Alice Hoffman

Nachtvogel oder Die Geheimnisse von Sidwell (2016, Auszug)

Man sollte nie alles glauben, was man zu hören bekommt. Nicht einmal in der kleinen Stadt Sidwell in Massachusetts, wo angeblich jeder die Wahrheit sagt und die Äpfel so süß sind, dass viele Leute zum Apfelfest eigens aus New York City anreisen.

Das meistgehörte Gerücht hier in Sidwell ist die Mär von dem Monster. In unserer Stadt lebe ein geheimnisvolles Wesen, munkelt man. Einige Leute behaupten, es sei ein Vogel, größer als ein Adler. Andere halten es für einen Drachen oder eine riesige Fledermaus, die – aus der Ferne betrachtet – einem geflügelten Menschen ähnelt.

Auf jeden Fall gibt es diese Kreatur – sei sie nun Mensch, Tier oder Zwischenwesen – nur hier, flüstert man sich zu, nirgendwo anders auf der Welt. Im Gemischtwarenladen und an der Tankstelle kann man T-Shirts mit der Aufschrift *Sidwell ist eine Reise wert* und dem Bild eines geflügelten Wesens mit leuchtend roten Augen kaufen.

Jedes Mal, wenn ich irgendwo so ein T-Shirt sehe, lasse ich es unauffällig im Mülleimer verschwinden.

Ich finde, die Leute sollten achtsamer sein und besser überlegen, welche Geschichten sie herumerzählen.

2 Lies nun den Textauszug und zeige an drei konkreten Textstellen, dass die Autorin verschiedene Modi des Verbs verwendet hat. Unterstreiche die entsprechenden Verben jeweils in der angezeigten Farbe im Text. Bestimme den Modus und erläutere stichpunktartig, woran dieser zu erkennen ist.

Modus: ______

erkennbar an folgenden Merkmalen: ______

Modus: ______

erkennbar an folgenden Merkmalen: ______

Modus: ______

erkennbar an folgenden Merkmalen: ______

3 Tausche dich – wenn möglich – mit einem Lernpartner aus und formuliert im Team mögliche Antworten auf die folgenden zwei Fragen. Schreibe sie in dein Heft.

1) Warum wird in dem Textausschnitt häufig zwischen den Modi des Verbs gewechselt?

2) Welchen Einfluss hätte es auf die Wirkung des Textausschnitts, wenn Twig das Gehörte nicht wiedergeben, sondern sich mit den Leuten direkt unterhalten würde?

4 Unterstreiche im Textausschnitt zwei Beispiele für die Verwendung von indirekter Rede. Gestalte diese Redewiedergaben um. Wähle aus folgenden vier Möglichkeiten die Variante aus, die dir stilistisch am geeignetsten erscheint: **a)** **alternatives satzeinleitende Verb** – **b)** indirekte Rede in Form eines ***dass*-Satzes** – **c)** indirekte Rede mithilfe einer **Infinitivkonstruktion** – **d)** **Präpositionalgefüge** oder **uneingeleiteter Nebensatz**. Schlage Beispiele, wenn nötig, im Anhang (→ S. 114) nach.

Beispiel 1) ______________________________

____

____

Beispiel 2) ______________________________

____

____

5 Ein Reporter aus Sidwell möchte über das geheimnisvolle Monster in der Zeitung berichten. Der Chefredakteur hat in dem fertigen Artikel ein Modalverb geändert. Erkläre in deinem Heft, was sich durch diese Veränderung an der Aussage ändert.

Ein Bewohner von Sidwell ~~will~~ soll das geflügelte Monster in der Neujahrsnacht gesehen haben.

6 In seinem Zeitungsartikel möchte der Reporter auch Kernaussagen einer Rede des Bürgermeisters an die Bevölkerung von Sidwell wiedergeben. Der Reporter weiß nicht mehr, wie der Bürgermeister seine Rede begonnen hat. Entscheide, welche Modalverben passen könnten, und begründe im Heft jeweils kurz deine Wahl.

Bürgermeister: „__________ man in der heutigen Zeit wirklich noch an Monster glauben? Vergesst dieses seltsame Wesen einfach."

7 Modalverben können bei der Redewiedergabe vielfältig genutzt werden. Bearbeite dazu eine der folgenden Aufgaben in deinem Heft oder am Computer:

- Formuliere die Aussagen des Bürgermeisters aus Aufgabe 6 für den Artikel in indirekte Rede um. Nutze dazu die folgenden Satzanfänge.

  Der Bürgermeister fragte, ... Er verlangte von den Einwohnern von Sidwell, ...

- Formuliere die Aussagen des Bürgermeisters für den Zeitungsartikel in indirekte Rede um. Nutze dafür andere satzeinleitende Verben als in der blauen Aufgabe.

- Bearbeite die rote Aufgabe und zeige, dass man den zweiten Satz des Bürgermeisters, je nach Aussageabsicht, unterschiedlich umformulieren kann.

Pronomen und Pronominaladverbien zur Textverknüpfung nutzen

1 In einer Zeitschrift soll eine Reihe zum Thema „Geheimnisse in der Literatur" erscheinen. Für diese Reihe hat ein Journalist einen Artikel über den Roman „Nachtvogel oder Die Geheimnisse von Sidwell" verfasst. Der Chefredakteur rät dem Journalisten, darin mehr Pronomen und Pronominaladverbien zu verwenden, um die Sätze sinnvoll miteinander zu verknüpfen und Wiederholungen zu vermeiden. Hilf dem Journalisten, die Lücken sprachlich korrekt zu füllen bzw. die unterstrichenen Passagen zu ersetzen.

Das Monster unter dem Bett aus Kindertagen – Erinnern Sie sich noch ____________ ? In Sidwell, dem Schauplatz des neuesten Romans von Alice Hoffman, verschwindet ____________ auch im Erwachsenenalter nicht. Hartnäckig halten sich dort Gerüchte von einem geflügelten Wesen, das jede Nacht sein Unwesen treiben soll. Viele lachen ____________ . Der Bürgermeister weiß jedoch auch anderes zu berichten. Besorgte Bürger, die nächtliche Beobachtungen gemacht haben wollen, wenden sich fast täglich an den Bürgermeister ____________ . Über welche Dinge ____________ machen sich die Menschen am meisten Sorgen? …

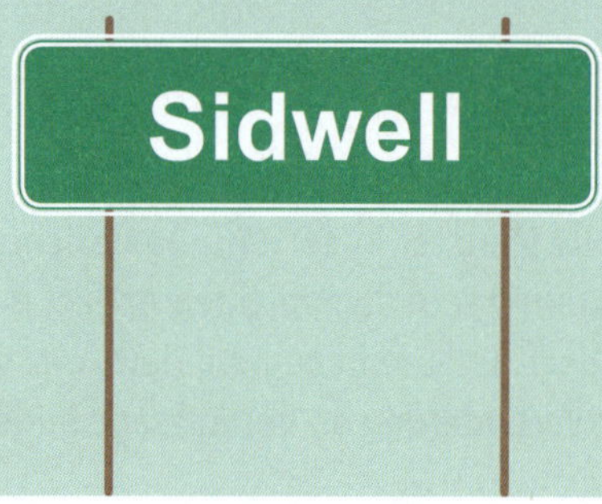

2 Zu Beginn der Geheimnis-Reihe soll ein allgemeiner Artikel über die Rolle von Geheimnissen in der Literatur abgedruckt werden.
Vervollständige den Artikel, indem du passende Pronomen (mit und ohne Präposition) oder Pronominaladverbien aus den Speichern auf der nächsten Seite so einsetzt, dass sinnvolle Verknüpfungen entstehen.

Tipp In einigen Fällen hast du mehrere richtige Lösungsmöglichkeiten, sodass du nicht alle Wörter im Speicher „verbrauchen" wirst.

Geheimnisse (in) der Literatur

Geheimnisse sind, wenn man Literaturwissenschaftlern und namhaften Autoren Glauben schenken darf, der Stoff, (1) ____________ ____________ die Literatur gemacht ist. Ohne (2) ____________ wären Texte weniger spannend und ergreifend – allerdings bisweilen auch weniger verwirrend. Aber was ist das Besondere im Umgang von Schriftstellern mit Geheimnissen? Autoren gelingt etwas, **(3)** ________________ außerhalb der Literatur nicht möglich wäre. Sie schreiben über ein Geheimnis, **(4)** __________ __________ dem Leser „verraten". **(5)** ________________ es für die Figuren des Romans zunächst geheim bleiben kann. Der Leser wird **(6)** ________________ in Kenntnis gesetzt, was geheim bleiben soll, wer ein Geheimnis hat und wie über ein Geheimnis geschwiegen wird. Das macht **(7)** ________________ selbst zum Geheimnisträger bzw. zum Mitwisser. Interessant ist, dass manche Autoren im Bereich der Unterhaltungsliteratur sehr viel von ihren Figuren preisgeben, andere Autoren **(8)** ________________ sich mit Blick auf ihre Figuren selbst in Schweigen hüllen und **(9)** ________________ nicht selten viele Fragen aufwerfen. Ihr fragt euch, **(10)** ________________ dieses Schweigen in einem Text angezeigt werden kann? Vor allem auf der sprachlichen Ebene hat ein Autor viele Möglichkeiten, zu schweigen oder auch Geheimnisse anzudeuten. So kann er z. B. Auslassungen bewusst kennzeichnen. **(11)** ________________ eignen sich vor allem Gedankenstriche oder Leerzeilen, **(12)** ________________ angegeben werden kann, dass z. B. Gedanken einer Figur oder eine Handlung unausgesprochen bleiben. **(13)** ________________ steckt auch eine gewisse Absicht des Autors. Durch die bewusste Setzung von sogenannten „Leerstellen", sollen die Leser eines Textes bewusst zum Nachdenken angeregt werden und die im Text vorhandenen Lücken mit **(14)** ________________ eigenen Vorstellungen füllen. **(15)**________________ wird der Leser aktiv in die Sinngestaltung des Textes involviert.

Speicher 1:
da + Präposition – wo + Präposition – wohin + Präposition

Speicher 2:
aus – gegen – von – über – mit – durch – für – hinter:
jeweils allein oder in Verbindung mit Adverbien aus Speicher 1

Speicher 3:
sie – dem – was – das – ihn – denen – ihren:
jeweils mit oder ohne Präposition aus Speicher 2

3 Bearbeite mithilfe deiner Ergebnisse zu Aufgabe 2 eine der folgenden Aufgaben zur textverknüpfenden Funktion von Pronomen und Pronominaladverbien:

- Entscheide, welche Formulierung die passende ist. Streiche die jeweils unpassende durch.
  - *Erinnerst du dich an den geheimnisvollen Nachtvogel?*
    Ja, ich erinnere mich noch gut an ihn/daran.
  - *Kennst du den Jugendroman „Nachtvogel oder Die Geheimnisse von Sidwell"?*
    Nein, von was/wovon handelt er?

- Ersetze die unterstrichenen Wörter durch ein passendes Pronomen oder Pronominaladverb. Begründe jeweils kurz deine Wahl.

  Der Autor denkt <u>an das Interesse</u> <u>seines Lesers</u>. ____________________

  Begründung: ____________________

  Der Autor denkt <u>an seinen Leser</u>. ____________________

  Begründung: ____________________

- Wie denkst du über Geheimnisse in der Literatur? Formuliere in deinem Heft oder am Computer einen kurzen Text dazu (mindestens sechs Sätze). Nutze mindestens drei Pronomen und zwei Pronominaladverbien, um den Text kohärent zu machen. Unterstreiche diese mit zwei verschiedenen Farben.

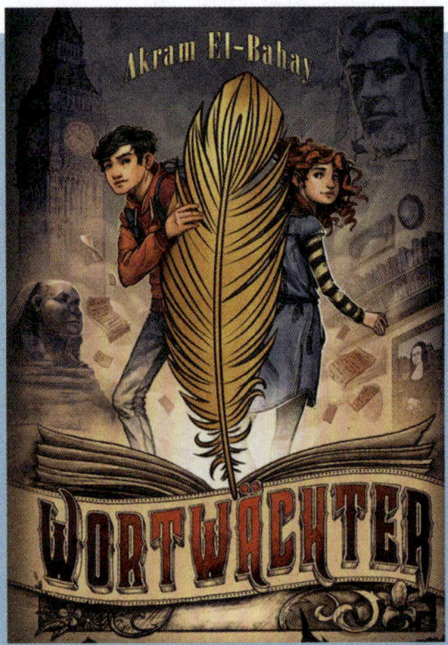

Der zwölfjährige Tom soll ganze sechs Wochen in dem alten Herrenhaus seines Onkels in Stratford-upon-Avon verbringen. Tom findet diese Vorstellung alles andere als berauschend. Das alte Herrenhaus befindet sich weitab von Internetzugang und Handynetz – Toms Onkel besitzt nicht einmal einen Fernseher! Tom verbringt seine erste Nacht auf dem düsteren Anwesen. In der ersten Nacht muss Tom feststellen, dass er in dem alten Herrenhaus mit ganz neuen Herausforderungen konfrontiert wird. Tom erkennt, dass er ein „Lesender" ist. Tom ist in der Lage, seine Lebensseite zu entziffern. Auf der Lebensseite erscheinen – wie durch Magie – Toms eigene Gefühle, Gedanken und Erlebnisse. Aber das ist noch nicht alles. Tom muss die Entführung seines Onkels aufklären. Sein Onkel wurde von einem Geheimorden entführt. Der Geheimorden hat sich der Rettung der Lebensseiten verschrieben.

4 Für die jungen Leser sollen in der Geheimnis-Reihe spannende Jugendbücher vorgestellt werden. Verändere den vorgegebenen Text [Mediencode 11048-12] in deinem Heft oder am Computer so, dass ein kohärenter und leicht verständlicher Text über den Roman „Wortwächter" von Akram El-Bahay entsteht.

Tipp
Du kannst die gut gelayoutete digitale Version mit der Coverabbildung an deine Schülerzeitung schicken, die das Buch dann als Lesetipp veröffentlichen kann.

5 Wie könnte die Geschichte weitergehen? Formuliere dazu vier weitere Sätze, die sich dem Text aus Aufgabe 4 anschließen könnten. Achte auf sinnvolle Verknüpfungen zwischen den Sätzen.

Besondere Verben, Modi und Proformen zur sprachlichen Gestaltung nutzen

1 Erkläre jeweils, welche Bedeutung den verwendeten Modalverben in den Sätzen zukommt.

*Twig **darf** das Familiengeheimnis jemandem zählen.*

Bedeutung: ______________________________

*Twig **kann** das Familiengeheimnis jemandem erzählen.*

Bedeutung: ______________________________

*Twig **möchte** das Familiengeheimnis jemandem erzählen.*

Bedeutung: ______________________________

*Twig **muss** das Familiengeheimnis jemandem erzählen.*

Bedeutung: ______________________________

*Twig **soll** das Familiengeheimnis jemandem erzählen.*

Bedeutung: ______________________________

*Twig **will** das Familiengeheimnis jemandem erzählen.*

Bedeutung: ______________________________

2 Formuliere – ausgehend von folgendem Satzanfang – mithilfe von Modalverben im Heft oder am Computer zwei Vermutungen, wer/was sich hinter dem Monster verbergen könnte. Drücke jeweils aus, ob das Zutreffen der Vermutung als wahrscheinlich oder eher als unwahrscheinlich eingestuft werden kann.

Das geflügelte Monster …

3 Formuliere im Heft oder am Computer die nachfolgenden Aussagen von Twig in indirekte Rede um. Wechsle bei den einleitenden Verben zur jeweiligen Redewiedergabe ab.

„Ich kann über diese ganzen Gerüchte nur lachen. Immer, wenn etwas abhandenkommt, schiebt man dem Monster die Schuld zu. Die merkwürdigen Diebstähle ereignen sich vor allem an den Wochenenden. Ich weiß genau, dass es dieses Ungeheuer nicht gibt. Die Leute gehen immer vom Schlimmsten aus."

4 Verfasse eine kurze Rezension zu einem dir bekannten Jugendbuch, in dem ein Geheimnis thematisiert wird. Achte bei deinem Text auf die Verwendung passender Pronomen und Pronominaladverbien.

Tipp

Lass einen Lernpartner den Text lesen. Er soll dir Rückmeldung darüber geben, ob alle Zusammenhänge zwischen den Sätzen für ihn als Leser logisch und nachvollziehbar sind. Ändere gegebenenfalls deine Formulierungen.

Wenn du in diesem Test noch 😐 zeichnen musstest → SB-S. 210-221.

2.3 Syntaktische Strukturen von Texten und deren Funktion beschreiben und nutzen

Hier findest du Informationen im Schülerbuch: *S. 226–237*

Diese Kompetenzen trainierst du: *syntaktische und textgrammatikalische Strukturen beschreiben, Infinitiv- und Partizipialsätze, Gliedsätze und andere Mittel zur Satzverknüpfungen kennen und anwenden; Texte mithilfe dieser verschiedenen syntaktischen Strukturen bewusst kohärent gestalten*

Hier findest du Hilfestellungen: *Arbeitsheft S. 115 f. und Schülerbuch S. 295 f.*

Teste deinen Lernstand

Wie gut kannst du mit Sätzen Textzusammenhänge herstellen?

1 Kreuze an, wie sicher du dich in den einzelnen Bereichen fühlst und formuliere, wenn du das Kreuz beim zweiten Satz gesetzt hast, in deinem Heft oder am Computer einen kurzen zusammenhängenden Text.
Markiere und bestimme, wodurch du Zusammenhänge erzeugt hast.

◯ Ich kann einen zusammenhängend gestalteten Text von einem nicht zusammenhängend gestalteten Text unterscheiden.

◯ Ich weiß, dass ich durch verschiedene sprachliche Mittel Zusammenhänge in Texten gezielt herstellen kann.

2 Ich kann folgende Mittel einsetzen, um Textzusammenhänge herzustellen.
Bilde jeweils ein Beispiel.

- Wiederholungen oder Synonyme: ______________________________

  ____

- Personalpronomen oder Possessivpronomen: ______________________________

  ____

  ____

3 Zusammenhänge in Texten werden nicht nur mithilfe von bestimmten Wortarten, sondern auch mithilfe bestimmter Satzkonstruktionen erzeugt. Kreuze in der folgenden Aufzählung syntaktische Strukturen an, die an der Herstellung von Kohärenz beteiligt sein können.

◯ Ausrufesätze	◯ Prädikative	◯ Attributsätze
◯ Gliedsätze	◯ Hauptsätze	◯ Satzreihen

Textkohärenz durch Gliedsätze, Konjunktionen, Subjunktionen und Konjunktionaladverbien herstellen

Gesa Neitzel, eine frühere Moderatorin und Journalistin, hat ihre Liebe zu Afrika entdeckt und schreibt in ihrem Blog (wonderfulwild) über ihre Erlebnisse in der Wildnis: Ein Blog (eigentlich Weblog) ist ein auf einer Webseite geführtes und damit meist öffentliches Tagebuch. Hinweis: Gerade in Blogbeiträgen werden aus Zeitknappheit oder sogar als bewusstes Stilmittel Textteile manchmal wenig kohärent, also eher aufzählend, aufgeschrieben.

1 Wie du weißt, will Paula auch Journalistin werden. Sie hat die Gelegenheit, Gesa Neitzel zu treffen und mit ihr über zwei Fassungen eines Blogbeitrags zu sprechen. Notiere in deinem Heft Unterschiede, die dir auffallen.

Textvariante 1: Busch-Leben – Zurück in Südafrika. Mein geliebtes Land.

Zahlreiche Gnu-Junge sind kürzlich geboren worden. Sie lernen jetzt wichtige Überlebensstrategien. Die Zugvögel kehren gerade zurück. Man hört einen Klangteppich aus freudigem Gezwitscher.
Am Weihnachtsmorgen besuchten uns Wildhunde. Es war ein kälterer Tag. Sie konnten eine größere Strecke bewältigen.

Textvariante 2: Busch-Leben – Zurück in Südafrika. Zurück in meinem geliebten Land.

Zahlreiche Gnu-Junge sind kürzlich geboren worden und lernen jetzt wichtige Überlebensstrategien. Da die Zugvögel gerade zurückgekehrt sind, hört man nun einen Klangteppich aus freudigem Gezwitscher.
Am Weihnachtsmorgen besuchten uns Wildhunde. Es war ein kälterer Tag. Daher konnten sie eine größere Strecke bewältigen.

2 Im zweiten Text sind verschiedene syntaktische Elemente eingesetzt, um den inhaltlichen Zusammenhang des Textes zu verstärken.
Markiere die vier genutzten Möglichkeiten und vervollständige anschließend den folgenden Kasten.

Von Textkohärenz spricht man, wenn die Informationen im Text inhaltlich und sprachlich logisch miteinander verbunden sind. Sie entsteht im zweiten Text durch

1. ______________________ bestimmter Elemente (Beispiel: *Zurück … zurück*).

Folgende syntaktische Strukturen erzeugen außerdem Kohärenz:

2. ______________________ (Beispiel: ______________________)

3. ______________________ (Beispiel: ______________________)

4. ______________________ (Beispiel: ______________________)

3 Arbeite nun selbst an der kohärenten Gestaltung eines Textes. Verbinde in deinem Heft oder am Computer die folgenden Sätze zu Satzgefügen mit Gliedsätzen.

Im Busch kam es zu einem großen Erwachen. Alle fünf Sinne (und manchmal auch der sechste …) hatten plötzlich wieder richtig was zu tun:
Der Geruch nach Popcorn bedeutet etwas. Ein Leopard hat irgendwo in der Nähe sein Territorium markiert.
Man kann die Umgebung mit den Augen überfliegen. Das hilft ungemein, schneller Bewegungen wahrzunehmen – und somit Tiere zu erspähen.

Das musst du wissen

Konjunktionaladverbien sind Adverbien, die Sätze miteinander verbinden und diese Verbindungen inhaltlich bezeichnen:
- *Paula will Journalistin werden, **deswegen** trifft sie Gesa Neitzel.* (kausale Beziehung)
- *Gesa fliegt nicht gerne, **trotzdem** will sie nach Afrika reisen.* (adversative Beziehung)

4 Auch Konjunktionaladverbien können einen Text kohärenter gestalten helfen.
Wähle dazu eine der folgenden Aufgaben:

- Unterstreiche die Konjunktionaladverbien im Text „Die Big 5".
- Bearbeite Blau und ordne die Konjunktionaladverbien ihrer inhaltlichen Bedeutung nach in die folgende Tabelle.
- Bearbeite Blau und Rot. Ergänze jeweils noch zwei weitere Konjunktionaladverbien.

Die Big 5:
Löwen jagen im Rudel. Alleine jagt sich ein Beutetier hingegen um einiges schwieriger.

Elefanten können zwischen menschlichen Stimmen und Geschlechtern unterscheiden. Deshalb können Elefanten auch intensive Beziehungen zu Individuen aufbauen. Darüber hinaus scheinen Elefanten die Geste des Zeigens zu verstehen.

Nashorn-Horn besteht aus einem Protein und hat keinerlei medizinische Wirkung. Dennoch glauben Menschen in bestimmten Ländern daran und kaufen illegal Horn.

Erwachsene **Büffel** verlieren im hohen Alter ihr Fell. Um sich vor lästigen Mücken zu schützen, suhlen sie sich jedoch gern im Schlamm. Aufgrund dieser Vorliebe tragen ältere Büffel auch den Namen „Dagga Boys" – „Matsch-Jungs".

Leoparden sind sehr gute Räuber und erlegen ihre Beute in hohem Tempo. Anschließend schleppen sie sie gerne auf einen Baum, um sie nicht teilen zu müssen.

kausal (begründend)	kopulativ (reihend)	konsekutiv (die Folge bezeichnend)	konzessiv (einräumend)	adversativ (entgegensetzend)	temporal (zeitlich)

5 Als Gesa den heutigen Blogeintrag verfasst hat, war sie schon sehr müde und hat deshalb fehlerhaft formuliert. Ersetze in den folgenden Sätzen die nicht stimmigen Konjunktionaladverbien durch passende. Streiche dafür die falschen und notiere sinnvolle darunter.

ACHTUNG FEHLER!

- „Die heutige Fahrt hat uns an die Grenzen gebracht, weil zwei der Touristen einen Sonnenstich bekommen haben. Vielmehr hat der Ausflug wieder einmal alle begeistert."

  ____

- „Meram und Tim, die beiden Elefanten, scheinen krank zu sein. Allerdings muss ich den Tierarzt verständigen."

  ____

- „Diese vorwitzigen Kerlchen, die Affen. Das Nilpferd Elsa war dennoch sehr gemütlich unterwegs."

  ____

6 Überarbeite den folgenden Text mithilfe der in Klammern angegebenen Mittel zur Kohärenzbildung in deinem Heft oder am PC. Lade dir dafür den Text [Mediencode 11048-13] in deine Textverarbeitung.

Sohn Michael und Bernhard Grzimek, Bernhard Grzimek (1909–1987) war Tierarzt und Verhaltensforscher und einer der bekanntesten deutschen Tierfilmer

Wildtierschutz damals und heute

Die Liebe zu Wildtieren teilt Gesa mit Bernhard Grzimek. Grzimek hat keinen Blog geschrieben. (Konjunktionaladverb)

Er verbrachte mehrere Jahre in Afrika, vor allem in Tansania. Gemeinsam mit seinem Sohn Michael hat er tausende von Wildtieren gezählt, ihre Wanderrouten kartographiert und ihr Verhalten studiert. (Adverbialsatz)

Grzimek wollte etwas zeigen: Der unbedachte Umgang der Menschen mit dem natürlichen Lebensraum wird zu einer regelrechten Bedrohung für die Tiere. (Objektsatz)

Er veröffentlichte das Buch „Serengeti darf nicht sterben", das zum Bestseller wurde. Man könnte sagen: Grzimek war einer der Väter heutiger Blogs über Afrika, wie der von Gesa. (Konjunktionaladverb)

7 Paula hat Alinas Text mit der Kommentarfunktion der Textverarbeitung kommentiert. Lies den Kommentar und korrigiere Alinas Fehler.

Gemeinsam mit seinem Sohn Michael, mit dem er mehrere Jahre gemeinsam in Tansania verbracht hat, hat er tausende von Wildtieren gezählt, ihre Wanderrouten kartographiert und ihr Verhalten studiert.

Kommentar: Alina, das ist kein Adverbialsatz, sondern ein Attributsatz.

Kohärente Texte mithilfe von Infinitiv-, Partizipialsätzen und anderen syntaktischen Formen verfassen

1 Enya macht gemeinsam mit ihrem schon erwachsenen Bruder Tom eine Alloverrail-Tour, sie fahren mit dem Rucksack per Bahn durch Europa. Folgende Reisetipps möchten die Geschwister auf ihrem Blog veröffentlichen.
Verbinde in den folgenden Sätzen jeweils zwei Sätze zu einem Satzgefüge mit **Infinitivsatz**. Arbeite in deinem Heft.

- Das ermöglicht euch, dass ihr schnell und unkompliziert einmal zum Arzt könnt, wenn ihr krank seid.
  + Denkt an eine Auslandskrankenversicherung.
- Erkundigt euch nach einem günstigen Handytarif im Ausland.
  + Unterwegs muss man immer einmal wieder per Smartphone nach einer neuen Bahnverbindung suchen können.
- Man kann tagsüber die Städte erkunden und spart Hotelkosten.
  + Ihr könnt Nachtzüge nehmen.
- Vermeidet Währungsprobleme. Nicht alle Länder in Europa, in die ihr reisen könnt, haben den Euro als Währung.
  + Erkundigt euch vorher, wo ihr Geld umtauschen müsstet, und plant eure Reise entsprechen.

2 Enya schreibt heute über ihre Wanderung durch Andalusien. Verbinde jeweils zwei Sätze zu Satzgefügen mit **Partizipialsätzen**, um den Text kohärenter zu gestalten. Arbeite in deinem Heft oder am Computer.

Tipp Es kommen Partizip-I- und Partizip-II-Formen zum Einsatz.

- Die Wanderung unter der sengenden Sonne Andalusiens hatte uns erschöpft. Wir genossen die ruhigen Stunden am Lagerfeuer.
- Ich habe aus dem verspäteten Zug heraus den Busfahrer verständigt. Er hat dann auf uns gewartet.
- Zwei Bergziegen überquerten in Seelenruhe die Passstraße. Sie kauten ein paar spärliche Halme.
- Wir stiegen immer höher hinauf. Wir gingen immer im gleichen Tempo.
- Unser Wanderführer José machte einen guten Job. Er wies uns immer wieder auf Gefahrenstellen hin und motivierte uns gleichzeitig.
- Mein Bruder zog sich einen ziemlichen Sonnenbrand auf dem Nasenrücken zu. Er hat die Kraft der Sonne im südlichen Spanien um diese Jahreszeit unterschätzt.
- Wir haben die Härte des Zeltschlafplatzes ignoriert. Wir schliefen aufgrund der Anstrengung tief und fest.

3 Unterstreiche im folgenden Text alle Infinitivsätze grün, alle Partizipialsätze blau und ergänze anschließend den folgenden Kasten. Informiere dich im Anhang, wenn du Hilfe brauchst.

3 Wochen, 3.500 Kilometer und schöne, spannende und verrückte Begegnungen: Ich hätte nicht gedacht, am Reisen per Zug so viel Spaß zu haben. Jetzt mal ganz im Ernst: Wie hätte ich es sonst anstellen können, meine Reise vom Nordkap bis nach Nordgriechenland während der letzten Wochen auch nur annähernd so entspannt und bequem zu verbringen? Ich kenne nichts Schöneres, als per Alloverrail durch Europa zu gondeln. Einfach einsteigen. Schlafen. Reden. Lachen. Lesen. Entspannen. Musik hören. Arbeiten. Schreiben. Bloggen (offline, natürlich – bis zur nächsten WiFi-Internetverbindung). Dies alles ist möglich, ohne auch nur einmal aufstehen zu müssen. Mein Ticket: Alles im Voraus bezahlt, nur für Hochgeschwindigkeitszüge gab es Aufpreise: € 393,– für 10 Reisetage in einem Zeitraum von 3 Wochen, gültig in 30 Ländern in ganz Europa, ob eine oder vierzehn Stunden am Tag im Zug sitzend. Eigentlich ein Schnäppchen, verglichen mit dem Stress, Zeit- oder Geldaufwand von 10 Flug- oder Autoreisetagen – und ökologisch ist diese Reiseart eh unschlagbar. Zudem reist man bequem von Stadtzentrum zu Stadtzentrum. Herrlich, oder? Mein Traum, diese Reise zu wiederholen, wird irgendwann sicher Realität.

Infinitivsätze und Partizipialsätze **können immer** durch Kommas abgetrennt werden.
Ein Komma **muss** immer dann stehen, …

1) … wenn der Infinitivsatz oder die Partizipialgruppe von einem ____________________ abhängt.

2) … wenn der Infinitivsatz oder die Partizipialgruppe von einem ____________________ Wort angekündigt oder wieder aufgenommen wird.

3) … wenn der Infinitivsatz durch eine der folgenden ____________________ eingeleitet wird: *als, anstatt, außer, ohne, statt, um*.

4) … wenn die Partizipialgruppe als Nachtrag am ____________________ steht.

4 Enya berichtet über ihre Alloverrail-Erfahrungen in Skandinavien. Ihr Blogeintrag, den du auf der nächsten Seite findest, enthält bereits viele Mittel zur Kohärenzerzeugung, z. B. Infinitiv- und Partizipialsätze, doch fehlen die Kommas. Wähle eine der folgenden Aufgaben:

- Setze alle nötigen (und fakultativen) Kommas.
- Bearbeite die blaue Aufgabe und unterstreiche im Text die Infinitiv- und Partizipialsätze.
- Bearbeite Blau und Rot. Schreibe zusätzlich jeweils in Klammern neben die Zeile, welche Regel aus dem Kasten du bei den obligatorischen Kommas angewendet hast.

ACHTUNG FEHLER!

Mein Abenteuer im Norden

Einmal die Nordlichter sehen das war mein großer Wunsch und die Motivation für meine Reise in den hohen Norden. In einem großen Reiseführer schmökernd legte ich stückweise meine Reiseroute fest: Um den besten Blick auf das besondere Naturphänomen zu haben nahm ich mir vor in den letzten Apriltagen in den Bergen Station zu machen. Außerdem stand Oslo auf meiner Wunschliste ganz oben: Die Hauptstadt lebendig und angesagt war wirklich eine besondere Erfahrung die sich gelohnt hat. Das Nordlicht zu beobachten war aber das Highlight meiner Reise. Ich hatte für zwei Nächte einen Schlafsessel an Deck eines Postschiffs gebucht obwohl ich nicht sicher sein konnte mich dabei nicht zu erkälten. Bereits in der ersten Nacht wurde ich wach eingepackt in meinen warmen Schlafsack. Über mir leuchtete der Himmel in allen Farben: Die Nordlichter leichtfüßig flackernd huschten über den schwarzen Himmel. Tiefexotisches Grün geheimnisvolles Violett Schwefelgelb – ich betrachtete dieses Schauspiel staunend.

Kommaregel

______
______
______
______
______
______
______
______
______
______
______
______
______
______

5 Gib zu jeder Situation auf den Bildern einen – nicht unbedingt ernst gemeinten – Reisetipp ab (z.B. *Indem du mit dem Kajak den Wasserfall hinunterfährst, wirst du dich sicher gut erfrischen.*) und nutze jeweils mindestens eines der Wörter aus dem Speicher zur Herstellung von Textkohärenz.

Wortspeicher

um zu – nichtsdestoweniger – vielmehr – indem – sodass – trotzdem

Kohärenz von Texten prüfen und selbst kohärent schreiben

1 Enya hat nach ihrer Alloverrail-Reise einen Artikel über das Thema Reisen für ihre Schülerzeitung geschrieben. An manchen Stellen ist er bereits sehr kohärent, andere Passagen möchte sie noch verändern.
Bestimme im ersten Absatz alle markierten Mittel der Kohärenz in deinem Heft.
Markiere in allen weiteren Absätzen kohärenzstiftende Mittel. Beachte dabei auch die Mittel der Textkohärenz, wie sie auf Seite 34 des Arbeitsheftes beschrieben werden.
Bewerte dann den Kohärenzgrad (+, o, –) der einzelnen Abschnitte.
Überarbeite anschließend die Passagen, die du mit o und – bewertet hast, in deinem Heft oder am PC.

Tipp: Du kannst auch am Computer überarbeiten. Du findest die digitale Textfassung unter [Mediencode 11048-14].

Nordlichter am Nordkap, Surfen in Salerno, Wandern in der Wallachei	Kohärenz
Meine Alloverrail-Reise, auf der ich so viel erlebt habe, liegt hinter mir. Drei Wochen waren mein Bruder und ich unterwegs. Ich bin 14, mein Bruder ist 19. Ohne Tim hätte ich das nicht machen können. Darum bin ich ihm sehr dankbar.	________
Die Nordlichter haben mich total beeindruckt. Die Nacht auf dem Postschiff, die wir auf Deck in unseren Schlafsäcken verbracht haben, war die schönste Nacht meines Lebens!	________
Obwohl es ganz schön kalt war, haben wir die Stunden so genossen, in denen wir in den schillernden und flackernden Himmel schauen konnten. Den Blick in den Himmel genießend schliefen wir selig ein.	________
Das Wandern war toll. Wir haben fünf Kühe eingefangen. Die Wallachei ist eine richtige Wandergegend. Ich hatte Bedenken. Bleiben die Tiere friedlich oder werden sie aggressiv?	________

2 Schreibe nun einen eigenen Blogbeitrag über ein Erlebnis deiner letzten Ferien in dein Heft oder am Computer. Bemühe dich um einen kohärenten Text, verwende die geforderten Elemente und hake sie hier ab.

- 3 Adverbialsätze ☐ ☐ ☐
- 3 Infinitivsätze ☐ ☐ ☐
- 3 Konjunktionaladverbien ☐ ☐ ☐

„Ich bevorzuge tierische Fortbewegungsmittel."

2.4 Rechtschreibstrategien und Rechtschreibregeln kennen und anwenden

Hier findest du Informationen im Schülerbuch: *S. 242–253*

Diese Kompetenzen trainierst du: *Rechtschreibstrategien und Methoden der Fehleranalyse einsetzen, orthographisches Regelwissen zur Groß- und Kleinschreibung und zur Getrennt- und Zusammenschreibung anwenden, Fremdwörter korrekt schreiben und flektieren, Satzzeichen beim Zitieren richtig setzen*

Hier findest du Hilfestellungen: *Arbeitsheft S. 117 und Schülerbuch S. 297–299*

Teste deinen Lernstand

Wie gut kennst du dich mit Rechtschreibstrategien und Rechtschreibregeln aus?

1 Kennst du Rechtschreibregeln und -strategien, die dir die korrekte Schreibung erleichtern? Kreuze das für dich Zutreffende an und ergänze das jeweils Fehlende.

◯ Ich kenne sowohl Rechtschreibstrategien als auch Rechtschreibregeln, kann diese anwenden und kann deshalb die Tabelle vervollständigen.

Rechtschreibregel	Rechtschreibstrategie	Beispiel(e)
Wenn *das* ein Artikel oder ein Relativpronomen ist, schreibt man es mit einem *-s*, wenn es eine Subjunktion ist, schreibt man *dass*.	Wenn man *das* durch *dieses/welches* ersetzen kann, ist es ein Artikel oder ein Relativpronomen. Wenn es nicht ersetzbar ist, ist es eine Subjunktion. (= Ersatzprobe)	
		umwerfend
Eigennamen und feste Begriffe schreibt man groß.		

◯ Ich kenne kaum Rechtschreibstrategien oder -regeln.

2 Lies den Blog. Markiere die fehlerhaften Schreibungen und falsche oder fehlende Kommas.

ACHTUNG FEHLER!

> Früher wurden Einkäufe meist in oft Kosten lose Plastiktüten gepackt. Aus Umwelt Gründen wurde diese Praxis nun abgeschafft. Entweder man bezahlt Extra, oder bringt seine Tasche selbst mit. Hier deshalb mein Umwelttipp der Woche! Es gibt bezauberndschöne Stoffbeutel für kleines Geld die in einem bunt gemusterten, kleinen Säckchen verwahrt werden können. Somit habt ihr Sie immer griff bereit und platzsparend in eurer Tasche.

3 Ist Tanjas Zitat aus Paulas Blog korrekt, oder nicht? Begründe dein Urteil in deinem Heft. „Aus Umweltgründen, erklärte Paula, wurde das nun abgeschafft". (→ Z. 1 f.)

Fehleranalyse betreiben und Fehlerschwerpunkte bearbeiten

In ihrer Freizeit surfen die Schülerinnen und Schüler der Klasse 8b gerne im Netz nach interessanten Neuigkeiten, die sie für ihren Umweltblog nutzen können.

1 Beim genaueren Lesen des folgenden Beitrags stellt Laura einige Rechtschreibfehler fest. Lies den Text und wähle dann eine der folgenden Aufgaben:

ACHTUNG FEHLER!

Bye Bye Plastic Bags – zwei, die nicht mehr zusehen wollen

An einem Mittwoch Morgen beschlossen die Balinesischen Schwestern Melati und Isabel nicht mehr länger zusehen zu wollen, wie ihre Heimatinsel Bali in Plastik ertrinkt.

Hören wir von Bali, haben wir wahrscheinlich sofort ein paradiesischschönes Bild vor Augen: tiefblaues Meer, strahlendweißer Sand und der beste Sonnenuntergang ever!

Die Realität ist jedoch bei Weitem weniger begeisternd. 1 000 Kubikmeter Plastikmüll – eine Menge in der Höhe eines 14-Stöckigen Gebäudes – produzieren die Menschen dort Tag täglich und nur 10 % davon werden Umwelt gerecht recycelt. Der Rest wird der Einfachheit halber auf oder neben die Straße geworfen oder vorort angezündet. Durch das verbrennen des Plastikmülls ist die Luft mit krebserregenden Gasen erfüllt. Kommt die Regenzeit wird der ganze Dreck ins Meer gespült. Das ganze ist unglaublich!

Die Beiden gründeten 2013 die Initiative *Bye Bye Plastic Bags (BBPB).* Durch ihre online-Petition errangen sie innerhalb einer Nacht die Unterschriften von mehr als 6 000 Menschen. Durch ihr großes Engagement schafften sie es, ihr Heimatdorf Pererenan Plastiktütenfrei zu machen. Das beste ist ihnen jedoch durch einen Hungersstreik gelungen – Balis Regierung unterschreibt eine Vereinbarung, ab 2018 alle Plastiktüten auf der Insel zu verbieten.

- Markiere alle falschen Schreibungen und falsche/fehlende Kommas.
- Korrigiere in deinem Heft wie im Beispiel zu sehen und begründe kurz die Schreibung. Schlage in einem Rechtschreibwörterbuch nach, wenn du unsicher bist.

richtige Schreibung	Regel
Zwei (Überschrift)	*nominalisiertes Pronomen*

- Notiere zu den Fehlern, die Adjektivschreibungen betreffen, drei weitere Fallbeispiele in deinem Heft.

Beispiel: *wie balinesisch (Z. 1): englisch, bayrisch, afrikanisch*

Tipp Du kannst dafür auch das Regelwerk eines Wörterbuchs (meist am Anfang platziert) heranziehen.

2 Schau dir die digitale Version des Textes an [Mediencode 11048-15] und vergleiche, wie viele falsche Schreibungen die Fehlerkorrektur am PC gefunden hat. Was fällt dir auf?

Regeln der Groß- und Kleinschreibung sowie der Getrennt- und Zusammenschreibung wiederholen und anwenden

Um bei ihrem Blog nicht zu viele Fehler zu machen, versucht die Klasse 8b sich die neu gelernten Regeln für die Schreibung von Adjektiven ins Gedächtnis zu rufen.

1 Hilf ihr und ergänze die Lücken mithilfe des Wortspeichers.

Adjektive schreibt man in der Regel ______________________ (Regel 1).

Gehört ein Adjektiv jedoch fest zu einem ______________________ oder einem ______________________ Namen, muss man es ______________________. (Regel 2)

Eigennamen von Dingen, die es ______________________ gibt, werden ebenso großgeschrieben. (Regel 3)

Entsteht bei einer Adjektiv-Nomen-Kombination ein ______________________, können ______________________ Schreibweisen gewählt werden. (Regel 4)

Wortspeicher

großschreiben – Titel – biologischen – botanischen – klein – nur einmal – feststehender Begriff – beide

2 Entscheide: Groß- oder Kleinschreibung? Schreibe den Begriff richtig auf die Linie und ordne die jeweilige Nummer der Regel aus Aufgabe 1 zu.

Beispiel: Bali liegt im I/indischen Ozean. (3) *Indischer Ozean*

- Mein E/erstes Frühstück ist immer ein Glas Milch. ( ) ______________________
- Der G/gemeine Mitarbeiter ist dazu nicht berechtigt. ( ) ______________________
- Die Erde wird auch der B/blaue Planet genannt. ( ) ______________________
- An den Küsten findet man die G/große Raubmöwe. ( ) ______________________
- Der b/Blaue Himmel ist wolkenfrei ( ) ______________________
- Der G/gemeine Bärenklau blüht im Sommer. ( ) ______________________
- Der E/erste Mai ist ein Feiertag. ( ) ______________________
- In vielen Ländern gibt es das R/rote Kreuz. ( ) ______________________

3 Namen sind nicht nur z. B. Hassan, Moni oder Natalia Berger. Es gibt viele verschiedene Arten von Eigennamen, die Adjektive bei sich haben und die man immer großschreibt.
Übertrage die Tabelle in dein Heft oder auf den Computer. Ergänze jede Spalte mit so vielen jeweils passenden Eigennamenbeispielen wie möglich. Du kannst das Wörterbuch, gedruckt oder online, benutzen.

Eigennamen von Dingen, die es nur einmal gibt	Namen biologischer bzw. botanischer Arten	Titel und Ehrennamen	Namen bestimmter Tage / Feiertage
das Aachener Münster	*die Belgische Dogge*	*Karl der Kahle*	*Weißer Sonntag*

4 Nomen-Adjektiv-Verbindungen sind häufiger, als man denkt. Wähle eine der folgenden Aufgaben:

- Finde die gesuchten Nomen-Adjektiv-Verbindungen und schreibe sie in der richtigen Schreibweise unter die Bilder.

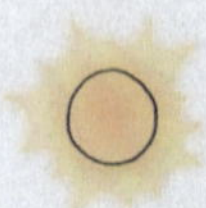

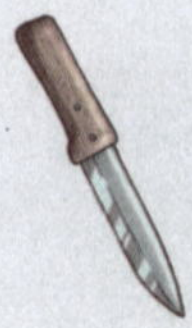

______ ______ ______ ______ ______ ______

Adjektivspeicher

gelb – dick – scharf – leicht – bunt – schnell – hoch

- Schreibe fünf eigene Nomen-Adjektiv-Kombinationen in jeweils einem passenden Satz in dein Heft.
- Löse Rot und Blau und schreibe einen eigenen Blogbeitrag – am besten am PC – zum Thema Umwelt und verwende mindestens fünf der Nomen-Adjektiv-Kombinationen.
Du kannst auch selbst neue passende Nomen-Adjektiv-Kombinationen dafür bilden!

5 Entscheide, ob die markierten Wörter im Blog zum Thema Plastikmüllverschmutzung groß- oder kleingeschrieben werden, und markiere die jeweils richtige Schreibweise.

Hallo ihr Lieben,

hier ist wieder eure Paula. Neulich habe ich euch ja begeistert über die B/Balinesischen Schwestern berichtet, die es geschafft haben, die Plastiktüten aus ihrem Dorf auf Bali zu verbannen, um so ihre Heimat vor der Vermüllung mit Plastik zu schützen. Was aber geht das uns in Europa und vor allem hier in Deutschland an? Dazu muss ich euch folgendes Erlebnis erzählen: Am 3. Oktober, dem Tag der D/deutschen Einheit, bin ich wie immer mit meiner L/lieben Tante und ihrer E/englischen Bulldogge in den B/bayerischen Alpen wandern gegangen. Dort blühten überall der B/blaue Enzian, der S/scharfer Hahnenfuß und Unmengen der besonders S/stacheligen Kratzdistel. Wir haben sogar Murmeltiere entdeckt – doch oh Schreck – rund um ihren Bau sah es aus, als hätte Iwan der S/schreckliche dort gehaust! Einem Tier hing sogar eine Plastikschlaufe um den Hals und er sah so aus wie ein R/räudiger Hund. PET-Flaschen, Plastiktüten und andere Abfälle lagen dort wild verstreut. Der Wind wehte die Sachen umher, sogar in den Bach, der Teile mit sich spülte – vielleicht klein gehäckselt bis ins Meer? Als ich nachts vor dem Zelt saß und am Himmel die Sternbilder des K/kleinen und G/großen Wagens zu sehen waren, wurde es mir klar: Das Müllproblem ist überall und jeder kann und muss etwas dagegen tun! Packen wir es an.

Eure Paula

6 Bei einigen Sätzen ist die Bloggerin unsicher, ob manche Kombinationen mit Adjektiven getrennt oder zusammengeschrieben werden sollen. Entscheide dich im Text unter dem Wissenskasten zum Thema Plastikmüll für eine Schreibweise und notiere die Ziffer der anzuwendenden Regel aus dem Kasten.

Das musst du wissen

1. Nomen + Adjektiv stets zusammen
2. Partizip + Adjektiv = stets getrennt
3. gleichrangiges Adjektiv + gleichrangiges Adjektiv = stets zusammen
4. Adjektiv + Adjektiv = getrennt, falls erstes gesteigert oder erweitert ist / werden kann

Schätzungen nach geraten ca. 12,5 Millionen Tonnen an Plastikmüll im Jahr in die Meere – eine beängstigendhohe / beängstigend (____________) hohe Zahl! Das entspricht einer Lastwagenfüllung pro Minute – da läuft es einem eiskalt / eis kalt (____________) den Rücken hinunter. Die Vorstellung, dass 2050, gewichtsmäßig betrachtet, genauso viel Fisch wie Plastikmüll im Meer schwimmt, ist todtraurig / tod traurig. (____________) Da der meiste Müll an der Oberfläche nicht zu sehen ist, sondern auf den Boden sinkt, scheint für einige diese Zahl dennoch leichterverdaulich / leichter verdaulich. (____________)

7 Ergänze den Text über die Meeresverschmutzung mithilfe passender Verbindungen aus Partizip und Adjektiv. Lade ihn dafür auf den Computer [Mediencode 11048-16]. Die fehlenden Ergänzungen findest du im Speicher. Markiere deutlich, ob getrennt oder zusammengeschrieben werden muss.

Adjektiv- und Partizip-Speicher

hell – verlockend – schön – beängstigend – gering – leuchtend – erschreckend

Meeresverschmutzung: ??? häufig verwechseln Seevögel Plastikteile mit ihrer Nahrung. Die gleißend ??? Sonne verstärkt leider die Verwechslungsgefahr. Auch sondert das Plastik einen ??? ähnlichen Geruch ab. Die Nahrung der bezaubernd ??? Eissturmvögel stammt ausschließlich aus dem Meer. Bei Untersuchungen hatten 93 Prozent der Eissturmvögel Plastik im Magen – diese Zahl ist ein anerkannter Verschmutzungsgradmesser und ??? hoch. Obwohl die Plastikteile oft ??? hell sind, verfangen sich Meerestiere im Müll und verenden qualvoll.

Fremdwörter richtig schreiben und flektieren

1 Fremdwörter werden in ganz vielen verschiedenen Themenbereichen gebraucht, zu denen man kommuniziert. Erkenne die Vielfalt im Fremdwörter-ABC.
Du findest das Fremdwort-ABC unter dem Mediencode [11048-17]. Lade es auf deinen Computer und finde zu jedem Buchstaben das unten erklärte Fremdwort und notiere es mit Artikel auf die Zeile. Ein Beispiel ist vorgegeben.
Du kannst es mit einem Lernpartner auf Zeit lösen. Wer findet die 26 Wörter – so viele wie Buchstaben im Alphabet – am schnellsten?

Beispiel: **A** Untersuchung, ein Ganzes in Bestandteile zerlegen *die Analyse*

B Methode zur Ideenfindung

C Anleitung, Beratung

D Verabredung

E elektronischer Brief

F Pauschale, Festpreis

G Zusicherung der Funktionsfähigkeit

H kombinierte Mikrofon-Kopfhörer-Garnitur

I junge Frau, die durch stetige Medienpräsenz auffällt

J Reporter

K Zusammenhang

L Mietkauf

M Beeinflussung durch Vortäuschen falscher Tatsachen

N Tabuzone oder auch Angstraum

O Beobachtung, Überwachung

P erklärende Umschreibung eines Begriffs

Q Fähigkeit einer Person auf ihrem Arbeitsgebiet

R Wiederholung, Zusammenfassung

S das Zusammenleben verschiedener Arten zu gegenseitigem Nutzen

T Feinabstimmung

U Verstädterung

V fast luftleerer Raum

W Ausgewogenheit zwischen Arbeit und Freizeit

X Schlaginstrument mit Holzstäben

Y Neuling

Z Kopfbedeckung von Zauberern

2 Bilde zu den nominalen Fremdwörtern, zu denen es möglich ist, die passende Verbform. Notiere sie wie im Beispiel angegeben mit den drei Stammformen in deinem Heft oder am Computer.

Beispiel: *die Analyse – analysieren, ich analysiere, ich analysierte, ich habe analysiert*

3 Wähle deines der folgenden Fachgebiete aus und schreibe dazu in fünf Minuten so viele Fremdwörter auf, wie dir einfallen. Achte auf die korrekte Schreibung. Überprüfe sie anschließend online.

A) Digitalisierung **B)** Astronomie **C)** Fashion **D)** Sports

4 Höre dir den gesprochenen Dialog an [Mediencode 11048-18] und schreibe alle vorkommenden Fremdwörter in dein Heft.

Regeln der Zeichensetzung beim Zitieren beachten

Das musst du wissen

Das wörtliche Zitat muss immer in Anführungszeichen stehen. Bei Zitaten in schriftlicher Form werden Seiten- und Zeilenangaben wie folgt angegeben: (→ S. 12/Z. 3–18 bzw. S. 12/Z. 25 f. – wenn Text aus nur einer Folgenzeile zitiert wird, sonst → Z. 15–18). Auslassungen werden mit eckigen Klammern [...] gekennzeichnet.

1 Diese Regeln hat sich Paula auf einen Merkzettel über ihren Schreibtisch gehängt. Sie ist aber noch unsicher, wie die Zeichensetzung im wörtlichen Zitat korrekt aussieht, wenn die Zitateinleitung vor, nach und zwischen das Zitat gestellt wird.
Hilf ihr und setze in ihrem Schülerzeitungstext über eine Expertenrunde zum Thema Plastikmüll alle nötigen Zeichen an der jeweils richtigen Stelle.

Nur gemeinsam so betonte ein Experte können wir das Problem der Plastikflut in den Griff bekommen Dieser Aussage stimmte eine Schülerin zu und ergänzte Meere haben keine Grenzen und deshalb müssen alle Länder an der Lösung mitarbeiten. Oder wollen wir unseren Kindern [...] etwa mehr Müll als Fische im Meer hinterlasssen fügte Frau Marek die Geografielehererin an.

2 Beantworte folgende Fragen. Stütze deine Antworten mit Zitaten aus den Blogbeiträgen dieses Kapitels. Achte auf die richtige Zeichensetzung. Schreibe in dein Heft oder am Computer.

- Wie viel Kubikmeter Plastikmüll werden in Bali täglich produziert?
- Was haben die balinesischen Schwestern Melati und Isabel erreicht?
- Was ist ein anerkannter Verschmutzungsgradmesser des Meeres?
- Welche Verantwortung tragen wir in Deutschland für den Müll im Meer?

3 Schreibe einen eigenen Blogbeitrag über die Rolle der EU und Deutschlands bei der Verschmutzung der Meere. Nutze dafür auch Informationen aus dem folgenden Blogbeitrag des WWF und zitiere diese in deinem Beitrag. Achte auf die korrekte Kennzeichnung der Zitate.

Auch aus den Ländern Europas wird Müll in die Meere eingetragen. Das Mittelmeer beispielsweise gehört zu den Meeresgebieten mit der größten Plastikverschmutzung weltweit. Auf dem Boden der Nordsee wurden beispielsweise 11 Kilogramm Müll pro Quadratkilometer ermittelt, hauptsächlich Plastik. Etwa ein Drittel der Mülleinträge stammt aus Schifffahrt und Fischerei, ein Drittel von Tourismus- und Freizeitaktivitäten an Land und auf See. In der Ostsee stammen die meisten Einträge von der touristischen Nutzung der Strände. [...] Hinzu kommen Mikroplastikpartikel, die über Kläranlagen, Abwassereinleitungen oder Verwehung von Land über die Flüsse in die Meere getragen werden. Deutschland exportiert zudem seit vielen Jahren große Mengen Müll [...] nach Südostasien, dessen Recycling sich bei uns nicht lohnt. [...]. Auch dort wird aber in der Regel längst nicht alles recycelt werden können. Es entsteht also ein Risiko, dass der Rest im Meer landet. Das ließe sich vermeiden, wenn mehr Abfall tatsächlich gut weiterzuverwerten und zu recyceln wäre. Im Moment ist das nicht der Fall, auch nicht bei uns in Deutschland. Die Wirtschaft ist deshalb gefordert, deutlich mehr umweltfreundliche und recyclinggerechte Verpackungen und Materialien auf den Markt zu bringen.

aus: www.wwf.de (WorldWildlifeFund)

Texte richtig schreiben und daraus zitieren

1 Der neueste Blog einer WWF- Jugendlichen, Jenny, fesselt Paulas Aufmerksamkeit. Sie möchte ein ähnliches Projekt an ihrer Schule initiieren und den Text ihrem Schulleiter zeigen. Beim Ausdrucken ist die komplette Formatierung durcheinandergeraten [Mediencode 11048-19]. Korrigiere alle Fehler und achte vor allem auch auf die richtige Getrennt- und Zusammenschreibung der Adjektivkombinationen.

Jenny: schulaktion: „upcycling – bastelnmitmüll“ vom 27.10.2019

imdezemberfandamchristoph-schreiner-gymnasiuminnürnbergeinemegagenialeprojektwoche
statt–mitdabeiwardiewwf-jugendmitderaktion„upcycling-bastelnmitmüll“. zielwarnebeneiner
sensibilisierungfürdiemüllproblematikauchdieschaffungeinerfaszinierendpositivenatmosphäre
zumkreativen umgangmitunserenressourcen. entstandenistdiebärenstarkeideeaufeinerplastik
frei-aktion amostersonntaginmünschen.dortwurdeichüberraschendspontanvoneinemlehrernach
nürnberg eingeladen,alsichehergeistesabwesenddenzuckersüßendeutschenschäferhundmeines
supernettenkollegenkraulte.nacheinpaaremailsmitderschulegabesstrahlendhellgrüneslichtund
wirkonnteneinewwf-jugendaktionstarten!

eswareineaufsehenerregendeundgleichzeitiggewinnbringendeaktion.dawirwederleichtsinnignoch
blauäugigsind,gabeseinemegadetailliertekonzeptionelleplanung.imerstenblockwurdemitvideos,
brainstromingundmaterialienzurveranschaulichung denhochmotiviertenteilnehmerndasthema
nähergebracht.imzweitenblockgingesrasendschnelldazu,selbstaktivzuwerden.eswurdenaus
dosenbildschöneblumentöpfegestaltet.shampooflaschenwurdengnadenloszuhandyhalterungen
undportemonnaiesumfunktioniert.dasergebniswarmehralsberauschendschön.imletztenblock
warenallekräftemäßigamende,dochkonntenwirnocheinemindmapüberhandlungsalternativen
zurvermeidungvonplastikimalltagerarbeiten.

nachdemsichjederteilnehmereinheißgeliebteslieblingsstückaussuchendurfte,wurdederrestkurzvor
demheiligenabendaufdemweihnachtsbasarverkauft.sogardererstebürgermeisterkamvorbeiund
kauftesicheineblauweißgemustertedose,diemiteinembezauberndschönenbuntenvergissmeinnicht
bepflanztwar.

diesesnervenaufreibendeundherausforderndepilotprojektwareinvollererfolgundsollteunbedingt
wiederholtwerden.Ichschließemitdertiefsinnigenaussagedesteilnehmersben.

Es hängt also von uns allen ab, wie die Zukunft wird.

2 Ein Reporter des Nürnberger Tagesspiegel hat über die Aktion berichtet. Die folgende Passage seines Artikels enthält wörtliche Zitate aus dem Blog. Kontrolliere die Zitate, markiere und verbessere Fehler.

ACHTUNG FEHLER!

„Basteln für eine bessere Zukunft“

Die WWF-Jugend hat sich in Nürnberg mit der Aktion „Upcycling-Basteln mit Müll“ hohe Ziele gesteckt wie bei einer ähnlichen in München gestarteten Aktion. Auch dort war das Ziel „Sensibilisierung für die Müllproblematik, so eine Bloggerin, und Schaffung einer positiven Atmosphäre zum kreativen Umgang mit unseren Ressourcen.“ Dieses Ziel haben die Jungen und Mädchen mit ihrer engagierten Aktion voll erreicht.

Wenn du in diesem Test noch 😐 zeichnen musstest → SB-S. 242-253.

3.1 Literarische Texte erschließen

Hier findest du Informationen im Schülerbuch: *S. 94–123, S. 160–173 und S. 178–193*

Diese Kompetenzen trainierst du: *Zusatzinformationen und eigene Erfahrungen zum Verstehen literarischer Texte nutzen, anderen Zeiten und Kulturen vergleichend begegnen, Inhalt, Aufbau und Gestaltung von epischen, lyrischen und dramatischen Texten erschließen, Denk- und Handlungsweisen von Figuren reflektieren, Darstellungsweisen in epischen Texten untersuchen, Aufbau und Interaktion der Figuren in dramatischen Texten untersuchen, Bildlichkeit und Sprechsituation in lyrischen Texten untersuchen*

Hier findest du Hilfestellungen: *Arbeitsheft S. 118 f. und Schülerbuch S. 278–283*

„Drama, Lyrik oder Prosa? – Wenn ihr mich fragt, immer Drama!"

Teste deinen Lernstand

Wie gut kennst du dich mit literarischen Texten aus?

1 Wie gut kannst du literarische Texte von Sachtexten unterscheiden? Kreuze das für dich Zutreffende an und löse die Aufgabe, wenn du das zweite Kästchen angekreuzt hast.

○ Ich habe noch Probleme, literarische Texte von Sachtexten (auch: pragmatischen Texten) zu unterscheiden.

○ Ich kann Sachtexte gut von literarischen Texten unterscheiden und kann deshalb auch die folgende Aufgabe problemlos lösen.

Ordne mithilfe der Zahlen den beiden Texten in der Tabelle die entsprechenden Merkmale aus dem Lösungsspeicher zu.

Am Wochenende erwarten uns warme Sommerabende: Verantwortlich dafür ist ein Hoch, das über Mitteleuropa liegt und warme Luftmassen über Deutschland schickt. Die Temperaturen werden auch abends noch über 20 °C betragen.	Um uns herum rauschte der Wind durch den Wald. Stämme ächzten, und die Zweige der Bäume schlugen wild um sich, kämpften gegen die Böen, die gnadenlos vom Hügel herabfuhren. Der Tornado war jetzt nah. Sehr nah.
(1), (4)	(6)

Lösungsspeicher

(1) Sachtext – (2) literarischer Text – (3) bildreiche Sprache – (4) sachliche Sprache – (5) Fachwortschatz – (6) Wortschatz zur Schilderung von Stimmungen und Sinneseindrücken

2 Literarische Texte verwenden häufig eine bildreiche Sprache.
Entscheide bei den folgenden Beispielen aus Rilkes Gedicht, ob es sich um einen **Vergleich**, eine **Metapher** oder eine **Personifikation** handelt.

Rainer Maria Rilke
Sommerabend (1913)

Die große Sonne ist versprüht,
der Sommerabend liegt im Fieber,
und seine heiße Wange glüht.
Jach seufzt er auf: „Ich möchte lieber"
Und wieder dann: „Ich bin so müd..."

Die Büsche beten Litanein,
Glühwürmchen hangt, das regungslose,
dort wie ein ewiges Licht hinein;
und eine kleine weiße Rose
trägt einen roten Heiligenschein.

„der Sommerabend liegt im Fieber" Metapher

„Glühwürmchen [...] wie ein ewiges Licht" Vergleich

„eine kleine weiße Rose trägt einen roten Heiligenschein" ______

„Die Büsche beten Litaneien" ______

„Die große Sonne ist versprüht" ______

3 Beschreibe in deinem Heft die Wirkung von drei selbst gewählten Sprachbildern aus „Sommerabend".

4 Verbinde, welcher Textauszug zu welcher literarischen Gattung gehört:

Es war, als hätt' der Himmel
Die Erde still geküsst
dass sie im Blütenschimmer
von ihm nun träumen müsst'.
(Aus: Eichendorff: Mondnacht, 1837)

Margarete *(zu ihm gewendet)*:
Und bist du's denn? Und bist du's auch gewiss?
Faust: Ich bin's! Komm mit!
(Aus: Goethe: Faust, 1808)

Ich befahl mein Pferd aus dem Stall zu holen.
Der Diener verstand mich nicht. Ich ging selbst in den Stall, sattelte mein Pferd und bestieg es.
(Aus: Kafka: Der Aufbruch, 1922)

Drama

Epik

Lyrik

5 Entscheide, ob die folgenden Begriffe zu lyrischen Texten (Gedichten), epischen Texten (Erzähltexten) oder dramatischen Texten (Drama) gehören. Markiere mit G, E oder D.

Erzähler Er Szene Dr lyrisches Ich Dr Lied Ge

Strophe Ge Ich-Perspektive Er Außensicht Er

Inhalte von Erzähltexten zusammenfassen und Erzählmerkmale analysieren

Stefan Beuse

Wir schießen Gummibänder zu den Sternen (1997)

Gestern Nachmittag rief mich ein Mädchen an, das ich noch nicht lange kannte. Sie klang sehr traurig, weil sie Geburtstag hatte und niemand bei ihr war. Keiner von ihren Freunden hatte daran gedacht. Auch der nicht, den sie liebte. Ihr blieb also nichts anderes übrig, als sich nachmittags allein in die Küche zu setzen, ihren selbstgebackenen Kuchen zu essen und mit dem Biertrinken anzufangen.

Irgendwann kam sie auf die Idee, von sich aus ein paar Freunde anzurufen. Sie sagte, ich habe heute Geburtstag; vielleicht habt ihr Lust, vorbeizukommen und ein bisschen zu feiern. Es gibt selbstgebackenen Kuchen und Bier.

Ihre Freunde waren sehr beschämt und beeilten sich zu kommen. Einige brachten sogar Blumen mit.

Als sie mich einlud, freute ich mich sehr, denn obwohl ich sie kaum kannte, fühlte ich mich immer wohl bei ihr. Sie war so etwas wie eine besondere Freundin. Nachdem alle ihren Kuchen gelobt hatten, packten wir Decken ein und fuhren zu einem See ganz in der Nähe. Wir setzten uns auf die Decken, tranken Bier und hörten Musik.

Sie sah aus wie jemand, der sich nicht darüber freut, Geburtstag zu haben. Ihre Gäste machten Scherze und lachten, und er war nicht da.

Nur ein kleines Stück von uns entfernt, direkt am Ufer des Sees saßen zwei Jugendliche mit Steinschleudern. Sie redeten kein Wort und schossen pausenlos gebrannte Mandeln in den See. Sie wollten nichts Besonderes treffen. Sie saßen einfach nur da, zogen das Gummi lang und schossen Mandeln ins Wasser. Weiter nichts.

Als es dunkel geworden war, standen sie auf und rauchten eine Zigarette. Die beiden waren jetzt nur noch zwei rotglühende Punkte in der Nacht, die keine Mandeln mehr hatten. Sie hatten nichts mehr, das sie in den See schießen konnten. Und der Himmel war voller Sterne.

Als sich die Glut ihrer Zigaretten entfernte, bekam ich plötzlich Lust, meiner Freundin etwas zu schenken. Es war kurz vor zwölf und ihr Geburtstag war fast vorbei. Ich sagte nichts. Es gibt kaum etwas, das man jemandem sagen kann, der sich vom Rest der Welt verlassen fühlt. Ich wollte nicht mit ihr tauschen.

„Ich möchte Pizza", sagte sie plötzlich. Natürlich wusste sie, dass das unmöglich war. Niemand in der ganzen Stadt machte um diese Zeit noch Pizza.

Wie auf ein Zeichen hin nahm ich sie bei der Hand und zog sie hoch. Sie wehrte sich nicht. Ihre Hand war kalt, und sie zitterte wie jemand, der zu viel Bier getrunken und zu viel nutzlosen Kuchen gebacken hatte. Wir stolperten den Weg am See entlang. „Du bekommst deine Pizza", sagte ich, aber das war, als würden wir Gummibänder zu den Sternen schießen und darauf hoffen, irgendwann einen zu treffen.

„Ich hab doch Geburtstag", sagte sie. „Ich hab doch Geburtstag."

„Ja", sagte ich und setzte sie ins Auto. „Ich weiß." Als ich den Zündschlüssel umdrehte, biss ich die Zähne zusammen und warf einen Blick zu den Sternen. Wir durften keine Zeit verlieren.

1 Viele Mitschüler widersprechen Klara, denn sie sind der Meinung, dass es in dem Text um etwas viel Tieferes geht. Formuliere in einem Satz aus deiner Sicht das Thema der Geschichte.

„Der Text ist ja langweilig. Es geht darin nur um ein langweiliges Mädchen, das sich darüber ärgert, dass keiner an ihren Geburtstag denkt."

2 Die Gliederung des Textes in Abschnitte hilft dir zunächst, den Handlungsverlauf zu erfassen. Notiere zu jedem Abschnitt zusammenfassend in Stichpunkten, was sich jeweils ereignet.

3 Formuliere dann passende Überschriften zu den einzelnen Abschnitten.

1. Abschnitt	ÜS: ______ Inhalt: ______ ______ ______
2. Abschnitt	ÜS: ______ Inhalt: ______ ______ ______
3. Abschnitt	ÜS: ______ Inhalt: ______ ______ ______
4. Abschnitt	ÜS: ______ Inhalt: ______ ______ ______
5. Abschnitt	ÜS: ______ Inhalt: ______ ______ ______

4 Um den thematischen Kern einer Geschichte zu erfassen, musst du wichtige Textpassagen aufgreifen und deren Verständnis sichern.
Formuliere das folgende Zitat um, indem du den Gummibänder-Vergleich mit eigenen Worten erklärst.

> „Du bekommst deine Pizza", sagte ich, aber das war, als würden wir Gummibänder zu den Sternen schießen und darauf hoffen, irgendwann einen zu treffen." (→ Z. 59–62)

„... aber das war ______________________________

____

5 Welche beiden Aussagen erklären den letzten Satz der Geschichte? Kreuze an.

> „Als ich den Zündschlüssel umdrehte, biss ich die Zähne zusammen und warf einen Blick zu den Sternen. Wir durften keine Zeit verlieren." (→ Z. 66–68)

- ○ Der Morgen kommt bald und das Mädchen muss nach Hause.
- ○ Wolken werden das Sternenlicht bald verdecken.
- ☒ Obwohl es wahrscheinlich keine Pizza mehr gibt, möchte die Erzählerfigur alles versuchen, um ihr eine zu kaufen.
- ☒ Obwohl Träume manchmal nicht zu realisieren sind, muss man es doch so lange wie möglich mit aller Kraft versuchen.

6 Vervollständige nun den folgenden Basissatz, indem du den thematischen Kern ausformulierst.

> Die Erzählung „Wir schießen Gummibänder zu den Sternen" von Stefan Beuse handelt von dem Versuch der Erzählerfigur, einem traurigen Mädchen an ihrem Geburtstag einen nahezu unerfüllbaren Wunsch zu erfüllen.
>
> Damit zeigt die Erzählung, dass man alle ~~Ta~~ Ziele verfolgen sollte auch wenn sie nur schwer zu erfüllen sind

7 Die Wirkung der Geschichte wird auch stark durch das Erzählverhalten gesteuert, das du deshalb bei deiner Textuntersuchung berücksichtigen solltest. Wähle dafür eine der folgenden Aufgaben:

■ Analysiere das Erzählverhalten, indem du die richtigen Felder ankreuzt.

Erzählform: ☒ Ich-Form ○ Er-Form

Erzählperspektive: ○ Erzähler steht außerhalb der Geschichte ☒ Erzähler ist eine handelnde Figur

Erzählsicht: ○ Außensicht ☒ Innensicht

Bearbeite die blaue Aufgabe und ordne den drei Erzählmerkmalen jeweils zwei erzielte Wirkungen zu. Sortiere dazu die folgenden Buchstaben (a–f) zu den Erzählmerkmalen.

Erzählform: d ~~a~~b Erzählperspektive: f a Erzählsicht: e c

Wirkungen

(a) Der Leser teilt die Perspektive der Erzählerfigur, die von sich erzählt.
(b) Gefühle des Mädchens werden nur von der Erzählerfigur vermutet, dadurch wird Distanz geschaffen.
(c) Gefühle der Erzählerfigur werden breit wiedergegeben.
(d) Dadurch entsteht Nähe zwischen dem Leser und der Erzählerfigur.
(e) Erzähler ist Teil der Geschichte.
(f) Der Erzähler schlüpft in die Rolle einer Figur.

Bearbeite die blaue und die rote Aufgabe. Nutze die Lösungen, um in einem zusammenhängenden Text (ca. 150 Wörter) das Erzählverhalten und die damit verbundenen Wirkungen in deinem Heft oder am Computer zu beschreiben.

8 Die Erzählerfigur kann die erzählte Geschichte außerdem auf unterschiedliche Weise wiedergeben, z. B. als
- **Figurenrede:** „Ich möchte Pizza!", sagte sie plötzlich.
- **Erzählerbericht:** Sie erwähnte plötzlich ihre Lust auf Pizza.

Erkläre, welch unterschiedliche Wirkung durch die unterschiedlichen Darstellungsweisen in literarischen Texten erzielt wird.

Bei der ersten Aufgabe wird der Satz „Ich möchte Pizza!" mehr ~~herausgeholt~~ hervorgehoben als bei dem bericht.

9 Formuliere eine Begründung in deinem Heft oder am Computer, warum der abschließende Dialog zwischen der Erzählerfigur und dem Mädchen in direkter Rede wiedergegeben wird. Beziehe dich dabei auf die Gefühle der Erzählerfigur für das Mädchen und auf die Situation, in der die beiden sich befinden.

10 Tausche – wenn du die Aufgabe am Computer gelöst hast – den Text mit einem Lernpartner. Gebt euch mithilfe der Kommentarfunktion (→ Überprüfen → Neuer Kommentar) Rückmeldung darüber, ob die Begründung der direkten Rede nachvollziehbar ist.

Handlungsweisen und -motive von Figuren für das Textverständnis untersuchen

1 Wichtige Hinweise zur Deutung eines Textes ergeben sich auch, wenn du die Figuren charakterisierst. Unterstreiche die Abschnitte in der Geschichte (→ S. 56), in denen du etwas über die Gefühlslage des Mädchens erfährst. Schreibe Nummern an die einzelnen Unterstreichungen.

2 Welche Gefühle werden in den Sätzen ausgedrückt?
Ordne die Textbelege, indem du sie in der folgenden Mind-Map richtig zuordnest.

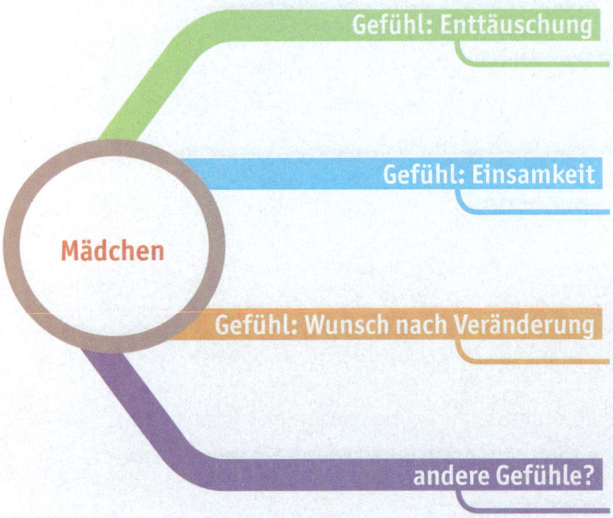

Gefühl: Enttäuschung – Belegnummer(n): ____________ (→ Z. ...)
____________ (→ Z. ...)

Gefühl: Einsamkeit – Belegnummer(n): ____________ (→ Z. ...)
____________ (→ Z. ...)

Gefühl: Wunsch nach Veränderung – Belegnummer(n): ____________ (→ Z. ...)
____________ (→ Z. ...)

andere Gefühle? – Belegnummer(n): ____________ (→ Z. ...)
____________ (→ Z. ...)

3 Wie könnte die Geschichte weitergehen? Setze den Tagebucheintrag des Mädchens in deinem Heft oder am Computer [Mediencode 11048-20] fort, den es am Tag nach dem Geburtstag aufschreibt.

> „Gestern war mein Geburtstag. Bis zum späten Abend war es eher ein trauriger Tag. Ich habe mich alleine gefühlt, auch als wir abends am See zusammensaßen. Eine einzige Enttäuschung. Bis dann * mit mir losgefahren ist ...“

4 Inwiefern bestimmen die Gefühle des Mädchens die Handlungsweise der Erzählerfigur? Schreibe ein Gedankenprotokoll zu den Gedanken der Erzählerfigur, als sie feststellt, nicht mit dem Mädchen tauschen zu wollen (→ Z. 43–49).

Sie tut mir wirklich leid: ____________

____

Ich möchte ____________

____

5 Beschreibe die Erzählerfigur, indem du passende Adjektive findest. Bearbeite dazu eine der folgenden Aufgaben:

- Streiche in der folgenden Liste die drei Wörter heraus, die die Erzählerfigur nicht charakterisieren.

Wortspeicher

aktiv – tröstend – helfend – überheblich – mitfühlend – schüchtern – egoistisch – beobachtend

- Bearbeite die blaue Aufgabe und formuliere zu jedem zutreffenden Adjektiv einen Satz in deinem Heft oder am Computer, in dem du diese Eigenschaft mit Handlungsweisen aus dem Text erklärst.

  Beispiel: *Die Erzählerfigur wird aktiv, indem sie das Mädchen an die Hand nimmt und mit ihm losgeht, um seinen Wunsch zu erfüllen* (→ Z. 54 ff.).

- Beschreibe die Erzählerfigur und belege deine Beschreibung mit Zitaten aus dem Text.

6 Aus den Ergebnissen zur Handlungsweise der Erzählerfigur hat eine Schülerin nun bereits einen Stichwortzettel für deren Beschreibung erstellt. Ergänze die Punkte, indem du jeweils eine Textstelle als Beleg angibst.

Stichwortzettel:

- beobachtet Situation genau und erkennt Enttäuschung des Mädchens (→ Z. 46-49)
- freut sich über Einladung, da sie sich mit ihm wohlfühlt (→ Z. ________)
- Jugendliche und Himmel voller Sterne bringen sie auf eine Idee (→ Z. ________)
- Erzählerfigur kennt Mädchen noch nicht lange und ist nur lose mit ihm befreundet (→ Z. ________)
- Mut zum Traum (→ Z. ________)
- zeigt Mitgefühl und möchte Freundin etwas schenken (→ Z. ________)
- zeigt mutig, dass sie den enttäuschenden Geburtstag noch wenden möchte (→ Z. ________)

7 Ein Schüler hat eine inhaltlich gelungene Beschreibung der Erzählerfigur verfasst.
Verbessere den Text am Computer [Mediencode 11048-21] sprachlich, indem du Mittel der Textkohärenz einsetzt, um inhaltliche Zusammenhänge zu verdeutlichen.

Der Junge – die Benennung der Protagonistin als „Mädchen“ legt nahe, den Ich-Erzähler als Jungen zu identifizieren – ist ein sehr guter Beobachter. Der genaue Blick für das Umfeld und die Gefühle der Mitmenschen zeigen sich in der Fähigkeit, die Gefühlslage des Mädchens richtig zu deuten und auch zu verstehen. Die anderen scheinen die Enttäuschung des Mädchens nicht wahrzunehmen.

Außerdem ist er eher zurückhaltend. Er handelt nicht bei der Geburtstagsfeier. Er erkennt die Situation, die Gefühls- und Handlungsweisen der anderen.

Er hat eine feine Beobachtungsgabe. Er kann die Gefühlslage des Mädchens verstehen. Aus seiner Kenntnis ihrer Einsamkeit und Enttäuschung entwickelt er Mitgefühl. Er möchte ihr etwas schenken.

Die Situation, in der er aktiv wird, zeigt seinen Mut und sein Verantwortungsgefühl. Es wird um diese Zeit keine Pizza mehr geben. Er fährt los, um ihr ihren Wunsch zu erfüllen – oder es zumindest zu versuchen.

Tipp

Folgende Mittel solltest du (mehrfach) einsetzen:
Personalpronomen (z. B. *er*) – Possessivpronomen (z. B. *sein, ihr*) – Konjunktionaladverbien (z. B. *hingegen*) – Subjunktionen zur Bildung von Satzgefügen (z. B. *während*)

Einen informierenden Text zu einem Erzähltext schreiben und überarbeiten

1 Enya hat einen informierenden Text über die Erzählung „Wir schießen Gummibänder zu den Sternen" (→ S. 56) verfasst. Ordne die folgenden Auszüge aus diesem Text den verschiedenen Bestandteilen des informierenden Textes zu, die du im Wissenskasten darunter findest.

Aus der Geschichte kann man lernen, dass es manchmal wichtig ist, auch das unmöglich Scheinende zu versuchen. ◯

Anschließend ruft sie einige Freunde an und lädt sie ein, mit ihr zu feiern. ◯

Die Handlung setzt damit ein, dass die Erzählerfigur von einem Mädchen angerufen wird, dessen Freunde alle ihren Geburtstag vergessen haben. ◯

Die Erzählhandlung wird von zwei Figuren bestimmt, der Erzählerfigur und einem mit der Erzählerfigur bekannten Mädchen. ◯

Die Erzählung „Wir schießen Gummibänder zu den Sternen" wurde von Stefan Beuse im Jahr 1997 verfasst. ◯

Die Erzählung endet damit, dass die Erzählerfigur mit dem Mädchen in die Nacht aufbricht, obwohl sie um die Vergeblichkeit seines Wunsches weiß. ◯

Das musst du wissen

① Einleitung mit Basissatz
② Hauptteil mit Darstellung der Handlungsschritte
③ Aufgreifen des thematischen Kerns im Schluss

2 Enyas Textteile enthalten sprachliche Mittel, die für den logischen und kohärenten Aufbau der Textzusammenfassung sorgen. Notiere diese – in einer Tabelle wie der folgenden in deinem Heft – in der ersten Zeile und ordne sprachliche Alternativen aus dem Begriffsspeicher in die entsprechende Spalte.

Aus der Geschichte kann man lernen …					
der zentrale Aspekt der Geschichte ist …					

Wortspeicher

~~der zentrale Aspekt der Geschichte ist …~~ – danach – … hat … geschrieben – … ist im Jahr … entstanden – daraufhin – am Ende … – im weiteren Verlauf – damit zeigt die Erzählung, dass … – später – bald darauf – den Abschluss bildet … – im Zentrum der Handlung stehen/steht – am Beginn der Erzählung

3 Die Erzählerfigur und das Mädchen stehen als zentrale Figuren im Mittelpunkt der Handlung. Notiere in deinem Heft oder am Computer stichpunktartig zentrale Merkmale der beiden Figuren, die für den thematischen Kern der Geschichte wichtig sind.

4 Ein informierender Text zu einem literarischen Text beginnt immer mit einem Basissatz. Vergleiche die drei folgenden Basissätze. Entscheide und begründe, welchen du verwenden würdest

① Die Erzählung „Wir schießen Gummibänder zu den Sternen" von Stefan Beuse aus dem Jahr 1997 handelt von einem Mädchen, das an seinem Geburtstag eine enttäuschende Erfahrung macht.

② Die Erzählung „Wir schießen Gummibänder zu den Sternen", die Stefan Beuse 1997 veröffentlicht hat, handelt davon, dass die Erzählerfigur einem an seinem Geburtstag alleingelassenen Mädchen einen schier aussichtslosen Wunsch erfüllen und es damit ernst nehmen will.

③ Die Geschichte von Stefan Beuse erzählt von einem Mädchen, welches an ihrem Geburtstag Pizza essen will.

Begründung: ______________________________

____

____

5 Tarek hat die Handlungsschritte der Erzählung für den Hauptteil seines informierenden Textes zusammengefasst, ist aber noch nicht wirklich zufrieden.
Hilf ihm, seinen Text zu verbessern. Du kannst in deinem Heft oder am Computer arbeiten.
Unter dem Mediencode [Mediencode 11048-22] findest du die digitale Fassung des Textes.

ACHTUNG FEHLER!

Die Erzählung, in deren Zentrum ein Mädchen und die mit dem Mädchen bekannte Erzählerfigur stehen, kann in fünf Abschnitte unterteilt werden. Der erste Abschnitt handelte davon, dass das Mädchen Geburtstag hat, dabei aber sehr traurig und enttäuscht war, weil niemand an ihren Geburtstag gedacht hat. Deshalb lädt sie selbst telefonisch ihre Freunde zum Kuchenessen ein und fährt mit ihnen anschließend an einen See, um dort Musik zu hören und Bier zu trinken. Die Erzählerfigur wird auch eingeladen und freut sich darüber, doch das Mädchen scheint sich auch in Anwesenheit ihrer Freunde nicht zu freuen. Die Erzählerfigur und das Mädchen betrachten schließlich zwei Jugendliche am anderen Ufer des Sees, die Zigaretten rauchen. Deren glühende Zigaretten lassen die beiden Hauptfiguren dann die Sterne am Himmel wahrnehmen. „Ich möchte Pizza", sagt das Mädchen plötzlich. Wegen ihrer Niedergeschlagenheit und ermutigt durch den Blick in den Himmel nimmt die mitfühlende und empathische Erzählerfigur das Mädchen an die Hand und möchte versuchen, ihr diesen Wunsch zu erfüllen.

6 In der Klasse sind u.a. folgende Schluss-Varianten zu dem informierenden Text entstanden. Kommentiere beide Fassungen und schreibe anschließend selbst einen dir geeignet erscheinenden Schluss.

1) Die Geschichte endet damit, dass die Erzählerfigur wider besseres Wissen versucht, den Wunsch des Mädchens zu erfüllen, und ihm auf diese Weise zeigt, dass sie deren Gefühle ernst nimmt.

2) Die Erzählerfigur bricht mit dem Mädchen ins Ungewisse auf. Aus der Geschichte kann man lernen, dass es manchmal wichtig ist, auch das unmöglich Scheinende zu versuchen.

Das Textverständnis von Erzähltexten durch die Lektüre von Vergleichstexten vertiefen

Sergio Bambaren
Der träumende Delphin (1999)

Daniel ist ein träumender Delphin, der seinen Schwarm und sein Riff verlässt, um seinen großen Traum zu verwirklichen: Er möchte die perfekte Welle finden und durch sie surfen.

Daniel Delphin war ein Träumer. Er war überzeugt, dass es im Leben mehr gab als Fischen und Schlafen, und so hatte er beschlossen, all seine Kraft darauf zu verwenden, im Wellenreiten und in der Weisheit des Meeres den wahren Sinn des Lebens zu finden. Das war sein Traum. […] Als Daniel eines Abends aus der Brandung zurückkehrte, kam Michael Benjamin Delphin, sein bester Freund, auf ihn zu und fragte ihn: „Was tust du da eigentlich, Daniel? Warum setzt du im Riff dein Leben aufs Spiel? Was willst du eigentlich beweisen?“

„Ich will überhaupt nichts beweisen. Ich will einfach nur wissen, was ich vom Meer und vom Wellenreiten lernen kann. Das ist alles.“ […]

So brach Daniel an diesem Abend auf zum äußeren Riff. Sein einziger Zeuge war der Vollmond, der schwer am Himmel hing, sein einziges Ziel die Erfüllung seines Traums. Er war ein wenig ängstlich, aber es hatte etwas Schönes, Herr seiner Ängste zu sein. „Es ist eine so herrliche Nacht“, dachte er. „Was soll da schon schiefgehen?“

Er war zufrieden mit sich, denn was auch immer geschehen mochte, er nahm wenigstens sein Schicksal selbst in die Hand. In dieser Nacht musste Daniel nicht nur gegen die Gezeiten und Strömungen kämpfen, sondern auch gegen seine eigenen Zweifel. „Jetzt beginnt der harte Teil“, dachte er. Und er merkte, dass all die einsamen Stunden, in denen er sich geistig und körperlich vorbereitet hatte, ihm nun die Kraft gaben, nicht nur der ehrfurchtgebietendsten aller Wellen, sondern auch seinem eigenen Schicksal entgegenzutreten.“

„Es ist eine so herrliche Nacht. Was soll da schon schiefgehen? …“

1 Der Textausschnitt behandelt – wie die Erzählung „Wir schießen Gummibänder zu den Sternen“ – einen Aufbruch ins Ungewisse.
Schreibe ein Gedankenprotokoll von Daniel im Moment seines Aufbruchs in dein Heft oder am PC.

2 Vergleiche die Situation in den beiden Texten genauer, indem du die Tabelle ausfüllst.

Text	Der träumende Delphin	Wir schießen Gummibänder …
Ort		
Zeit		
Hauptfigur(en)		
Gefühl vor dem Aufbruch		
Gefühlslage beim Aufbruch		

3 Der Vergleich beider Texte kann die Analyse des Ausgangstextes vertiefen.
Vervollständige jeweils die begonnenen Sätze aus der vergleichenden Analyse eines Schülers.

- Während Daniel den Aufbruch selbstbestimmt plant, ist das Mädchen …

- Der Schwarm des Delphins ist vergleichbar mit dem Freundeskreis des Mädchens, in dem …

- Obwohl das Mädchen und die Erzählerfigur eigentlich nur eine Pizza holen möchten, hat der Aufbruch auch in dieser Erzählung eine tiefere Bedeutung: Der Aufbruch …

4 Auch der Songtext „Boulevard of Broken Dreams“ (2004) von *Green Day* enthält Verse, die von Träumen und Aufbruch handeln. Bearbeite zu dem Songausschnitt eine der folgenden Aufgaben und bearbeite sie in deinem Heft oder am Computer:

My shadow's the only one that walks beside me
My shallow[1] heart's the only thing that's beating
Sometimes I wish someone out there will find me
Till then I walk alone

[1] **shallow:** flach, oberflächlich

- Nenne drei Gefühle, die das Song-Ich und das Mädchen aus der Erzählung beide verspüren.
- Bearbeite die blaue Aufgabe. Kommentiere nun einen Unterschied zwischen der Situation der beiden Figuren. Beachte hierbei auch den Songtitel.
- Bearbeite die blaue und die rote Aufgabe. Verfasse dann eine vergleichende Analyse zwischen der Situation des Mädchens am Ende der Erzählung (→ S. 56) und der Situation des Song-Ichs. Benutze dafür die Begriffe „Hoffnung“, „Pessimismus“ und „Optimismus“.

5 „Der träumende Delphin“ ist eine ebenso erfundene Geschichte wie „Wir schießen Gummibänder zu den Sternen“; beide Texte sind fiktional. Eines der beiden Text-Geschehen könnte allerdings auch in der Realität passiert sein, das andere nicht, weil es ein Element enthält, das in der Realität nicht existiert (ein „Fiktionalitätssignal“). Erkläre in deinem Heft/am Computer, um welches Fiktionalitätssignal es sich handelt.

„Manchmal weiß man wirklich nicht mehr, was wirklich und was nur erdacht ist.“

Erzählmerkmale untersuchen und einen Erzähltext zusammenfassen und deuten

Franz Hohler
Die stumme Welt (1997)

Eines Morgens läuteten in allen Häusern die Wecker, aber alle Menschen schliefen weiter. Die Hähne krähten pünktlich um 6 Uhr, aber niemand hörte sie. Nur die Gehörlosen standen auf wie immer und gingen zur Arbeit, punkt 8 wie immer.

Aber alle Arbeitsplätze waren geschlossen, und die Gehörlosen trafen einander auf der Straße. Sie fragten sich, warum die Hörenden heute so faul waren. Nach und nach erwachten die Hörenden und merkten, dass etwas nicht stimmte. Sie schalteten das Radio an, aber es kamen keine Nachrichten, keine Musik, kein vertrautes Geräusch, kein Ton. Sie dachten, das Radio sei kaputt. Sie begannen zu fluchen: «Gopferdammi! Scheiße!» und erschraken, weil sie die eigene Stimme nicht hörten. Einige rannten ins Badezimmer und versuchten, den Pfropf aus ihrem Ohr zu entfernen, andere klopften bei den Nachbarn an die Türe, andere wieder wollten den Arzt anrufen, aber niemand hörte etwas. Verzweifelt rannten die Hörenden, die nichts mehr hörten, zu den Fenstern und machten sie auf. Sie riefen einander etwas zu, verstanden aber nichts. Sie sahen nur die Bewegungen und fanden es sehr seltsam. Da merkten sie, dass sie alle das Gehör verloren hatten.

Zum Glück standen auf vielen Plätzen Gehörlose, die in Gebärdensprache diskutierten, als ob nichts wäre. Die Hörenden, die nichts mehr hörten, standen hilflos herum. Als die Gehörlosen sie berührten, erschraken die Hörenden zuerst. Schmunzelnd klopften die Gehörlosen den Hörenden, die nichts mehr hörten, auf die Schultern und hießen sie willkommen in ihrer Welt.

Die Gehörlosen zeigten den ertaubten Hörenden, wie man leben kann, ohne zu hören, und von dem Tag an war der Graben zwischen Hörenden und Gehörlosen geschlossen.

1 Wie regieren die Gehörlosen, wie die Hörenden auf die neue Situation? Vervollständige den folgenden Satz.

Während die Gehörlosen die Hörenden beobachten, geraten die Hörenden in Panik und verzweifeln, weil sie keine Ausweg finden.

2 Kreuze an, welche Gefühle bei den Hörenden dominieren. Gib jeweils eine Textstelle als Beleg an.
Achtung: Nicht nur eine Lösung ist richtig!

- [x] Neugier (→ Z. 38-42)
- [x] Verzweiflung (→ Z. 17-22)
- [x] Wut (→ Z. 14-17)
- [x] Unsicherheit (→ Z. 24-27)
- [ ] Erleichterung (→ Z. 38-39)
- [ ] Humor (→ Z. 25-28)

3 Welche **Erzählsicht** und welche **Erzählperspektive** werden eingesetzt?

- [x] Außensicht
- [ ] Innensicht
- [x] Erzähler steht außerhalb der erzählten Welt
- [ ] Erzähler ist handelnde Figur

4 Kreuze an, welches der folgenden Sprichwörter den Grundgedanken der Geschichte trifft:

- [x] *Du siehst nicht wirklich die Welt, wenn du nur durch dein eigenes Fenster siehst.* (Aus der Ukraine)
- [ ] *Anzuschauen ist freilich in Kunst und Leben das Höchste.* (Friedrich Hebbel)

5 Fasse in ein oder zwei Sätzen den Inhalt des Textes zusammen.

____

____

____

6 Erkläre, inwiefern die Geschichte ein Happy End besitzt.
Verwende dabei die Begriffe „neue Perspektive“ und „Verständnis“.

____

____

____

____

7 Überarbeite den folgenden Text in deinem Heft, indem du die unterstrichenen Passagen durch passende Wendungen ersetzt. Wenn du am Computer arbeiten willst, kannst du den Text unter dem Mediencode [11048-23] herunterladen.

Die Erzählung von Franz Hohler spricht von Hörenden, die plötzlich stumm werden, und dadurch die Gehörlosen besser verstehen lernen. Der Text gliedert sich: Im ersten Kapitel wachen eines Morgens alle Menschen gehörlos auf und finden sich in dieser Welt nicht zurecht. Sie gehen zum Arzt oder versuchen, sich die Ohren zu säubern. Danach werden sie von den Menschen, die auch vor diesem Tag schon gehörlos waren, getröstet und in der Welt ohne Gehör begrüßt. Am Ende wird der Sinn des Textes erklärt: Durch diese Erfahrung entwickeln die Menschen ohne und mit Gehör mehr Verständnis füreinander. Mit dieser Geschichte zeigt Franz Hohler, dass Menschen oft nur dann Verständnis für die Probleme anderer Menschen aufbringen, wenn sie selbst in solche Situationen kommen und dadurch eine neue Perspektive einnehmen können.

8 Gib eine Einschätzung darüber ab, ob der Text in Aufgabe 7 nach den ausgeführten Textkorrekturen als Musterlösung für einen informierenden Text zu Hohlers „Die stumme Welt“ dienen könnte.
Begründe deine Einschätzung.

Wenn du in diesem Test noch 😐 zeichnen musstest → SB-S. 94-123.

Lyrische Texte untersuchen und verstehen: Das Zusammenspiel von Form, Sprache und Inhalt untersuchen

Fabian Navarro
Im Vorgarten Eden[1] (2011)

A
In meiner Kindheit war es hier wunderbar
ich durchstreifte die Wälder vierhundertmal
Hab Höhlen erkundet
und Frösche gefangen
mich mehr als einmal verwundet
und bin trotzdem gegangen
raus in die Natur, ab in den Dreck
So war es schön und ich wollt hier nicht weg [...]
Ich wurde älter, als genau dieser Zauber sich legte
sich mein Interesse von Lego auf Mädchen bewegte
Ich zu meiner ersten Party ging
Und nur noch selten Frösche fing [...]

B
Und als eines Tages das Geräusch von Flugzeugen erklang
fing ich von einem anderen Ort zu träumen an
und als dieser nicht kam, da hatt ich genug
ich wollte hier weg und mich packte die Wut
Ich habe mich lauthals bei allen beklagt
Und so ziemlich genau *das hier* gesagt

C
Wenn es einen Ort gibt, an dem
Möglichkeiten sprießen
wie Gräser auf Wiesen
Chancen wie Pop-ups vor deinem Fenster aufblinken
Und langweilige Momente wie Gespenster verschwinden
Wo dein Geist ein Bahnhof mit vollen Atemzügen ist
und es für deine Fantasie 1000 Gratisflüge gibt [...]
Wenn es einen Ort gibt, an dem man nackt im Fluss der Zeit badet [...]
man ständig neue Leute kennenlernt, wie wenn man Alzheimer hat
Und das alle verpackt
in einer einzigen Stadt
die auch in der Nacht voller Facetten ist
In der es hinter allen Ecken etwas zu entdecken gibt
wo nette Damen
auf Leuchtreklamen
mit einem Lächeln dir den Weg weisen
wo des Nachts Menschen aus der Realität gleiten

D
Wenn es diesen Ort gibt – das hab ich gelernt:
Dann war ich so weit wie möglich davon entfernt
auch wenn mir diese Vorstellung gar nicht gefällt
so stand ich im warmen Zentrum
– im Arsch der Welt – [...]
Dieser Ort ist nicht verschlafen – er liegt im Koma
und jeder zweite Bewohner sieht aus wie Opa und Oma
Hier kennt jeder jeden
hier im Vorgarten Eden [...]
Hier wird gelästert und getratscht,
bis einer weint
so kleinkariert, dass es wie Pixel erscheint
Man spioniert nach dem Nachbarn hinter seinen Gardinen
das Leben ist hier einfach keine Schachtel Pralinen
es ist ein Sack Kartoffeln und man weiß, was man kriegt
langweilig und wenig artenreich
Leute so tiefgründig wie ihr Gartenteich
Zwar ist die Jugend perspektivlos und säuft sich ständig nur voll
... aber die Landschaft ist toll! [...]

Wie sehr ich doch wegwollte, einfach nur fort
an diesen anderen Ort
den mit den blitzenden Leuchtreklamen
weg von Kuhscheiße und Schützenfestfahnen
Raus aus der Gemeinschaft, wo jeder weiß,
was du letzten Sommer getan hast
in ein Haus ziehen ohne eigenen Fahnenmast
Jetzt wird einer fragen:
„Was hat der denn zu klagen?
Ist doch prima zum Ausruh'n
und dann dieses Brauchtum ... !
Ist doch schön! “
ALTER!
Was für ein Brauchtum?! [...]

Das alles und mehr schrie ich
mit bebendem Kehlkopf.

Ich bekam nur eine Antwort: ....

[1] Die Zeichensetzung im Text entspricht der des Originaltextes.

1 Alle achten Klassen an eurer Schule beschließen gemeinsam, einen Poetry-Slam-Wettbewerb zu organisieren und setzen sich zunächst mit diesem modernen Lyrik-Format auseinander. Recherchiere im Netz und trage für ein Plakat zu dieser Veranstaltung Informationen zur **Entstehung dieses Formats** und **wichtige Vertreter** zusammen.

Fabian Navarro (geb. 1990 in Warstein) bezeichnet sich selbst als Autor, Slam Poet und Kulturveranstalter. Er studierte die deutsche Sprache und Literatur und Philosophie. Navarro wurde 2017 deutscher Vizemeister im Poetry Slam.

2 Als Vorbereitung beschäftigst du dich mit Texten erfolgreicher anderer Slammer, u. a. auch mit „Im Vorgarten Eden".
Ergänze den Steckbrief zum lyrischen Ich des Poetry-Slam-Textes „Im Vorgarten Eden" mit den entsprechenden Informationen so genau, wie es dir möglich ist.

Geschlecht? ______________________

Alter? ______________________

Wohnort? ______________________

Nationalität? ______________________

gegenwärtiger Aufenthaltsort? ______________________

3 Analysiere das Verhältnis von Autor und lyrischem Ich in Gedichten.
Wähle dazu bezogen auf Navarros „Im Vorgarten Eden" einer der folgenden Aufgaben:

- Kreuze die zutreffende Aussage zum lyrischen Ich im Text an.

  ○ Das lyrische Ich ist der Autor. ○ Das lyrische Ich ist nicht gleichzusetzen mit dem Autor.

- Bearbeite die blaue Aufgabe und begründe deine Entscheidung.

____

____

- Formuliere einen kurzen informierenden Text, in dem du auf das Verhältnis von Autor und lyrischem Ich im allgemeinen eingehst, aber auch die besondere Vortragssituation in Slam-Texten wie bei „Im Vorgarten Eden" berücksichtigst.

____

____

____

____

4 Halte im Heft stichpunktartig fest, was die vier Sinnabschnitte (A bis D) in Navarros Text konkret beinhalten und welche Intention Navarro damit zum Ausdruck bringen will. Übernimm dafür die Tabelle vier Mal (für die vier Sinnabschnitte) in dein Heft oder auf den Computer und fülle sie aus.

Sinnabschnitt A (B/C/D in deinem Heft): Verse ______	
Das wird inhaltlich konkret angesprochen:	Das deutet auf folgende Intention hin:

5 Mit Farben verbinden wir im Allgemeinen bestimmte Gefühle. Ordne den Sinnabschnitten folgende Farben zu: Blau, Grün, Regenbogenbunt, Grau. Begründe deine Entscheidung kurz in einem vollständigen Satz.

Sinnabschnitt A: ______

______

Sinnabschnitt B: ______

______

Sinnabschnitt C: ______

______

Sinnabschnitt D: ______

______

6 Das Gedicht ist nicht vollständig abgedruckt, sodass du durch eigene „Schlussvarianten" zeigen kannst, wie du das Gedicht verstehst. Bearbeite dazu eine der folgenden Aufgaben im Heft / am Computer:

- Ergänze die fehlende Antwort am Schluss des Gedichts.
- Schreibe eine Strophe, die den Slamtext inhaltlich sinnvoll fortsetzt.
- Bearbeite die rote Aufgabe und beende das Gedicht danach, wie es dir sinnvoll erscheint. Ahme dabei den Stil des Autors nach. Übe dafür, indem du den Text laut sprichst.

7 Untersuche, wodurch der Text an Anschaulichkeit gewinnt.
Suche dafür im Slamtext drei Vergleiche oder sprachliche Bilder/Metaphern (→ S. 118), die dir besonders gut gefallen. Kennzeichne sie farbig und nenne die Bedeutungsbereiche, aus denen die Bilder stammen.

Sprachbild 1: Vers ______ : ______

Sprachbild 2: Vers ______ : ______

Sprachbild 3: Vers ______ : ______

Bedeutungsbereich

8 Wörter lösen Gedanken und Gefühle aus, die die Stimmung in lyrischen Texten mit prägen. Notiere alle Assoziationen – unabhängig von der Bedeutung im Text –, die du zum Wort Kartoffel und zu dem Wort Pralinen hast.

9 In konkreter Verwendung in einem Text sind allerdings in der Regel nicht alle Bedeutungsmöglichkeiten eines Wortes oder Sprachbildes wichtig. Bearbeite dazu in deinem Heft eine der folgenden Aufgaben:

- Unterstreiche von deinen Einfällen aus Aufgabe 8 diejenigen, die zu der Kartoffelmetapher und Pralinenmetapher in Navarros Text passen.

  Beispiel: *Kartoffel als Bratkartoffel - lecker,* hat nichts mit dem Inhalt des Gedichts zu tun, *Kartoffel - Erde, Schmutz* dagegen schon

- Bearbeite die blaue Aufgabe und erkläre in deinem Heft oder am Computer zusätzlich entweder die Kartoffelmetapher oder die Pralinenmetapher in ein oder zwei Sätzen.

  So kannst du beginnen:

  Im Text wird das Leben als Sack Kartoffeln (Vers 50) bezeichnet. Dieses Bild macht deutlich, ...

- Bearbeite die rote Aufgabe und suche zusätzlich mindestens eine weitere Metapher im Text und erkläre diese wie oben.

10 Untersuche, wie die Komik in Navarros Slam-Text erzeugt wird.
Erkläre dafür in deinem Heft / am Computer in zwei bis drei Sätzen, warum folgende Verse jeweils witzig wirken. Die Begriffe im Wortspeicher helfen dir und sollten in deiner Antwort enthalten sein.

- Zwar ist die Jugend perspektivlos und säuft sich ständig nur voll /... aber die Landschaft ist toll (→ V. 53–54)
- Der Ort ist nicht verschlafen – er liegt im Koma / und jeder zweite Bewohner sieht aus wie Opa und Oma (→ V. 41–42)

Wortspeicher

Gegensatz – Reim – umgangssprachlich – bildungssprachlich – Vergleich – Übertreibung – Verbindung

11 Übe nun, den Text zu slammen. Nimm deine Endfassung auf und vergleiche sie anschließend mit der Fassung von Fabian Navarro [Mediencode 11048-24]. Notiere auffällige Abweichungen.

Zeitgeschichtliche Informationen bei der Deutung eines Gedichts aus einer anderen Zeit einbeziehen

Für den Slamwettbewerb wollen die Schülerinnen und Schüler inhaltlich verwandte Texte aus anderen Entstehungszeiten vortragen. Zu Navarros „Im Vorgarten Eden" (→ S. 68) passt das Gedicht von Annette von Droste-Hülshoff. Für einen guten Vortrag muss man sich mit dem Text genau auseinandersetzen.

Annette von Droste-Hülshoff (1797–1848) gilt als eine der besten deutschen Dichterinnen. Eingeengt durch die gesellschaftlichen Zwänge einer adligen Frau zu Beginn des 19. Jahrhunderts schuf sie sich als Dichterin und Komponistin intellektuelle und emanzipatorische Freiräume.

Annette von Droste-Hülshoff
Am Turme (1842)

Ich steh' auf hohem Balkone am Turm,
Umstrichen vom schreienden Stare,
Und lass' gleich einer Mänade[1] den Sturm
Mir wühlen im flatternden Haare;
O wilder Geselle, o toller Fant[2],
Ich möchte dich kräftig umschlingen,
Und, Sehne an Sehne, zwei Schritte vom Rand
Auf Tod und Leben dann ringen!

Und drunten seh' ich am Strand, so frisch
Wie spielende Doggen, die Wellen
Sich tummeln rings mit Geklaff[3] und Gezisch
Und glänzende Flocken schnellen.
O, springen möcht' ich hinein alsbald,
Recht in die tobende Meute,
Und jagen durch den korallenen Wald
Das Walross, die lustige Beute!

Und drüben seh' ich ein Wimpel wehn
So keck wie eine Standarte[4],
Seh' auf und nieder den Kiel[5] sich drehn
Von meiner luftigen Warte;
O, sitzen möcht' ich im kämpfenden Schiff,
Das Steuerruder ergreifen
Und zischend über das brandende Riff[5]
Wie eine Seemöve streifen.
Wär' ich ein Jäger auf freier Flur,
Ein Stück nur von einem Soldaten,
Wär' ich ein Mann doch mindestens nur,
So würde der Himmel mir raten;
Nun muss ich sitzen so fein und klar,
Gleich einem artigen Kinde,
Und darf nur heimlich lösen mein Haar
Und lassen es flattern im Winde!

[1] **die Mänaden:** Frauen, die den Gott Dyonisos in rauschhafter Verzückung als Priesterinnen verehren // [2] **der Fant:** junge Person mit wenig Erfahrung // [3] **das Geklaff:** Variante von Gekläff; lautes Bellen // [4] **die Standarte:** kleine viereckige Fahne als Hoheitszeichen eines Herrschers oder Staates // [5] **der Kiel:** tiefster Teil eines Schiffsrumpfes // [6] **das Riff:** lang gestreckte Reihe von Klippen oder schmale Sandbank im Meer vor der Küste

1 Nimm ein Papier zur Hand, das mindestens eine DIN-A4-Seite groß ist: Fertige eine Skizze der Szenerie aus dem Text an, auf der möglichst genau sichtbar wird, an welchem Ort sich das lyrische Ich in dem Gedicht befindet. Beschreibe entweder in Stichpunkten oder zeichne an entsprechende Stellen, was das lyrische Ich sieht.

2 Notiere auf deinem Blatt die Wünsche des lyrischen Ichs in Gedankenblasen.

3 Markiere alle Verben und Adjektive (auch Partizipien) im Gedicht, die mit Bewegung zu tun haben, in einer Farbe, in einer anderen Farbe diejenigen, die Ruhe und Stillstand ausdrücken. Beschreibe in deinem Heft oder auf dem Computer, wie sich beide Gruppen im Gedicht verteilen.

4 Untersuche, wie sich das lyrische Ich im Gedicht fühlt. Kreuze die zutreffenden Antworten an.

◯ Im Gedicht herrscht Ruhe und Stillstand vor, denn das lyrische Ich steht einfach da, ohne sich zu bewegen.

◯ Das lyrische Ich ist körperlich ruhig, aber in Gedanken in Bewegung.

◯ Das lyrische Ich ist so begeistert von möglichen Abenteuern, dass es den Entschluss fasst, sein Leben zu ändern und in die Welt aufzubrechen.

◯ Das lyrische Ich kann seine Situation nicht ändern und ist unzufrieden.

5 Belege im Heft deine Wahl in Aufgabe 4 mithilfe geeigneter Textstellen. Damit es dir leichter fällt, kannst du nach folgendem Muster vorgehen:

a) Behauptung = Aussage von Aufgabe 4, die du gewählt hast
b) Begründung mit eigenen Worten, Erklärung
c) Beispiel = Beleg am Text aus Aufgabe 3, den du wortgetreu wiedergibst (Zitat)

Tipp

Das kommt dir bekannt vor, oder? → Denke an ein vollständiges Argument! (→ S. 18) Wenn es dir nicht gelingt, dass du deine Wahl erklären und am Text belegen kannst, könnte es sein, dass sie nicht richtig ist.

6 Lies das Gedicht laut, während du im Zimmer dabei herumgehst. Probiere es so lange, bis das Sprechen des Textes beim Laufen gut funktioniert. Du kannst auch dazu klatschen. Bearbeite dann eine der folgenden Aufgaben in deinem Heft oder am Computer:

- Markiere in folgenden Wortgruppen die Silbengrenzen und setze auf jede betonte Silbe einen Schrägstrich wie im Beispiel: ***spielende Doggen – glänzende Flocken – kämpfenden Schiff – tobende Meute***

  Beispiel: *schréi/en/den Stá/re*

- Auch der Klang von Worten trägt zur Wirkung eines Gedichtes bei. Das können einzelne Wörter sein, die selbst lautmalerisch sind, oder einzelne Buchstaben, z. B. Wiederholungen am Wortanfang oder gleiche Vokale, die sich wiederholen.
  Suche entsprechende Stellen im Gedicht und notiere sie.

- Bearbeite die blaue Aufgabe und beschreibe, wie dieser Rhythmus, der im Gedicht immer wieder vorkommt, wirkt.

7 Nehmt nun in Lerngruppen jeweils verschiedene gesprochene Fassungen des Gedichtes auf. Bewertet die Qualität der Vorträge mit folgender Checkliste durch Kreuze auf der jeweiligen Skala.

Vortrag von:	Sehr gut … sehr schlecht
gute Textverständlichkeit	
angemessenes Sprechtempo	
ausreichend variierter Ausdruck	
emotional berührend	

8 Das lyrische Ich wünscht sich, mit dem Sturm zu kämpfen (Strophe I), im Meer zu schwimmen und zu jagen, ein Kampfschiff zu steuern und wie eine Seemöwe zu fliegen (Strophe II). Es weiß aber genau, dass es das nicht kann, weil es eine Frau ist.
Lies den folgenden Text, der Informationen über das Leben der Frauen in der ersten Hälfte des 19. Jahrhunderts enthält. Formuliere die wesentlichen Aussagen in deinen eigenen Worten in deinem Heft oder am Computer.

Fanny Lewald
Aristokratin und Großbürgerin (1861)

Das Staatsgesetz, das allgemeine Recht erklären die Frau ein für allemal als unmündig, wie sollte der Einzelne nicht geneigt sein, ein Gleiches zu tun. Wenn es einem Mädchen so gut wird, einen verständigen Vater zu haben, und von diesem einem verständigen Manne zur Frau gegeben zu werden, der ihr ihre Söhne und Töchter gut versorgt und gut erzieht, so mag sie ihr Leben hindurch in sanfter Abhängigkeit sich glücklich fühlen. Es mag dann sehr anmutig sein, sie sagen zu hören, dass sie von den Welthändeln nichts verstehe, dass sie von Geld und Erwerb nichts wisse, … dass es ihr weh getan, ihr Auge auf die Nacht- und Schattenseiten des Lebens zu richten … Der Prediger, der ihr die Leichenrede hält, mag von ihr sagen, sie habe sich das reine, sanfte, gehorsame Herz eines Kindes bewahrt.

Fanny Lewald (1811–1889) war eine deutsche Schriftstellerin, die 1843 ihren ersten Roman aus Rücksicht auf ihre Eltern anonym veröffentlichte.

9 Beziehe deine Ergebnisse aus Aufgabe 8 auf den Inhalt des Gedichts „Am Turme“.
Beschreibe in fünf bis sechs Sätzen in deinem Heft oder am Computer, welche Parallelen du siehst. Verwende, wenn es dir hilft, Formulierungen aus dem Formulierungsspeicher.

Formulierungsspeicher

Die Lebensbeschreibung von Fanny Lewald **legt nahe, dass …** – **Vergleicht man** die Situation des lyrische Ichs in Droste-Hülshoffs Gedicht mit … , **zeigt sich …** – **Sowohl** das lyrische Ich aus „Am Turme“ **als auch** die Verfasserin ihrer Lebensgeschichte, Fanny Lewald, … – **Wie** Droste-Hülshoff **ist auch** Fanny Lewald … – **Aus beiden Texten spricht …** – Das Rollenbild der Frau im 19. Jahrhundert **lässt wenig Spielraum …** – **Vergleicht man** die Rollenbilder der Frau im 19. Jahrhundert und heute …, so … – Beide Texte **lassen Rückschlüsse zu** auf … – **Während** das lyrische Ich bei Droste-Hülshoff …, **sieht** Fanny Lewald …

10 Erkläre, was die Haare in Droste-Hülshoffs Gedicht als Metapher bedeuten:

Die flatternden Haare stehen für ______________________

11 Schreibe in deinem Heft oder am Computer ein Parallelgedicht zu „Am Turme“ mit einem jugendlichen lyrischen Ich, das in unserer heutigen Gesellschaft lebt. Das Geschlecht spielt keine Rolle.

Form, Aufbau und Inhalt eines lyrischen Textes untersuchen

Wise Guys
Du stehst im Sturm (2015)

Du hast so lange geglaubt und gehofft,
dass das Gefühl nicht verweilt.
Hast dich versteckt und hast wirklich geglaubt,
dass diese Wunde verheilt.
Es wird ganz kalt, und man hört keinen Laut.
Bedrohlich und dunkel und groß.
Die Angst im Magen ist dir schon vertraut.
Du weißt es genau: Es geht los.
Frei, wer sich selber befreit.
Dieses Mal bist du bereit.

Du stehst im Sturm,
der Wind peitscht durch die Nacht.
Du hältst ihm stand.
Fest wie ein Turm,
der Wind hat keine Macht.
Du hältst ihm stand.

Bedroht, bedrängt, mit dem Rücken zur Wand,
verängstigt und ganz allein,
nur um Begrenzung des Schadens bemüht,
fühltest dich hilflos und klein.
Erst warst du still und hast dich nicht bewegt,
damit dich keiner mehr sieht.
Dann hast du den Schalter selbst umgelegt.
Bereit für das, was geschieht.
Du traust dir endlich was zu.
Der Schlüssel zur Wende bist du.

Du stehst im Sturm…

Du weißt jetzt, dass du autark[1] bist.
in allem, was du tust oder lässt.
Endlich spürst du, dass du stark bist.
Halt das Gefühl immer fest.
Halt das Gefühl immer fest.

Du stehst im Sturm…

[1] **autark:** unabhängig, auf niemanden angewiesen

1 Wer spricht hier? Setze den begonnen Satz fort.

Hier spricht kein lyrisches Ich, das im Text erkennbar ist. Vielmehr ______

2 Beschreibe in deinem Heft oder am Computer den inhaltlichen Aufbau des Gedichts in mindestens drei vollständigen Sätzen.

Tipp
Achte dabei auf die Zeitformen der Verben und in welcher Situation sich der Angesprochene in den verschiedenen Sinnabschnitten befindet.

3 Erkläre im Anschluss an den inhaltlichen Aufbau in deinen eigenen Worten die Lage und die Gefühle des Angesprochenen zu den verschiedenen Zeitpunkten. Stelle dabei eine chronologische Abfolge her.

4 Kennzeichne die Paar-Reime im Songtext. Erkläre, inwiefern sie die inhaltliche Aussage unterstützen.

5 Unterstreiche mit einer weiteren Farbe die Bilder (Vergleiche und Metaphern) und erkläre jeweils, was sie bedeuten.

Wenn du in diesem Test noch 😐 zeichnen musstest → SB-S. 160-173.

Dramentexte verstehen und die Interaktion der Figuren untersuchen

Max Frisch (1911–1991), Schweizer Schriftsteller

Das Drama „Biedermann und die Brandstifter" wurde von Max Frisch verfasst und 1958 uraufgeführt. Es handelt von Gottlieb Biedermann, der zwei Männer in seinem Haus einquartiert, obwohl sie von Anfang an erkennen lassen, dass sie Brandstifter sind und sein Haus anzünden wollen. Es zählt zu den am häufigsten aufgeführten deutschen Theaterstücken.

Gottlieb Biedermann besitzt ein großes Haus. Obwohl er ein misstrauischer Mensch ist und in der Stadt Brandstifter am Werk sind, lässt er Schmitz, der wohnungslos ist und sich als ehemaliger Ringer ausgibt, auf seinem Dachboden übernachten. Am nächsten Morgen geht Biedermann erbost nach oben, weil vom Dachboden aus die ganze Nacht über störende Geräusche kamen.

Dachboden

Schmitz, immer im Kostüm des Ringers, und der Andere, der seinen Frack ausgezogen hat und nur die weiße Weste trägt, sind dabei, Fässer über den Estrich zu rollen, Fässer aus Blech, wie sie zum Transport von Benzin üblich sind, alles so leise als möglich; beide haben ihre Schuhe ausgezogen.

Der Andere: Leise! Leise!

Schmitz: Und wenn er auf die Idee kommt und die Polizei ruft?

Der Andere: Vorwärts!

Schmitz: Was dann?

Der Andere: Langsam! Langsam … Halt.

Sie haben das Fass zu den anderen gerollt, die schon im Dämmerdunkel stehen:

Der Andere nimmt Putzfäden, um sich die Finger zu wischen.

Der Andere: Wieso soll er die Polizei rufen?

Schmitz: Wieso nicht?

Der Andere: Weil er selber strafbar ist. […]

Es klopft an der verriegelten Tür.

Biedermann: Aufmachen! Aufmachen!

Es poltert und rüttelt. […] Aufmachen! sagte ich. Sofort!

Es poltert mehr und mehr. Der Andere zieht seinen Frack an. Ohne Hast, aber flink. Er zieht die Krawatte zurecht und wischt sich den Staub ab, dann öffnet er die Tür: – Eintritt Biedermann im Morgenrock, wobei er den neuen Gesellen, da dieser hinter der aufgehenden Tür steht, nicht bemerkt.

Biedermann: Herr Schmitz!

Schmitz: Guten Morgen, Herr Biedermann, guten Morgen, hoffentlich hat Sie das blöde Gepolter nicht geweckt –

Biedermann: Herr Schmitz!

Schmitz: Soll nie wieder vorkommen.

Biedermann: Sie verlassen mein Haus.

Pause

Ich sage: Sie verlassen mein Haus!

Schmitz: Wann?

Biedermann: Sofort.

Schmitz: Wieso?

Biedermann: Oder meine Frau (ich kann und ich werde es nicht hindern!) ruft die Polizei. […]

Pause

Worauf warten Sie?

Schmitz, stumm, nimmt seine Schuhe.

Ich will keine Diskussionen!

Schmitz: Ich sag ja gar nichts.

Biedermann: Wenn Sie meinen, Herr Schmitz, ich lasse mir alles gefallen, bloß weil Sie ein Ringer sind – ein solches Gepolter die ganze Nacht!

Er zeigt mit gestrecktem Arm zur Tür.

Hinaus! Hinaus!, sag ich. Hinaus!

Schmitz spricht zum Andern hinüber.

Schmitz: So war er noch nie …

Biedermann dreht sich um und ist sprachlos.

Der Andere: Mein Name ist Eisenring.

Biedermann: Meine Herren –?

Eisenring: Wilhelm Eisenring.

Biedermann: Wieso, meine Herrn, wieso sind Sie plötzlich zwei?

Schmitz und Eisenring blicken einander an. Ohne zu fragen!

Eisenring: Siehst du.

Biedermann: Was soll das heißen?

Eisenring: Ich hab's dir ja gesagt. Das macht man nicht, Sepp, du hast kein Benehmen. Ohne zu fragen! Was ist das für eine Art: – Plötzlich sind wir zwei.

Biedermann: Ich bin außer mir.

Eisenring: Siehst du!
Er wendet sich an Biedermann.
Ich hab es ihm gesagt!
Er wendet sich an Schmitz.
Hab ich es dir nicht gesagt?
Schmitz schämt sich.

Biedermann: Was stellen Sie sich eigentlich vor, meine Herren? Schließlich und endlich, meine Herren, bin ich der Hauseigentümer. Ich frage: Was stellen Sie sich eigentlich vor?
Pause

Eisenring: Antworte, wenn der Herr dich fragt!
Pause

Schmitz: Der Willi ist doch mein Freund …

Biedermann: Und?

Schmitz: Da hab ich gedacht …

Biedermann: Was?

Schmitz: Da hab ich gedacht …
Pause

Eisenring: Nichts hast du gedacht!
Er wendet sich an Biedermann.
Ich versteh Sie vollkommen, Herr Biedermann. Alles was recht ist, aber schließlich und endlich – *Er schreit Schmitz an.*
Meinst du eigentlich, ein Hauseigentümer braucht sich alles gefallen zu lassen?
Er wendet sich an Biedermann.
Der Sepp hat Sie überhaupt nicht gefragt?

Biedermann: Kein Wort!

Eisenring: Sepp –

Biedermann: Kein Wort!

Eisenring: – und dann wunderst du dich, wenn man dich auf die Straße wirft?
Er schüttelt den Kopf und lacht wie über einen Dummkopf.

Biedermann: Es ist nicht zum Lachen, meine Herren. Es ist mir bitterernst, meine Herren. […] Meine Frau hat die halbe Nacht nicht geschlafen. Wegen dieser Polterei. Und überhaupt: – Was machen Sie da eigentlich?
Er sieht sich um.
Was, zum Teufel, sollen diese Fässer hier?
Schmitz und Eisenring sehen dahin, wo keine Fässer sind.
Hier! Bitte! Was ist das?
Er klopft auf ein Fass.
Was ist das?

Schmitz: Fässer …

Biedermann: Wo kommen die her?

Schmitz: Weißt du's, Willi? Wo sie herkommen […]

Inszenierung des Theaters an der Parkaue, Berlin, Premiere Januar 2017, Regie: David Czesienski

Eisenring und Schmitz suchen die Anschrift.

Biedermann: Ich bin sprachlos. Was stellen Sie sich eigentlich vor? Mein ganzer Dachboden voll Fässer – gestapelt, geradezu gestapelt! […]
Schmitz zeigt eine Etikette.

Schmitz: Hier, Herr Biedermann, hier ist die Etikette!

Biedermann: Ich bin sprachlos –

Schmitz: Hier steht's, wo sie herkommen. Hier.

Biedermann: – einfach sprachlos.
Er betrachtet die Etikette.

Biedermann: Benzin!? […] Ist das wahr, meine Herren, ist das wahr?

Eisenring: Was?

Biedermann: Was auf dieser Etikette steht.
Er zeigt ihnen die Etikette.
Wofür halten Sie mich eigentlich? Das ist mir noch nicht vorgekommen. Glauben Sie eigentlich, ich kann nicht lesen?
Sie betrachten die Etikette.

1 Die Unterteilung in Abschnitte hilft dir, den Inhalt der Szene strukturiert wiederzugeben. Fasse in einem Satz zusammen, was sich jeweils ereignet.

Absatz	Überschrift	Inhaltszusammenfassung
Z. 1–29		
Z. 29–61		
Z. 62–116		
Z. 117–146		

2 Vervollständige den folgenden Text, um die Absicht Biedermanns zu analysieren.

Biedermann betritt den Dachboden, um ______________________.

Sein Fazit („Ich bin sprachlos […] einfach sprachlos.", → Z. 134–136) zeigt allerdings, dass er

____

____.

3 Schmitz geht sehr strategisch vor, um dem Befehl von Biedermann zu entgehen.
Lies dazu Schmitz' Antworten und beachte die Regieanweisungen. Formuliere daraufhin auf Seite 79 je einen Satz zur Strategie von Schmitz. Die Redehandlungen im Wortspeicher können dir dabei helfen.

Wortspeicher

gehorchen – sich widersetzen – Gegenfrage stellen – widersprechen – zustimmen – Höflichkeit – beleidigend sein – Entgegenkommen signalisieren – Widerstand signalisieren – sich dumm stellen – zur Kenntnis nehmen – keine Konsequenzen ziehen – ablenken – fragen – nachhaken – anschreien – lachen – sich lustig machen – drohen – ankündigen

Auf seinen Befehl „Aufmachen! Sag ich. Sofort!“ (→ Z. 23 f.) und die Wut von Biedermann reagiert Schmitz, indem …

Auf seinen Befehl „Sie verlassen mein Haus!“, und seine verstärkte Drohung: „Oder meine Frau ruft die Polizei“ (→ Z. 39, 45 f.), veranlassen Schmitz dazu, …

Auf Biedermanns „Hinaus! Hinaus! Sag ich. Hinaus!“ (→ Z. 58) reagiert Schmitz, indem …

4 Nachdem Biedermann gemerkt hat, dass nicht nur Schmitz, sondern auch Eisenring auf seinem Dachboden ist, liegt eine verändert Personenkonstellation vor.
Stelle diese grafisch dar und verwende Pfeile →, um die Beziehungen zu charakterisieren (B = Biedermann, S = Schmitz, E = Eisenring).

Personenkonstellation:

5 Beschreibe nun in deinem Heft in einem kurzen Text, welche Rolle Schmitz in der Dreiergruppe spielt.

6 Eisenring hat keine Angst, dass Biedermann wegen ihrer Umtriebe auf dem Dachboden die Polizei holen könnte. Seine Begründung lautet „Weil er selber strafbar ist.“ (→ Z. 21)
Erläutere, wie diese Aussage zu verstehen ist, und welche Auswirkungen diese Zuschreibung auf die Rolle Biedermanns in dem Drama hat. So kannst du beginnen:

Gottfried Biedermann ist u.a. auch deshalb hilflos gegenüber dem Eindringen der Männer in sein Haus, weil er …

7 Die vorliegende Szene enthält viele Regieanweisungen. Suche für jede Art der Information zwei Beispiele und notiere sie.

Art der Regieanweisung	Beispiel 1	Beispiel 2
... zum Aussehen der Figuren:		
... zum Ort:		
... zum Handeln der Figur:		
... zur Interaktion der Figuren:		

8 Das Bild zeigt, wie die Figuren Schmitz und „Der Andere“ (Eisenring) in einer aktuellen Theater-Inszenierung dargestellt werden. Bearbeite in deinem Heft oder am Computer dazu eine der folgenden Aufgaben:

(von links nach rechts) Andrej von Sallwitz als Biedermann, Robert Zimmermann als Schmitz und Johannes Hendrick Langer als Eisenring

- Beschreibe das Aussehen (Kostüme und Maske) der drei Hauptfiguren.
- Bearbeite die blaue Aufgabe und stelle schriftlich Bezüge zum Handeln der Figuren im Drama her.
- Bearbeite die blaue und die rote Aufgabe. Bewerte anschließend begründet, ob du die Figurendarstellung für gelungen hältst.

9 Im Stück selbst gibt es Regieanweisungen zum Äußeren der Figuren, die von der gezeigten Inszenierung stark abweichen.
Schreibe in dein Heft oder am Computer einen kurzen kommentierenden Meinungsbeitrag (ca. 50 Wörter) zu der Frage, ob diese Abweichung aus deiner Sicher zulässig ist, oder nicht.

Im Drama Merkmale und Verhaltensweisen von Figuren untersuchen

1 In der folgenden Szene erfährt man viel über Biedermann. Lies die Szene und erstelle in deinem Heft oder am Computer eine Liste mit all seinen äußeren Merkmalen.

Stube

Biedermann steht im Mantel und Hut, Ledermappe unterm Arm, trinkt seinen Morgenkaffee und spricht zur Stube hinaus.

Biedermann – zum letzten Mal: Er ist kein Brandstifter!
Stimme: Woher weißt du das?
Biedermann: Ich habe ihn ja selbst gefragt... Und überhaupt: Kann man eigentlich nichts anderes mehr denken in dieser Welt? Das ist ja zum Verrücktwerden, ihr mit euren Brandstiftern die ganze Zeit –
Babette kommt mit einem Milchkrug.
Zum Verrücktwerden!
Babette: Schrei mich nicht an.
Biedermann: Ich schrei nicht dich an, Babette, ich schreie ganz allgemein.
Sie gießt Milch in seine Tasse.
Ich muss ja gehn!
Er trinkt seinen Kaffee, der zu heiß ist.
Wenn man jedermann für einen Brandstifter hält, wo führt das hin? Man muss auch ein bisschen Vertrauen haben, Babette, ein bisschen Vertrauen –
Er blickt auf seine Armbanduhr.
Babette: Du bist zu gutmütig. Das mach ich nicht mit, Gottlieb. Du lässt dein Herz sprechen, während ich die ganze Nacht nicht schlafen kann... ich will ihm ein Frühstück geben, aber dann, Gottlieb, schick ich ihn auf den Weg.

Inszenierung am Wiener Volkstheater von 2018/2019 (Regie: Viktór Bodo)

Biedermann: Tu das.
Er stellt die Tasse hin.
Ich muss zum Rechtsanwalt.
Er gibt Babette einen Gewohnheitskuss, in diesem Augenblick erscheint Schmitz, der ein Schaffell trägt; sie sehen ihn noch nicht.
Babette: Warum hast du Knechtling entlassen?
Biedermann: Weil ich ihn nicht mehr brauche.
Babette: Du warst immer so zufrieden mit ihm.
Biedermann: Das ist es ja, was er ausnutzen will. Beteiligung an seiner Erfindung! Und dabei weiß Knechtling ganz genau, was unser Haarwasser ist: eine kaufmännische Leistung, aber keine Erfindung. Lächerlich! Die guten

Leute, die unser Haarwasser auf die Glatze streichen, könnten ebenso gut ihren eigenen Harn –

Babette: Gottlieb!

Biedermann: Es ist aber auch wahr!

Er vergewissert sich, ob er alles in der Mappe hat.

Ich bin zu gutmütig, du hast recht: Diesem Knechtling werde ich die Kehle schon umdrehn.

Er will gehen und sieht Schmitz.

Schmitz: Guten Morgen, die Herrschaften!

Biedermann: Herr Schmitz –

Schmitz streckt ihm die Hand hin.

Schmitz: Sagen Sie doch einfach Sepp!

Biedermann gibt seine Hand nicht.

Biedermann: – meine Frau wird mit Ihnen sprechen, Herr Schmitz. Ich muss gehen. Leider. Ich wünsche Ihnen aber alles Gute …

Er schüttelt dem Schmitz die Hand.

Alles Gute, Sepp, alles Gute!

Biedermann geht weg.

2 Die folgende Mind-Map informiert über innere Merkmale Biedermanns. Ergänze Textstellen, die diese Merkmale belegen.

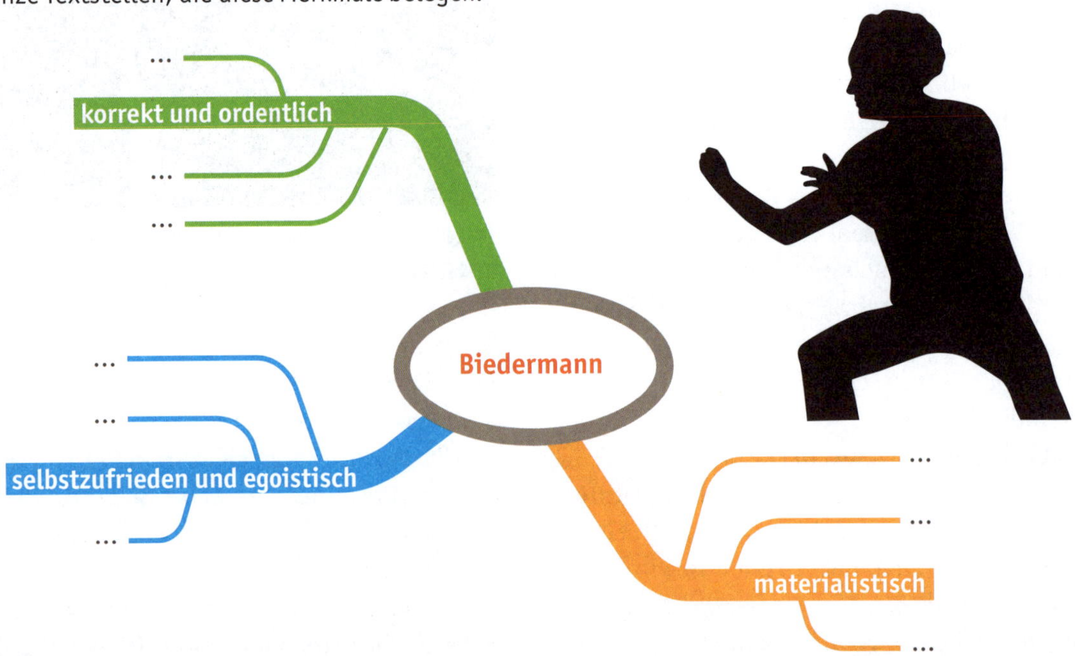

3 Beschreibe Biedermanns Verhalten gegenüber Knechtling in einem kurzen Text in deinem Heft oder am Computer und begründe sein Verhalten, nenne also sein Handlungsmotiv.

4 Welches innere Merkmal aus Aufgabe 3 drückt sich in Biedermanns Verhalten aus?

Notiere das passende Adjektiv! ______________________________

5 Personen können durch Verhaltensweisen und Äußerungen beschrieben werden, aber auch durch ihre Namen.
Begründe, warum die Namen „Gottlieb Biedermann" sowie „Knechtling" sogenannte sprechende Namen sind, also die Personen auch charakterisieren. Beziehe dazu die Erklärungen aus dem auf Seite 83 folgenden Kasten mit ein. Arbeite im Heft oder am Computer.
So kannst du beginnen:

Gottlieb Biedermann trägt seinen Namen, weil er …

Knechtling ist ebenfalls ein sprechender Name, weil …

Die Bezeichnung **„Biedermann"** oder „Spießer" bezeichnet einen bürgerlichen Menschen mit einem sehr engen geistigen Horizont. Der Spießer hat sich in seiner „kleinen Welt" (Haus, Wohnung) gemütlich eingerichtet und empfindet Störungen als lästig. Materieller Besitz und Sicherheit sind ihm wichtig, mit Kunst und wissenschaftlicher Gelehrsamkeit will er ebenso wenig zu tun haben wie mit fremden Menschen oder Menschen aus der Unterschicht. Das Bild, das andere von ihm haben, ist ihm wichtig, er will nach außen hin anständig und ehrbar wirken.

Der Begriff „Spießer" lässt sich auf die Pflicht des Bürgers in der mittelalterlichen Stadt zurückführen, diese zu verteidigen, wozu der Spieß diente. Der Wandel zu einer Bezeichnung für einen engstirnigen, kleingeistigen Menschen entstand im Lauf der Zeit.

6 Im Drama können Figuren auf unterschiedliche Arten beschrieben, auch charakterisiert, werden. So sagt Biedermann in dem Textauszug über sich: „Ich bin zu gutmütig, du hast recht." (→ Z. 51). Bearbeite dazu eine der folgenden Aufgaben:

- Erkläre, worauf genau Biedermann diese Aussage im Ausschnitt bezieht.

____

____

____

- Denkt Babette genauso? Ergänze dazu den folgenden Satz.

Auch Babette schimpft Biedermann als zu gutmütig, aber sie bezieht diese Aussage auf

______________________________,

während sie ihn sein Verhalten gegenüber Knechtling ______________________________

______________________________.

- Analysiere und beschreibe in einem kurzen Text das Verhältnis von Fremdeinschätzung und Selbsteinschätzung von Gottlieb Biedermann.

____

____

____

____

____

Dramentexte und ihre Figuren untersuchen

1 Es gibt drei literarische Großgattungen: Epik, Lyrik Dramatik. Jede zeichnet sich durch Besonderheiten aus. Kreuze diejenigen an, die im Drama üblich sind.

- ◯ Erzähler
- ◯ Regieanweisung
- ◯ Bühne
- ◯ Verse und Reime
- ◯ Monologe
- ◯ Leser
- ◯ Publikum
- ◯ Kapitel
- ◯ handelnde Schauspieler
- ◯ Akte und Szenen
- ◯ Dialoge
- ◯ Rollen

2 Bestimme die Redehandlung von Biedermann und Eisenring im folgenden Textausschnitt. Im Speicher sind die passenden Redehandlungen versteckt.

Beispiele: *Schmitz: Soll nie wieder vorkommen. = Er **verspricht** etwas.*

Biedermann: Meine Herren –?
Eisenring: Wilhelm Eisenring. **(1) Eisenring** ....
Biedermann: Wieso, meine Herrn, wieso sind Sie plötzlich zwei?
(2) Biedermann ....
Schmitz und Eisenring blicken einander an.
Ohne zu fragen! **(3) Biedermann** ....
Eisenring: Siehst du.
Biedermann: Was soll das heißen?
Eisenring: Ich hab's dir ja gesagt. Das macht man nicht, Sepp, du hast kein Benehmen. Ohne zu fragen! Was ist das für eine Art: – Plötzlich sind wir zwei.
(4) Eisenring ....
Biedermann: Ich bin außer mir. **(5) Biedermann** ....
Eisenring: Siehst du! **(6) Eisenring** ....
Er wendet sich an Biedermann.
Ich hab es ihm gesagt! **(7) Eisenring** ....

Speicher
sich bedanken – etwas klarstellen – sich vorstellen – widersprechen – etwas fragen – jemandem etwas vorwerfen – sich entschuldigen – Vorwürfe machen – etwas äußern – etwas bestätigen – etwas betonen – sich rechtfertigen – vor den Kopf stoßen – sich einschmeicheln

3 Formuliere in deinem Heft/am Computer fünf Fragen, die du dir stellen solltest, um ein Drama – vor allem auf der Bühne – zu verstehen.
Wenn du die Silben des Speichers zusammensetzt, erhältst du hilfreiche Stichpunkte.

Beispiel: *Wie handeln die Personen und warum handeln sie so? (Handlung)*

Silbenspeicher
lung – Per – bild – nen – stel – la – ti – on – Büh – Aus – se – In – ak – on – Sprach – ti – hand – kon – ~~lung~~ – nen – so – ter – hen – ~~Hand~~

4 Beschreibe die Konstellation von Biedermann, Eisenring und Schmitz in dieser Szene oder erstelle eine Skizze dazu in deinem Heft.

 Wenn du in diesem Test noch 😐 zeichnen musstest → SB-S. 178-193.

3.2 Sachtexte erschließen und für das Schreiben eigener Texte nutzen

Hier findest du Informationen im Schülerbuch: *S. 128–141*

Diese Kompetenzen trainierst du: *geeignete Lesestrategien zur Erschließung pragmatischer Texte anwenden, pragmatische Texte mit geeigneten Kategorien untersuchen: Intention, Adressatenbezug und Argumentation, sprachliche Mittel; Berichte, Nachrichten, Kommentare und Online-Kommentare analysieren und unterscheiden; einen informierenden Text kriterienorientiert verfassen und überarbeiten*

Hier findest du Hilfestellungen: *Nachschlagen im Arbeitsheft S. 119, im Schülerbuch S. 284–286*

Teste deinen Lernstand

Kennst du dich mit Sachtexten aus?

1 Wie gut kannst du Sachtextarten voneinander unterscheiden? Kreuze das für dich Zutreffende an und ergänze, wo gefordert, den Satz im Heft oder am Computer.

- ◯ Ich kann Kommentare, Nachrichten und Berichte nicht voneinander unterschieden.
- ◯ Ich bin mir unsicher. Ich erkenne kaum einen Unterschied, weil ...

  ____

- ◯ Ich kenne den Unterschied zwischen Nachrichten, Berichten und Kommentaren.

  Die Nachricht informiert ...

  Der Bericht ist ...

  Der Kommentar ist ...

2 Für die Schülerzeitung sollst du einen Bericht über das letzte Schulfest schreiben. Übertrage dafür die Tabelle in dein Heft oder baue sie am Computer nach und sammle Stichpunkte zu den einzelnen Merkmalen, die du bei deinem Zeitungsbericht beachten musst.

Merkmale	Textart: Bericht
Thema	
Adressat	
Textaufbau	
Tempus	
Intention	
Sprache/Stil	
Darauf muss ich achten:	

Sachtexte mit geeigneten Kategorien untersuchen und unterscheiden

Tareks Schule macht eine Projektwoche zum Thema „Textilindustrien in Entwicklungsländern". Tarek sucht dabei auch Informationen darüber, woher eigentlich seine Kleidung stammt.

1 Bei seiner Recherche stößt Tarek auf einen kurzen Text im Internet, in dem es um einen Unfall in einer Textilfabrik in Bangladesch geht.
Markiere im Text in unterschiedlichen Farben Informationen, die Antwort auf die W-Fragen geben.

Panorama – Mehr als 100 Tote bei Großbrand

Unglücksfabrik in Bangladesch produzierte auch für ein Bekleidungsunternehmen mit Sitz u. a. in Deutschland

Todesfalle Textilfabrik: Mehr als 100 Menschen sterben in einem Inferno. Von den Produktionshalle in Bangladesch bleiben nach dem Brand nur noch verkohlte Trümmer übrig. Auch ein Bekleidungsunternehmen mit Sitz in Deutschland wurde von der Fabrik beliefert.

(am 25.11.2012 gefunden auf www.haz.de (Hannoversche Allgemeine))

2 Welche Antwort (a – g) passt zu welcher W-Frage? Ordne diese – soweit möglich – den Fragen (1–9) zu. Markiere dann die Fragen in Rot, auf die der Text keine Antworten gibt, und die Fragen, die über den Brand hinausgehen, in Blau.

1. Was ist passiert?
3. Wie ist es passiert?
2. Wem ist etwas passiert?
4. Warum ist es passiert?
5. Wann ist es passiert?
7. Aus welcher Quelle stammen die Informationen?
6. Wo hat das Geschehen stattgefunden?
8. An wen richtet sich der Text?
9. Welche Absicht verfolgt der Autor des Textes?

a) Es ist im November 2012 passiert.

b) Der Autor möchte die Menschen über ein Unglück informieren.

d) Bei einem Brand sterben viele Menschen.

c) Die Informationen wurden der Internetseite der Hannoverschen Allgemeinen entnommen.

f) Mehr als 100 Menschen sterben bei einem Brand in einer Textilfabrik.

e) Die Nachricht ist an Leser der Hannoverschen Allgemeinen und zufällige Internetleser gerichtet.

g) In Bangladesch ist es passiert.

3 Um welche Textart handelt es sich? Wähle eine der folgenden Aufgaben aus:

- Kreuze die richtige Textart (→ S. 119) an und nenne einen Grund für deine Entscheidung.

○ Kommentar ○ Nachricht

○ Bericht ○ Online-Kommentar

Begründung: ______________________________

____

- Vervollständige den Lückentext.

Es handelt sich um eine ______________. Darin werden meist die vier W-Fragen (________ ________ ________ ________) rein ______________ beantwortet, damit die Leserinnen und Leser über ein wichtigstes aktuelles Ereignis ______________ werden und deren Interesse daran geweckt wird, den ausführlichen Bericht auf einer der nachfolgenden Zeitungsseiten zu lesen.

- Erläutere, um welche Textart es sich handelt, und begründe deine Entscheidung. Grenze die Textart von den anderen Sachtextarten ab. Arbeite in deinem Heft oder am Computer.

4 Schätze Qualität bzw. Glaubwürdigkeit des Textes ein. Mache ein Kreuz auf der Skala und begründe stichpunktartig deine Einschätzung.

nicht glaubwürdig ←——————————→ sehr glaubwürdig

Begründung: ______________________________

____

____

5 Lies den Text auf der nächsten Seite navigierend (→ Umschlagklappe), den Tarek weiter hinten in der Zeitung entdeckt und von dem er meint, dass er ein Bericht sei. Kreuze die passende Begründung an.

○ Der Text ist ein Bericht, weil sich die wichtigsten W-Fragen zu dem Ereignis beantworten lassen.

○ Der Text ist wie ein Bericht aufgebaut: Schlagzeile, Unterzeile, Kurzzusammenfassung gefolgt vom Haupttext mit vielen Hintergrundinformationen zu dem Ereignis.

○ Der Text ist ein Bericht, weil er zahlreiche Stellungnahmen des Autors enthält.

Bangladesch trauert um die Toten der Brandkatastrophe

Bei dem Brand starben mehr als 100 Menschen, über 200 weitere wurden verletzt.

(dpa) Nach dem fatalen Brand in einer Textilfabrik ist die Empörung groß in Bangladesch. Wütende Arbeiter protestieren gegen die schlechten Arbeitsbedingungen. Die Regierung ruft einen Tag der Trauer aus.

Dhaka: Wut und Trauer in Bangladesch: Nach dem verheerenden Großbrand in einer Textilfabrik gedenkt das Land der mehr als 100 Toten. Die Regierung erklärte den Dienstag zum offiziellen Trauertag, wie ein Sprecher in Dhaka sagte. Mehrere tausend Textilarbeiter errichteten aus Protest gegen die schlechten Arbeitsbedingungen in den Unternehmen Barrikaden auf den Straßen. Viele Fabriken im Industriegebiet Ashulia blieben geschlossen. Ein weiteres Feuer in einer Bekleidungsfabrik am Rand der Hauptstadt hielt die Menschen in Atem. Über Verletzte wurde dort zunächst nichts bekannt.

Das Kabinett entschied am ersten Sitzungstag nach der Tragödie, den Dienstag zum nationalen Tag der Trauer zu erklären. Die Nationalflagge soll auf halbmast wehen und alle Textilfabriken im Land, die Millionen Menschen beschäftigen, geschlossen bleiben. Doch schon am Montag erschienen viele Arbeiter nicht in den Betrieben, da Premierministerin Sheikh Hasina ursprünglich schon an diesem Tag offiziell trauern wollte. Einige Fabriken erklärten daraufhin einen ungeplanten freien Tag.

Unterdessen blockierten wütende Arbeiter das Industriegebiet Ashulia. Dort hatte das verheerende Feuer am Samstagabend in einer Fabrik gewütet, die auch für deutsche und […] europäische und US-amerikanische Firmen produzierte. Überlebende des Brandes […] und ihre Kollegen von angrenzenden Gebäuden forderten lautstark mehr Sicherheit an ihren Arbeitsplätzen, sagte ein Polizeisprecher. Auch verlangten sie die Bestrafung der Verantwortlichen. Die Polizei verstärkte ihre Präsenz in dem Industriegebiet, um Unruhen zu verhindern.

Zudem appellierten die Textilarbeiter an die Behörden, die exakte Zahl der Toten zu ermitteln. Sie vermissten nach wie vor viele ihrer Kollegen. Die Feuerwehr hatte die Zahl der gefundenen Leichen zuletzt mit 109 angegeben, etwa 200 Menschen seien verletzt worden, einige von ihnen schwer.

Die Behörden erklärten, sie hätten bisher 48 Leichen an die Angehörigen übergeben. Weitere Tote seien in ein Krankenhaus in Dhaka gebracht worden. Dort sollten DNA-Proben zur Identifizierung entnommen werden. Einige der Körper waren bis zur Unkenntlichkeit verbrannt. Die Nichtregierungsorganisation Anjuman-e-Mafidul Islam bot an, die Beerdigungen zu übernehmen.

Die Brandursache wurde noch untersucht. Ermittler begingen die ausgebrannte Fabrik am Montag und wollten ihren Bericht in den kommenden beiden Wochen der Regierung vorlegen. Überlebende sprachen von einem Kurzschluss, der das Feuer ausgelöst haben könnte. Der Verband der Textilhersteller und -exporteure in Bangladesch versprach neben einer Entschädigung für die Angehörigen der Toten, auch die Kosten für die medizinische Behandlung der Verwundeten zu übernehmen. Jede Familie, die einen Toten zu beklagen hat, solle 1230 Dollar (umgerechnet 948 Euro) erhalten.

Am Montagvormittag brach erneut ein Brand in einem Bekleidungsbetrieb am Rande der Hauptstadt Dhaka aus. Die Feuerwehr schickte zahlreiche Einheiten zu dem zwölfstöckigen Gebäude im Stadtteil Uttara, wie ein Sprecher mitteilte. Das Feuer in dem Gebäude, das mehrere Näh-Fabriken beherbergt, konnte demnach schnell unter Kontrolle gebracht werden.

www.haz.de (Hannoversche Allgemeine) am 26.11.2012

6 Ordne die folgenden Begriffe für den Aufbau des Textes an den entsprechenden Stellen zu.

Begriffspeicher
① Body – ② Einzelheiten und Hintergrundinformationen zu Ursachen und Folgen des Unglücks – ③ Schlagzeile – ④ Kurzzusammenfassung – ⑤ Haupttext – ⑥ Untertitel – ⑦ Lead

7 Welche kommunikative Absicht (Intention) verfolgt der Autor mit seinem Bericht?
Kreuze das Zutreffende an und begründe deine Meinung.

☒ informieren ○ überzeugen ○ appellieren

Begründung: Meiner Meinung nach ist dies ein informierender Text, weil es sehr Objektiv geschrieben ist und keine eigene Meinung enthält.

8 Tarek findet zu seiner Bestürzung sehr viele Texte zu Unglücken in Textilfabriken in Bangladesch.
Beim folgenden will er den Aufbau nachvollziehen.
Hilf ihm und unterstreiche **rot** wichtige Informationen zu dem Ablauf des Fabrikunfalls und **blau** aus dem Unfall resultierende Konsequenzen.

Textilindustrie in Bangladesch:

Deutschland sollte Anschubfinanzierung[1] für eine Unfallversicherung leisten

Von Timot Szent-Ivanyi

Es war der größte Fabrikunfall in der Geschichte von Bangladesch. Am Morgen des 24. April 2013 kollabierte der Gebäudekomplex Rana Plaza, in dem Dutzende Textilfirmen untergebracht waren. 1127 Menschen wurden getötet, 2438 zum Teil schwer verletzt. Seitdem ist einiges passiert in der bangladeschischen Textilindustrie: Zumindest in den Fabriken, die direkt für internationale Modeunternehmen produzieren, wurden die Gebäude sicherer gemacht, Fluchtwege angelegt und Brandschutztüren eingebaut. Die Kontrollen wurden verstärkt, die Löhne angehoben.

Im Fall von Rana Plaza hat auch die Entschädigung der verletzten Opfer und der Hinterbliebenen vergleichsweise gut geklappt. Die Unternehmen zahlten 30 Millionen Dollar in einen Entschädigungsfonds. Das gute Beispiel darf aber nicht darüber hinwegtäuschen, dass genau hier das Problem liegt: Die Opfer derartiger Unfälle sind in der Regel auf den guten Willen der Unternehmen angewiesen. Der ist oft nicht ansatzweise vorhanden.

Daher ist es zu begrüßen, dass Deutschland Bangladesch beim Aufbau einer gesetzlichen Unfallversicherung[2] hilft. Die Finanzierung von Stipendien, um entsprechendes Fachwissen zu erwerben, kann allerdings nur ein erster Schritt sein. Vielmehr sollte überlegt werden, ob sich Deutschland beispielsweise an einer Anschubfinanzierung für eine derartige Versicherung beteiligt. Das wäre gut angelegte Entwicklungshilfe.

RND Redaktionsnetzwerk Deutschland GmbH, 27.08.2015

[1] **Anschubfinanzierung:** Banken, private Geldgeber oder auch Staaten ermöglichen damit Projekte, Ideen etc., von deren Erfolg oder Sinnhaftigkeit sie überzeugt sind, durch Zurverfügungstellen von Geldmitteln

[2] **Unfallversicherung:** eine Versicherung gegen die Folgen eines Unfalls, sowohl die akuten als auch die längerfristigen z.B. in Form einer leichten oder schweren Invalidität, teils auch gegen die Todesfolge

9 Untersuche den Aufbau des Textes von Timot Szent-Ivanyi.
Trage deine Ergebnisse in die Tabelle ein. Wenn du mehr Platz brauchst, kannst du am Computer in die digitale Fassung [Mediencode 11048-25] arbeiten.

Aufgaben	Lösungen
• **Zur Überschrift:** Notiere, wie das Interesse des Lesers durch die Überschrift „Deutschland sollte Anschubfinanzierung für eine Unfallversicherung leisten“ geweckt wird.	Das Interesse der Mensche sollte die Schlagwörter durch Anschubfinanzierung und Unfallversicherung leisten geweckt werden.
• **Zum Textanfang:** Formuliere das Thema und die Intention des Autors in einem oder zwei Sätzen.	Verbrand ~~im~~ in Bangdalesch + Anschubsfinanzierung + Unfallsversicherung
• **Zum Text insgesamt:** Analysiere die argumentative Vorgehensweise des Autors und die dafür eingesetzten sprachlichen Mittel (z. B. bildliche Sprache, wertende Adjektive und Adverbien ...).	Z. 15-19 b.S. kollabiert der Gebäudekomplex A: größte, gute, verstärkt
• **Zum Textende:** Notiere, womit der Text endet.	Schluss wie bei einer Erörterung, da ein Wunsch geäußert wird

10 Benenne die Textart und begründe deine Entscheidung.
Es ist ein Kommentar, da der Autor namentlich genannt wird und einen Meinung erkennen kann.

11 Bist du der gleichen Ansicht wie der Autor?
Begründe deine Meinung in einem Text mit ca. 150 Wörtern in deinem Heft. Du sollst dich in deiner Meinungsäußerung auf den Text von → Seite 89 beziehen. Folgende Formulierungen können dir dabei helfen.

Formulierungsspeicher

- Der Text thematisiert … / In dem Text geht es um … / Der Text handelt von …
- Die Autorin / der Autor ist der Meinung / Ansicht / findet es gut / schlecht / vertritt die Meinung …
- Das Interesse der Leserinnen und Leser wird (nicht) dadurch geweckt, dass …
- Der Autor argumentiert / legt sehr plausibel dar / verdeutlicht, dass …
- Die Sprachbilder verdeutlichen / betonen / zeigen anschaulich …
- Die wertenden Adjektive und Adverbien beeinflussen … / dienen der Meinungsbildung in eine bestimmte Richtung …
- Der Autor möchte die Leserinnen und Leser manipulieren / überzeugen / informieren
- Ich stimme der Meinung des … zu / Im Gegensatz zum Autor, bin ich der Meinung … / Ich würde in Übereinstimmung mit dem Autor vorschlagen … / Ich muss dem Autor in … widersprechen …

12 Im Netz kommentieren viele Menschen den Text von Timot Szent-Ivanyi.
Fasse das Thema des nachfolgenden Online-Kommentars in einem Satz zusammen.

____

____

Wer ist schuld und wer sollte endlich etwas unternehmen? Schiebt man den großen Modefirmen allein die Schuld in die Schuhe und zieht nur sie zur Verantwortung, dann macht man es sich ein bisschen zu einfach. Was ist mit den Fabrikbesitzern vor Ort? Den gierigen Chefs der Fabriken sind humane und sichere Arbeitsbedingungen doch vollkommen egal.
Aber auch wir alle, die diese billigen Klamotten kaufen, sind in der Pflicht, die armen jungen Mädchen und Frauen in Bangladesch nicht im Stich zu lassen. Warum sorgen wir nicht für eine Kontrolle der großen Unternehmen und der Fabriken vor Ort? Warum unterstützen wir die Näherinnen nicht finanziell und organisieren Demonstrationen vor den Türen der Fabriken? Lehnen wir uns weiter zurück, dann lässt die nächste Katastrophe sicherlich nicht lange auf sich warten. Wir alle können helfen, das zu verhindern. Zum Beispiel könnten wir für nur wenige Euro mehr Klamotten mit guter Qualität kaufen oder endlich selbst auf die Straße gehen, um zu demonstrieren. Oder wir fragen als Kunden immer wieder bei den Modefirmen nach, um sie zum Handeln zu zwingen. Offen gesagt, weiß ich aber selbst nicht, wo man am besten anfängt.

Kaia — 18. Januar 2016

13 Unterstreiche Textstellen, die diesen Text von einem bloßen Bericht unterscheiden.

14 Erläutere in deinem Heft, an welche Adressaten sich der Text richtet und was die Verfasserin erreichen möchte.

Sprachliche Gestaltung von Sachtexten untersuchen und deren Funktion für Textkohärenz und Überzeugungskraft analysieren

Für das Verfassen eigener kohärenter Texte, die deine jeweilige Intention überzeugend vermitteln, lernst du am besten von Profis, also von Zeitungsjournalisten.

Von Profis lernen

1 Analysiere dafür die sprachlichen Mittel des Textes **„Textilindustrie in Bangladesch: Deutschland sollte Anschubfinanzierung für eine Unfallversicherung leisten“** (→ S. 89) und bestimme die jeweilige Funktion des Textbeispiels. Ein Beispiel ist vorgegeben.

sprachliche Mittel	Textbeispiel	Funktion
bildliche Sprache (genau: Personifikation)		
wertende Adjektive und Zahlwörter	größte (Z. 1)	Superlative zeigen die Intensität, (sollten aber nicht zu häufig verwendet werden, sonst verpuffen sie)
wertende Adverbien		

2 Wie viel Wertung und wie viel rein sachliche Information steckt in dem Text „Textilindustrie in Bangladesch: Deutschland sollte Anschubfinanzierung für eine Unfallversicherung leisten" (→ S. 89)? Bearbeite dazu eine der folgenden Aufgaben:

■ Kreuze in der nachfolgenden Tabelle an, welche Aussagen des Textes rein sachlich informierend, welche wertend sind.
Zähle anschließend im gesamten Text die sachlichen Informationen und die wertenden Aussagen.

Textauszug	sachlich	wertend
① Im Fall von Rana Plaza hat auch die Entschädigung der verletzten Opfer und der Hinterbliebenen vergleichsweise gut geklappt.	○	○
② Die Opfer derartiger Unfälle sind in der Regel auf den guten Willen der Unternehmen angewiesen. Der ist oft nicht ansatzweise vorhanden.	○	○
③ Daher ist es zu begrüßen, dass Deutschland Bangladesch beim Aufbau einer gesetzlichen Unfallversicherung hilft.	○	○
④ Am Morgen des 24. April 2013 kollabierte der Gebäudekomplex Rana Plaza, in dem Dutzende Textilfirmen untergebracht waren.	○	○
⑤ 1127 Menschen wurden getötet, 2438 zum Teil schwer verletzt.	○	○

■ Bearbeite die blaue Aufgabe und finde zusätzlich jeweils noch je zwei sachliche und zwei wertende Textpassagen. Notiere, was du dabei feststellst.

■ Schreibe in dein Heft oder am Computer einen Leserbrief zu dem Artikel, in dem du Szent-Ivanyi begründet zustimmst oder gegen seine Position argumentierst.
Formuliere dafür zunächst deine Position. (→ S. 16 bis 23).

3 Du hast dich bereits mit den wertenden Passagen des Online-Kommentars von Kaia auseinandergesetzt (→ Aufgabe 13 / S. 91). Nun soll deren jeweilige Funktion genauer untersucht werden. Die vorliegende Tabelle ist durcheinandergeraten. Verbinde mit Pfeilen die Aussagen der Autorin (a–f) mit der entsprechenden Funktion (1–6) und fülle die Lücke unter (4).

kommentierende Textpassage	?	Funktion: Was will die Autorin erreichen?
(a) „Schiebt man den großen Modefirmen allein die Schuld in die Schuhe [...], dann macht man es sich ein bisschen zu einfach." (Z. 1–3)		(1) Die Autorin des Online-Kommentars macht deutlich, dass nicht nur Frauen, sondern auch Mädchen, also Kinder, in den Textilfabriken in Bangladesch arbeiten. Den Kindern wird somit ihre Kindheit geraubt. Diese Aussage wird durch die Verwendung des Adjektivs „armen" noch verstärkt.
(b) „Den gierigen Chefs der Fabriken" (Z. 3)		(2) Die Autorin möchte durch die Verwendung der Verbindung „ein bisschen" deutlich machen, dass es auf keinen Fall ausreicht, nur die großen Modefirmen in die Pflicht zu nehmen. Auch die Fabrikbesitzer vor Ort und die Kunden müssen ihren Beitrag leisten, wenn die Arbeitsbedingungen der Näherinnen verbessert werden sollen.
(c) „die armen jungen Mädchen und Frauen in Bangladesch" (Z. 5 f.)		(3) Die Autorin des Online-Kommentars fällt mit dem sehr abwertenden Adjektiv „gierig" weit vorne im Text gleich ein sehr schlechtes Urteil über den Charakter der Fabrikbesitzer. Der Leser erkennt sofort, auf welcher Seite die Kommentatorin steht.
(d) „Wir alle können helfen, das zu verhindern." (Z. 10)		(4) ____________________
(e) „oder endlich selbst auf die Straße gehen, um zu demonstrieren" (Z. 11)		(5) Durch die Verwendung von rhetorischen Fragen führt die Autorin den Lesern an verschiedenen Stellen vor Augen, dass bestimmte Handlungsoptionen auf der Hand lägen, diese aber nicht wahrgenommen werden.
(f) Warum sorgen wir nicht für eine Kontrolle der großen Unternehmen und der Fabriken vor Ort? Warum unterstützen wir die Näherinnen nicht finanziell und organisieren Demonstrationen vor den Türen der Fabriken? (Z. 6–8)		(6) Die Autorin des Online-Kommentars nimmt die Leser in Deutschland in die Pflicht, sich zu engagieren.

4 Untersuche den Aufbau des Online-Kommentars, indem du den Lückentext ergänzt.
Nutze, wenn du mehr Platz brauchst, die digitale Fassung [Mediencode 11048-26].

Thema des Textes: Der Online-Kommentar ruft dazu auf, dass alle, die vom System der Billigbekleidungsproduktion profitieren, etwas zur Verbesserung der Missstände beitragen müssen.

Aufbau des Textes: Zunächst geht die Autorin des Online-Kommentars auf die Gier der Fabrikbesitzer ein. Sie behauptet, dass diese …

____.

Im nächsten Absatz spricht sich die Kommentatorin für eine breite Unterstützung der Arbeiterinnen aus. Dabei geht sie auf eine Reihe von Möglichkeiten ein, wie das geschehen könnte: …

____.

In diesem Zusammenhang warnt sie vor …

____.

Zum Schluss appelliert die Autorin an die Leser und Leserinnen, indem sie …

____.

Eingesetzte sprachliche Mittel: Die Autorin setzt zahlreiche wertende Adjektive und Adverbien ein, um die Dringlichkeit ihres Aufrufs zu unterstützen. Angefangen mit …

____

____.

Darüber hinaus verdeutlicht die bildhafte Redewendung „die Schuld in die Schuhe schieben" …

____

____.

Auch hat die Personifikation „lässt die nächste Katastrophe […] nicht lange auf sich warten" die Wirkung, dass …

____.

Außerdem weist die Autorin in zahlreichen rhetorischen Fragen …

____

____.

Am Ende räumt die Autorin ein, dass sie zwar viele Ideen zur Verbesserung der Situation habe, dass sie aber …

____.

5 Markiere alle Elemente deiner nun vollständigen Textbeschreibung auf S. 95, die zur Schaffung eines kohärenten Textes beitragen.

6 Samuel hat folgenden Kommentar für die Kommentarseite des politischen Magazins zu dem Text geschrieben. Markiere im Text alle Fehler, die dir aus folgenden Bereichen an dem Text auffallen:

- Grammatik (Gr)
- Tempus (T)
- Rechtschreibung (R)
- Ausdruck (A)
- Textkohärenz
- Stil

ACHTUNG FEHLER!

Der Artickel von der dpa über Brandkatastrophen in Textilfabriken in Bangladesch und deren Folgen macht mich echt voll wütend. Man muss doch endlich etwas tun gegen die schlechten und gefährlichen Arbeitsbedingungen in den Textilfabriken in Bangladesch.

Der Bericht gibt an, das bei einem Brand in einer Texttilfabrik dort über 100 Menschen gestorben sind und noch viel mehr verletzt wurden. Die Regierung hat einen offiziellen Trauertag ausgerufen. Sonst passiert nicht viel. Viele Textilarbeiter gingen aus Protest auf die Straßen und errichteten Barikaden. Die Textilarbeiter haben an die Behörden appelliert, die genaue Zahl der Toten zu ermitteln. Die genaue Brandursache wird noch ermittelt und die Leichen sollen durch DNA-Analysen identifiziert werden.

Der Verband der Textilhersteller wollen zwar die Angehörigen der Opfer entschädigen und die Kosten für medizinische Behandlung der Verletzten übernehmen, aber ob das dauerhaft und nachhaltig an den schlimmen Arbeitsbedingungen in den Textilfabriken in Bangladesch ändert, wer glaubt schon daran? Das ist doch eine Megakatastrophe. Noch während man sich mit den Folgen der einen Katastrophe befasste, brach in anderen Bekleidungsfabriken Feuer aus. Nach meiner Ansicht wird sich an diesen schlimmen Zuständen nur dann etwas ändern, wenn wir in den Industriestaaten keine Kleidung mehr kaufen, die unter diesen Umständen produziert werden.

Die Regierung hat einen offiziellen Trauertag ausgerufen. Sonst passiert nicht viel. Viele Textilarbeiter gingen aus Protest auf die Straßen und errichteten Barikaden. Die Textilarbeiter haben an die Behörden appelliert, die genaue Zahl der Toten zu ermitteln. Die genaue Brandursache wird noch ermittelt und die Leichen sollen durch DNA-Analysen identifiziert werden.

Kommentar: Samuel, dieser Teil ist nicht zusammenhängend, also kohärent, formuliert. Das musst du besser verknüpfen. Nutze Subjunktionen und / oder Adverbien.
Ein Schreibfehler ist auch noch stehengeblieben.

7 Anna hat Samuel auf Fehler in seinem Text mit der Kommentarfunktion aufmerksam gemacht. Beachte diese Kommentare, wenn du nun selbst eine verbesserte Fassung des Textes am Computer schreibst.
Die digitale Fassung des Fehlertextes findest du unter dem [Mediencode 11048-27].

Qualität von Sachtexten prüfen, Informationen entnehmen und auf deren Basis eigene kommentierende Texte verfassen

1 Lies den folgenden Zeitungsartikel zunächst diagonal (→ Lesestrategien in der Umschlagklappe) und verschaffe dir so einen ersten Überblick über seine Inhalte.
Lies ihn dann selektiv und notiere dabei am Rande Antworten, die der Text auf die W-Fragen gibt.

Gedenken an Fabrikeinsturz in Bangladesch
Die lebensgefährliche Schufterei der Textilarbeiter

(nck/AFP/dpa) Mehr als tausend Menschen starben bei dem Einsturz einer Textilfabrik in Bangladesch vor zwei Jahren, unzählige wurden verletzt. Zum Gedenken versammeln sich Hunderte Arbeiter – die Zustände haben sich aber kaum verbessert.

Zwei Jahre nach dem Einsturz des Fabrikgebäudes Rana Plaza ist die Arbeit in den Textilfabriken Bangladeschs nach wie vor hochgefährlich – Gewerkschaften beklagen mangelnde Sicherheitsstandards. Es sei „inakzeptable Realität", dass nicht eine einzige Textilfabrik zu hundert Prozent sicher für die Arbeiter sei, teilt die Arbeitsschutzorganisation IndustriALL mit Sitz in der Schweiz am Donnerstag mit.

Die nach dem Unglück vereinbarten Nachbesserungen in den Fabriken verzögerten sich erheblich. „Es hat wichtige Fortschritte gegeben, aber die Tatsache, dass alle Sanierungen hinterherhinken, einige von ihnen mehr als sechs Monate, ist ein ernstes Problem."

Beim Einsturz des Rana-Plaza-Komplexes am 24. April 2013 waren 1138 Textilarbeiter ums Leben gekommen. Ermittlungen zufolge stürzte das Gebäude unter dem Gewicht illegal errichteter Stockwerke und schwerer Maschinen ein. Zahlreiche westliche Firmen hatten dort Kleider nähen lassen. Sie versprachen nach dem Unglück, nicht nur die Entlohnung, sondern auch die Arbeitsbedingungen zu verbessern.

Mitglieder des größten Textilverbands in Bangladesch schmückten am Donnerstag Gräber der Opfer mit Kränzen. Am Unglücksort bei Dhaka versammelten sich Hunderte Textilarbeiter und Gewerkschaftsvertreter. Auch sie legten Blumenkränze nieder.

Nach Angaben der Internationalen Arbeitsorganisation (ILO) sind bisher 2500 der rund 4500 Textilfabriken des Landes auf ihre Sicherheit hin untersucht worden. Geprüft wurden etwa die Feuerschutzvorrichtungen und die elektrischen Leitungen.

Auch [... eine] Billigmodekette [...] sieht weiter schockierende Zustände in vielen Produktionsstätten in dem Land. „Es wäre das Beste, wenn man die unsicheren Fabriken schließen würde", sagte Paul Lister, Ethikbeauftragter und Mitglied der Geschäftsführung, am Donnerstag. Von rund 4500 Textilfabriken in Bangladesch seien 1500 in einem „akzeptablen Zustand". In einem Teil der anderen Fabriken seien die Arbeitsbedingungen aber weiter schlimm.

[... Die Billigmodekette] will aber weiter in Bangladesch fertigen: Etwa 14 Prozent der eigenen Ware werde dort hergestellt. „Wir brauchen große und effektive Fabriken, um riesige Mengen zu produzieren", sagte Lister. „Das ist einer der Gründe, warum wir zu niedrigen Preisen verkaufen können."

Die Menschenrechtsorganisation Human Rights Watch hatte diese Woche beklagt, viele Textilarbeiter in dem Land litten unter Angriffen, sexuellen Beschimpfungen, erzwungenen Überstunden und verspäteten oder unvollständigen Lohnzahlungen. Die Hilfsorganisation Oxfam Deutschland zog am Donnerstag ebenfalls eine kritische Bilanz: „Gesundheit und Sicherheit der Arbeiter und Arbeiterinnen sind immer noch gefährdet, und sie müssen weiterhin 12-Stunden-Schichten für einen Hungerlohn leisten."

www.spiegel.de am 23.04.2015

2 Überprüfe den Text daraufhin, ob die Urheber (hinter den Kürzeln stecken ein Autorenname und zwei Nachrichten-Agenturen) wertende oder kommentierende Elemente einbauen oder ob der Text nur sachliche Informationen referiert.
Komme auf der Basis dieser Prüfung zu einer Entscheidung, um welche Textart es sich handelt.
Verschriftliche Prüfung und Textartenbestimmung in einem kurzen Text (ca. 100 Wörter) in deinem Heft oder am Computer.

3 Überprüfe nun die Qualität des Textes.
Kreuze an, durch welche Textmerkmale die vermutete Glaubwürdigkeit der Inhalte gestützt wird.

- ◯ Der Text ist online nachlesbar.
- ◯ Es werden Urheber und Quelle des Textes genannt.
- ◯ Der Text ist auf einer bekannten und renommierten Webseite veröffentlicht.
- ◯ Der Text enthält persönliche Einschätzungen der Autoren.
- ◯ Der Text bezieht sich auf Aussagen bekannter und renommierter internationaler Institutionen.
- ◯ Der Text enthält viele detaillierte Informationen zu den kritisierten Zuständen.

4 Du hast den Auftrag bekommen, im Rahmen der Projektwoche „Textilindustrien in Entwicklungsländern" einen Aufruf an alle Schülerinnen und Schüler deiner Schule zu formulieren, sich künftig beim Kauf von Kleidung bewusst für fair produzierte Kleidung zu entscheiden.
Unterstreiche im Text auf S. 97 f. die Informationen, die du für den Aufruf einsetzen willst.

5 Erstelle nun einen Schreibplan für diesen Aufruf auf der Basis aller Informationen, die du bisher im Kapitel gewonnen hast und die du zusammen mit deinen eigenen Erfahrungen für das Schreiben des Appells einbringen willst.

„Äußere deine Meinung klar, aber bleibe immer fair und respektvoll!"

6 Schreibe den Text und überprüfe ihn auf der Basis der folgenden Checkliste.

Checkliste: Einen kommentierenden und gleichzeitig appellierenden Text schreiben
◯ Die Argumentation des Textes basiert auf nachvollziehbaren und seriös recherchierten Fakten.
◯ Bei der Argumentation werden glaubwürdige Aussagen und sachliche Informationen von nachprüfbaren Quellen zitiert.
◯ Bei der Übernahme von Zitaten ist darauf zu achten, Urheber und Quelle (Titel und Zeitangabe) zu nennen.
◯ Der Text ist für einen bestimmten Adressaten angemessen formuliert (z. B. für Mitschüler/-innen auch mit persönlicher Anrede).
◯ Der Aufbau des Textes ist sprachlich kohärent, d. h. inhaltliche Zusammenhänge und Bezüge sind sprachlich klar und nachvollziehbar formuliert.
◯ Es werden sprachliche Mittel eingesetzt, um die Textabsicht zu erreichen: wertende Ausdrücke (vor allem Adjektive und Adverbien) zum Kommentieren, Imperative ausdrucksstarker Verben zum Appellieren, sprachliche Bilder zur Vermittlung von Anschaulichkeit und Eindringlichkeit
◯ Der Text ist sprachlich korrekt (Grammatik, Rechtschreibung, keine Umgangssprache).
◯ Die Formulierung der persönlichen Meinung bzw. der Aufruf zu konkretem Handeln sind eindeutig und unmissverständlich, jedoch nicht verletzend oder herabsetzend.
◯ Der Text enthält weder beleidigende noch verunglimpfende Aussagen.

Sachtextsorten unterscheiden und selbst einen kommentierenden Text schreiben

1 Lies die drei folgenden Texte bzw. Textanfänge und stelle Vermutungen darüber an, um welche Textsorte es sich jeweils handelt, und begründe deine Einschätzung.

Nr. 1	Textilindustrie in Bangladesch **Die Nähstube der Welt** *1947 erlangten Pakistan und Indien die Unabhängigkeit von der britischen Kolonialmacht. Das Gebiet des heutigen Bangladesch gehörte als Ostbengalen noch bis 1971 zu Pakistan, bevor es sich als eigenständiger Nationalstaat konstituierte. [...]*
Nr. 2	**Bangladesch: 41 Mordanklagen wegen eingestürzter Textilfabrik** Verantwortliche des Einsturzes einer Textilfabrik in Bangladesch vor zwei Jahren sind des Mordes angeklagt worden. Bei dem Unglück hatte es mehr als 1.100 Tote gegeben.
Nr. 3	**Blutgetränkte Kleidung aus Bangladesch** *Von Petra Hasse* Bangladesch steht in der Textilindustrie für Tod, Not und Ausbeutung. Unter oft lebensgefährlichen, aber fast immer unwürdigen und ausbeuterischen Bedingungen müssen Menschen dort schuften. Der Fall Rana Plaza macht deutlich, [...]

Text 1 ist vermutlich ein ____________________, weil ____________________

____.

Text 2 ist vermutlich ein ____________________, weil ____________________

____.

Text 3 ist vermutlich ein ____________________, weil ____________________

____.

2 Welche Merkmale zeichnen diese Textsorten jeweils aus? Kreuze in der Tabelle die Merkmale an, die für die jeweilige Textsorte **charakteristisch** sind.

Merkmal	Kommentar	Bericht	Nachricht
	Text Nr.: ____	Text Nr.: ____	Text Nr.: ____
Leadstil			
Beantwortung der W-Fragen			
Meinung des Autors			

Sachtexte erschließen und für das Schreiben eigener Texte nutzen

Kompetenztest

Merkmal	Kommentar	Bericht	Nachricht
wertende sprachliche Mittel			
namentliche Nennung des Autors			
sachlich / informativ			
Einzelheiten / Hintergrundinformationen			
überzeugen / appellieren			

3 Formuliere nun am Computer selbst einen kommentierenden Text (z.B. in Form eines Leserbriefs) als Reaktion auf diesen Beitrag, indem du eine Gegenposition zu Kurt einnimmst oder ihm zustimmst.

Textilindustrie in Bangladesch Blut-Klamotten aus Arbeit ohne Würde?

Heutzutage kann man viele mitreißende Berichte und Kommentare zu dem Unglück in der Textilfabrik in Bangladesch lesen. Von unwürdigen Arbeitsbedingungen ist die Rede. Bangladesch wird zu einer Metapher stilisiert, die für Tod, Ausbeutung, Gewissenlosigkeit, Korruption, Profit usw. steht. Diese Liste lässt sich beliebig lang fortsetzen. Darüber hinaus stellt beispielsweise Petra Hasse [...] die These auf, dass eben dieser schlimme Fabrikeinsturz, bei dem so viele Menschen starben, erneut zeige, dass freiwillige Selbstverpflichtungen der Firmen nichts wert seien. Stimmt das? Liegt hier die Schuld nur bei den Firmen?

Grundsätzlich gilt in unserer Welt, dass Angebot und Nachfrage den Preis regeln. Es scheint also zunächst einmal so zu sein, dass es ein großes Angebot an Arbeitskräften in Bangladesch gibt, die bereit sind, zu niedrigen Gehältern zu arbeiten und dabei auch über bauliche Mängel der Fabriken hinwegsehen. Aber vielleicht sehen sie auch nicht darüber hinweg? Vielmehr scheint diese marode Bausubstanz zu ihrem Alltag zu gehören. Zumal sie teilweise noch in viel desolateren Unterkünften leben. Als selbstbestimmtes Individuum entscheiden sie sich also für die Arbeit, die ihnen der Fabrikbesitzer anbietet. Die ausländische Textilkette prüft lediglich die finanziellen Ansprüche der Fabrikanten und wählt natürlich das günstigste Angebot aus. Wir gehen ja auch nicht in ein Geschäft und kaufen bei identischen Produkten lieber das preislich teurere. Außerdem ist die Textilfirma auch auf unserem Markt an die Nachfrage der Kunden gebunden. Der Textilmarkt ist hart umkämpft. Wir Kunden sind nicht bereit, mehr Geld für die Produkte auszugeben. Also bleibt dem Textilhändler keine andere Möglichkeit, als dieses Problem zu verlagern und auch von dem Hersteller des Produktes geringere Herstellungskosten zu verlangen.

Folglich befinden wir uns in einem Teufelskreis. Aber ob der Textilhändler wirklich die Schuld an dem Unglück trägt, ist zu bezweifeln. Letztlich müssten zunächst das Bauunternehmen, das mit dem Bau der Fabrik betraut war, sowie die Bauaufsichtsbehörde, die das Bauwerk abgenommen hat, zur Rechenschaft gezogen werden.

Kurt

4 Überarbeite anschließend deinen Text. Beachte dabei die Merkmale der Textsorte Kommentar. Die Checkliste von → Seite 99 hilft dir dabei.
Überprüfe auch die Rechtschreibung, die Grammatik und den Satzbau mithilfe der Merkkästen aus dem Anhang (→ S. 114–117).

Tipp: Verlasse dich dabei nicht ausschließlich auf das Korrekturprogramm deines Computers.

Wenn du in diesem Test noch 😐 zeichnen musstest → SB-S. 128–141.

3.3 Weitere Medien verstehen und nutzen

Hier findest du Informationen im Schülerbuch: *S. 144–155*

Diese Kompetenzen trainierst du: *in verschiedenen Medien recherchieren, eigene Rechercheergebnisse bewerten, eigene Mediennutzung und -rezeption beim Austausch von Informationen reflektieren, die Wirkung von medialen Gestaltungsmitteln in Filmen und Hörtexten untersuchen, die Vertonungen und Verfilmungen als Deutung der Textvorlage erkennen*

Hier findest du Hilfestellungen: *Arbeitsheft S. 120 und Schülerbuch S. 286–289*

Teste deinen Lernstand

Wie bewusst nutzt du verschiedene Medien?

1 Welcher **Recherchetyp** bist du? Kreuze die zutreffende Aussage an bzw. antworte eigenständig.

◯ Ich nutze meist dasselbe Recherchemedium. ◯ Andere Recherchemöglichkeiten auszuprobieren interessiert mich nicht./ ◯ Ich kenne keine anderen Recherchemöglichkeiten.

◯ Wenn ich etwas recherchieren muss, nutze ich verschiedene Möglichkeiten, um Informationen zu erhalten. Ich bin mir bewusst, dass ich nicht überall dieselben Informationen erhalte.

◯ Eigene Antwortmöglichkeit: ______________________________

____

2 Wie gut kennst du dich mit **Filmen** und **Hörtexten** aus? Kreuze das Zutreffende an und fülle die Lücken.

◯ Ich kenne mich gut mit **Filmen** und ihren besonderen Techniken aus, ich kann z. B. verschiedene Kameraperspektiven nennen. Neben der Vogelperspektive gibt es noch die

______________________ und die ______________________ .

◯ Ich kann auch bestimmen, welche Wirkung eine Kameraeinstellung hat. Wenn beispielsweise eine Figur in einer Nahaufnahme und das Gesicht im Detail gezeigt wird, dann möchte man damit besonders ihre ______________________ zeigen.

◯ Mit **Hörtexten** habe ich ebenfalls schon erste Erfahrungen gemacht. Ich kann zwei Beispiele für von mir genutzte Hörtexte nennen:

______________________ ______________________

◯ Da man bei Hörtexten keine Bilder zur Unterstützung hat, kommt es besonders auf folgende Merkmale an:

______________________ ______________________

______________________ ______________________

◯ Ich kenne mich noch nicht gut mit Filmen und mit Hörtexten aus.

Sich vorab über einen Film informieren und Informationen filtern

Die Klasse 8a beschäftigt sich mit dem Thema „Inklusion". Die ganze Klasse will deshalb gemeinsam den Film „Simpel" auf DVD anschauen. Vorab sollen sich alle selbstständig über den Film informieren.

1 Welche Recherchemöglichkeiten kennst du, um dich über einen Film oder eine Serie zu informieren? Notiere mindestens vier unterschiedliche Informationsquellen.

______________________ ______________________

______________________ ______________________

2 Mit Sicherheit nutzt du nicht immer all diese Informationsquellen. Die Beurteilung welcher Quelle ist für dich ausschlaggebend dafür, ob du einen Film dann tatsächlich anschaust? Begründe deine Wahl.

Ich nutze am meisten ______________________, weil ...

____

____

______________________.

3 Nutze für deine Recherche zu „Simpel" die in der Tabelle genannten Möglichkeiten und teste eine weitere. Notiere diese dann auch in der Tabelle. Bewerte anschließend in der dritten Spalte, welche Informationen du mit welcher Recherchemöglichkeit herausfinden konntest.

genutzte Quelle	Diese Informationen / Eindrücke konnte ich daraus gewinnen:	Diese Informationen konnte ich damit nicht in Erfahrung bringen:	Diese Quelle halte ich für sinnvoll, weil ...
eine Online-Bewertung (z. B. auf einer Seite, die Filme bewertet)			
der Trailer			
weitere Recherche-möglichkeit: ______ ______			

4 Nach einem Filmstart wimmelt es im Netz nur so von Rezensionen.
Vergleiche die folgenden Rezensionen zu „Simpel“ miteinander und notiere in deinem Heft in einer übersichtlichen Darstellung stichpunktartig, welcher Filmaspekt jeweils positiv oder negativ hervorgehoben wird.

1 **Total vorhersehbare Story. Schauspieler finde ich doof. Total langweiliger und schlechter Film. Kann dafür nur einen Stern geben.**

Susanna M. auf einem Kinoportal

2 „Der Film **Simpel** des Regisseurs Markus Goller (Frau Ella) nach dem gleichnamigen Roman der Französin Marie-Aude Murail hätte auch als oberflächliche Feel-good-Komödie mit einem Schuss Behinderten-Romantik enden können. Dass der Film dennoch sehr gelungen ist, liegt an der Sensibilität, mit der Goller die komischen und tragischen Anteile seines Films ausbalanciert.“

Roberta Unwald

DIE ZEITUNG.Online

3 **„Simpel“ ist das großartige Porträt einer innigen Bruderliebe, das zu Tränen rührt und trotzdem auch immer wieder zum Brüllen komisch ist. David Kross und Frederick Lau machen aus der Feel-good-Tragikomödie auch darstellerisch ein Fest.**

Marie Antje aus: www.Filmcheck.de

5 Setze dich nun mit den Rezensionen im Detail auseinander. Wähle dafür eine der folgenden Aufgaben:

- Ordne die folgenden Begriffe den entsprechenden Rezensionen aus Aufgabe 4 zu. Du kannst Begriffe auch mehrfach verwenden. Benutze die Buchstaben.

  a) umgangssprachlich b) sachlich c) argumentativ d) Behauptungen aufstellend
  e) hochsprachlich f) positiv g) kritisierend

- Markiere in den Rezensionen die Textstellen, die für dich die Meinung des Autors am deutlichsten zeigen. Notiere am Rand mit einem „–“ die für dich nicht nachvollziehbaren bzw. unwichtigen Punkte und mit einem „+“ eine für dich wichtige und auf den ersten Blick überzeugende Argumentation.

- Wähle eine der beiden Rezensionen aus und entwirf in deinem Heft oder am Computer für den Autor kritische Nachfragen zu seiner Rezension, z. B. „Sie schreiben von …, die Wortwahl ist vielleicht nicht gelungen: Meinen Sie etwa … ? …“

6 Welche Inhalte braucht deiner Meinung nach eine Rezension, damit sie dich überzeugt?
Notiere mindestens drei Merkmale.

Eine überzeugende Rezension sollte Folgendes beinhalten:

- ______
- ______
- ______

Die Hauptfigur Simpel in Roman und Film untersuchen

Gemeinsam hat die Klasse den Film „Simpel“ angeschaut und das Buch gelesen. Insbesondere die Hauptfigur hat viele beeindruckt. Jetzt will die Klasse der spannenden Frage genauer auf den Grund gehen, wie und warum sich Film und Romanvorlage unterscheiden.

1 Wenn man ein Buch liest, wird der erste Eindruck häufig vom Buchcover beeinflusst. Vergleiche Buchcover und Filmplakat miteinander: Welchen Eindruck erhält man jeweils von der Hauptfigur? Notiere entsprechende Assoziationen.

Cover: ______________________

Filmplakat: ______________________

2 Stell dir vor, du bist der Verleger von Simpel: Würdest du dich bei einer späteren Auflage des Buchs für das Filmplakat entscheiden oder beim ursprünglichen Cover bleiben?
Notiere deine Entscheidung mit einer Begründung.

3 Simpels „Anderssein" wird in Buch und Film durch unterschiedliche Mittel charakterisiert. Notiere anhand des Stills und des Romanausschnitts stichpunktartig, wie beide Medien dieses Anderssein zum Ausdruck bringen.

Still

Romanausschnitt: *Mit äußerst selbstsicherer Miene betrat Simpel das Zimmer. „Ein Ferngerätseher!", rief er, als er den eingeschalteten Computer sah. Er näherte sich dem Gerät und sah die Tastatur. „Das ist der Kjomputer", verbesserte er sich. „Ich mach' ein bisschen Kjomputer."*

(…) Nachdem er auf verschiedene Icons geklickt hatte, sah er wieder auf den Bildschirm. Der schien sich gerade zu fragen, was mit ihm geschah. Simpel erinnerte sich daran, was man in einem solchen Fall sagen musste: „Verdammt, der stürzt ab!" Monsieur Hasehase lachte herzlich: „Monsieur Mutchbinguen sagt aber böse Worte!"

4 Die Kameraeinstellung beeinflusst die Wahrnehmung einer Figur. Untersuche das folgende Still aus Simpel und ordne zu, welche Einstellungsgröße und Funktion hier zutreffend sind.

1) Weite Aufnahme

2) Totale

3) Nahaufnahme

a) Landschaft steht im Mittelpunkt, nicht die Figur(en); Stimmung wird ausgedrückt

b) Figur steht mit ihren Gefühlen und Reaktionen im Fokus.

c) Beziehung der Figuren soll hervorgehoben werden.

5 Gefühle spielen natürlich auch im Film eine große Rolle: Schau dir noch einmal den Trailer an und notiere, wenn der Platz nicht reicht, im Heft oder am Computer, wie hier welche Emotionen umgesetzt bzw. wodurch sie hervorgerufen werden. Berücksichtige dabei besonders die Rolle der Kamerabewegung.

Emotionen, die gezeigt werden:	←	Gestaltungsmittel (besonders die Rolle der Kamerabewegung) im Film:
______________________		______________________
______________________		______________________

6 Der Erzähler nimmt in einem Buch die Rolle des Vermittlers ein, ein Film hingegen vermittelt die Handlung über Bilder und Töne.
Wähle einen kurzen Ausschnitt aus dem Trailer und verwandle diesen in einen Romantext, indem du einen Erzähler auswählst, der die Filmszene in geeigneter Weise wiedergibt.
Orientiere dich an dem Beispiel. Arbeite in deinem Heft oder am Computer.

Beispiel: *Trailer-Ausschnitt: Einstieg – erste Szene*

Er-Erzähler: *Außer Simpel sah man niemanden. Er lief – ohne Hose, dafür mit einer Papierkrone auf dem Kopf – über den Strand und schrie lauthals „Land in Siiiicht".*

Ich-Erzähler: *Der Sand unter meinen Füßen fühlte sich nass und weich an. Es war ein herrliches Gefühl: pure Freiheit!*

7 Neben den Filmbildern spielt auch der Ton, d. h. die Stimmen der Figuren, Geräusche und Musik, eine Rolle. Welcher/welchen (es können mehrere sein) der folgenden Aussagen stimmst du zu? Begründe deine Wahl knapp und beziehe dich auf den Film „Simpel".

A Die Musik und den Ton eines Filmes empfinde ich eigentlich nur als nette Untermalung der Handlung. Entscheidend für einen Film sind doch viel mehr die Bilder.

B Erst der Ton macht einen Film zu etwas Besonderem. Insbesondere durch die Musik kann man Stimmungen erzeugen. Außerdem können Geräusche auch Spannung aufbauen.

C Ein Film ohne Ton ist heutzutage eigentlich kaum vorstellbar. Die Stimmen der Figuren beispielsweise können entscheiden, ob ich eine Figur sympathisch finde, oder nicht. Die Stimme und damit der Ton charakterisiert auch eine Figur.

____

____

____

Film und Hörfassungen als Deutung der Textvorlage vergleichend untersuchen

Einige deiner Mitschüler sind Anhänger von Hörmedien. Sie unterhalten sich über das Hörspiel und das Hörbuch zu „Simpel".

1 Im Internet findest du jeweils eine Hörprobe beider Fassungen. Höre sie dir an und notiere in der folgenden Tabelle Unterschiede und Gemeinsamkeiten.

	Hörprobe Version A:	Hörprobe Version B:
	[Mediencode 11048-28]	[Mediencode 11048-29]
Unterschiede		
Gemeinsamkeiten		

2 Formuliere an deinem Computer eine eigene Definition zu Hörbuch und Hörspiel.
Arbeite mit einem Lernpartner. Schicke ihm deine Definition und vergleicht eure Fassungen mit Definitionen aus dem Internet und gebt euch gegenseitig Rückmeldung zu euren Lösungen.
Nutzt dazu die Kommentarfunktion der Textverarbeitung.

3 Höre dir noch einmal die Hörprobe des Hörspiels (Hörprobe B) an [Mediencode 11048-29].
Ordne anschließend zu, welche Funktion die eingesetzten Mittel haben.

1) Stimmen der Figuren

2) Inhalt/Gesagtes

3) Geräusche

a) Sie erzeugen eine Stimmung. Wir können uns so den Handlungsort besser vorstellen. Es wird akustisch unterstrichen, wie/dass etwas passiert/passieren wird.

b) Die Handlung wird nur durch Dialoge vermittelt. Gedanken und Gefühle müssen eigenständig ergänzt werden im Unterschied zum (Hör-)Buch, in dem wir einen Erzähler als Vermittler haben.

c) Wir machen uns durch sie (Tonfall und Stimmlage) eine erste Vorstellung von einer Figur.

1) ____ 2) ____ 3) ____

4 Die folgenden Aussagen aus dem Film beziehen sich alle auf die Frage, ob man Simpel in ein Heim schicken sollte.
Wähle zwei der folgenden Zitate aus und mache dir Notizen, in welchem Tonfall du diese einsprechen würdest. Überlege dir auch, welche Wörter du besonders betonen musst und ob du Hintergrundgeräusche verwenden kannst, um deine Aussage zu unterstreichen.

Kuck dir das mal an hier [Infobroschüre über Haus Sonnengarten]. Die waren echt nett.

Ich will, dass du dein Leben selbst bestimmst.

Simpel kann gezielt gefördert werden. Neue soziale Kontakte knüpfen.

Ich muss Simpel am Dienstag abholen in ne Einrichtung, die gut für ihn ist. Der Junge braucht ne 24-Stunden Betreuung.

Tipp

Nimm deine Zitate mit deinem Smartphone über die Aufnahmefunktion auf. Spiele sie einem Freund/einer Freundin vor und notiere, welchen Eindruck er/sie von dieser Figur hat. Sprich deine Aufnahme neu ein, wenn du nicht das gewünschte Ergebnis erzielt hast!

5 Lies den folgenden Buchausschnitt und wähle eine der folgenden Aufgaben. Arbeite im Heft oder am Computer:

Corentin ging in bester Laune zu Bett. Dieser Simpel, also wirklich, man sollte ihn patentieren. Gegen halb elf vibrierte sein Handy. „Corentin, hier ist Mama. Leg nicht auf, Liebling. Wenn du Probleme hast, müssen wir drüber reden." „Was?" „Nein, reg dich nicht auf. Vielleicht wohnst du mit einem jungen Mädchen in der WG zusammen? Aber das schockiert uns überhaupt nicht, weißt du." […]

„Was für ein junges Mädchen?", fragte Corentin genervt. „Nein, nein, schrei doch nicht gleich! Das macht doch nichts. Du hast dein Privatleben, das ist doch ganz normal. Aber das ist kein Grund, einfach aufzulegen." Corentin spürte, wie ihn große Kälte überkam. Seine Mutter wurde verrückt. „Ist Papa zu Hause?", fragte er langsam. „Ja, also, nein … Das heißt, du kannst dich mir anvertrauen. Wenn du denkst, dein Vater sollte da rausgehalten werden …". Monsieur Mouchaboeuf saß seiner Frau direkt gegenüber, und sie gaben sich einander Zeichen. Corentin dachte nach. (Simpel, S. 186 f.)

- Du bereitest eine **Hörbuchfassung** vor: Notiere, welche Gefühle im Dialog zwischen Corentin und seiner Mutter durch die Sprecher ausgedrückt werden müssen.
- Du selbst sprichst das **Hörbuch** für den Verlag ein. Bereite den Text dafür vor: Unterstreiche Passagen, die du besonders betonen oder in einer anderen Stimmlage vortragen solltest. Bedenke: Du musst Corentin, seine Mutter und den Erzähler sprechen!
- Bereite eine **Hörspielfassung** vor: Lege fest, wer welche Rolle wie spricht (Tempo, Tonfall, Stimmlage, Pausen …). Welche Geräusche sollen in die Aufnahme eingebaut werden? Soll es Musik geben? …

Einen Film und seine Technik kompetent beurteilen

1 In der 8a entbrennt ein Streit darüber, ob nun der Film oder das Buch oder vielleicht doch das Hörspiel für diesen Inhalt die am besten geeignete mediale Umsetzung darstellt. Notiere zunächst Vor- und Nachteile der einzelnen Medien und fälle abschließend ein begründetes Urteil.

Medium	Vorteile	Nachteile
Buch		
Hörspiel		
Film		

Mein bevorzugtes Medium: ______________________

____

2 Halte in deinem Heft oder am Computer stichpunktartig fest, inwiefern das vorliegende Bild ebenfalls für das Filmplakat geeignet gewesen wäre. Welche Erwartungen wären dann vielleicht an den Film gestellt worden?

3 Deine Schülerzeitung möchte eine Bewertung des Films „Simpel" abdrucken. Schreibe hierfür eine Rezension, in die du die Darstellungsmittel des Films und die Hauptfigur Simpel einbeziehst. Gehe bei deiner Rezension auch auf die Frage ein, ob der Film hilfreich ist, wenn man sich mit dem Thema „Inklusion" in Schule und Gesellschaft befassen möchte.

Schreiben

So verfasst du strukturiert Mitschriften z. B. von Referaten:

Ziel deiner Mitschrift ist es, alle wichtigen Informationen so zu notieren, dass du auch mit einem zeitlichen Abstand zu Referat bzw. Mitschrift noch verstehst, was du mit den Notizen gemeint hast, und diese nachvollziehen kannst.

- Arbeite bei Referaten mit einem vorgefertigten Notizzettel (z. B. mit dem von Seite 9), auf dem du dich immer wieder gut und schnell zurechtfindest und der durch seine Gestaltung Hinweise darauf gibt, wozu du dir Notizen machen solltest.
- Verliere beim Mitschreiben nicht zu viel Zeit.
- Unterscheide dafür beim Zuhören zwischen wichtigen und nur ausschmückenden Informationen.
- Nutze zeitsparende Abkürzungen (z. B. , i. d. R. ...) und Symbole (⚡ Widerspruch ...).
- Markiere zentrale Begriffe mit Textmarker.
- Vergiss nicht festzuhalten, wenn du Nachfragen hast, die du nach dem Referat stellen möchtest.
- Überprüfe und überarbeite deine Mitschrift gegebenenfalls zeitnah nach Anfertigung, damit du Probleme und Unklarheiten noch aus dem Gedächtnis korrigieren kannst.

So prüfst du die Qualität von Materialen für das Schreiben eigener Texte:

Bevor du Informationen aus selbst recherchierten Materialien für das Schreiben eigener Texte nutzt, musst du Qualität und Seriosität der Materialien prüfen. Dies ist besonders bei Material aus dem Internet wichtig. Stelle dafür folgende Fragen an das Material:

- Wird der Autor/die Autorin bzw. die Quelle genannt?
- Ist diese /dieser bekannt und seriös?
- Kann das Veröffentlichungsmedium (Webseite/Printforum) als seriös eingestuft werden?
- Sind im Material Fakten und Meinung deutlich als solche zu erkennen?
- Ist das Erscheinungs- bzw. Veröffentlichungsdatum ersichtlich?
- Wird – bei Online-Materialien – die Seite regelmäßig aktualisiert?

So informierst du über das Thema, den Inhalt und die Zusammenhänge in Erzähltexten:

Formuliere deine Informationen für einen Leser, der den Erzähltext nicht kennt.

- Nenne in der Einleitung Textsorte, Titel, Autor/in, falls bekannt das Erscheinungsjahr und formuliere einen Basissatz, der den thematischen Kern des Erzähltextes beinhaltet.
- Fasse im Hauptteil einzelne Abschnitte so zusammen, dass die Handlungsschritte und die Entwicklung der Geschichte nachvollziehbar werden. Achte dabei auf sprachlich logische Verknüpfungen.
- Im Schluss bringst du deine Ausführungen nochmals auf den Punkt. Greife dabei den im Basissatz genannten thematischen Kern auf und formuliere darauf basierend weiterführende Gedanken oder Fragen.

Schreibe im Präsens, benutze eine sachliche Sprache – möglichst in eigenen Formulierungen – und wandle ggf. direkte Rede in indirekte Rede um.

So planst, schreibst und überarbeitest du einen informierenden Sachtext:

Planen	Schreiben	Überarbeiten
• Mach dir den Adressaten deines Textes und seine wahrscheinlichen Vorkenntnisse zum Thema bewusst. • Werde dir über deine eigene Schreibabsicht (nur informieren oder evtl. auch appellieren) klar. • Sammle Informationen, die du – bezogen auf die Adressaten und die Schreibabsicht – verwenden möchtest aus deinen eigenen Kenntnissen, aus vorgegebenen und aus selbst recherchierten Materialien. • Ordne die gesammelten Informationen. • Plane den Einstieg in deinen Text (z. B. den Schreibanlass). • Gliedere den Hauptteil sinnvoll (steigere die Wichtigkeit der Informationen). • Überlege dir – je nach genauer Intention – einen geeigneten Schluss.	• Finde eine Überschrift, die Interesse weckt. • Formuliere in der Einleitung deine Kernaussage knapp und für den Adressaten passend. • Schreibe nun die detaillierten Informationen geordnet, sprachlich korrekt und inhaltlich kohärent (also zusammenhängend) auf. • Entfalte dein Thema, indem du alle relevanten Aspekte darlegst. • Mache Informationen, die du übernommen hast, als solche deutlich. • Schreibe sachlich für die Wiedergabe reiner Informationen, durchaus emotional, wenn du Leser zum Handeln aufrufen willst (appellieren). Bleibe respektvoll und werde nie beleidigend!	• Prüfe die sprachliche Korrektheit deines Textes (Rechtschreibung, Zeichensetzung und Grammatik). • Prüfe, ob dein Stil der kommunikativen Absicht entspricht. • Überprüfe die Kohärenz des Textes. Lass ihn dafür am besten jemand anderen lesen. • Prüfe, ob du alle übernommenen Informationen als solche gekennzeichnet und eine Quelle (mit Autor und Seitenangabe) angegeben hast.

So planst, schreibst und überarbeitest du eine lineare Argumentation:

Erschließe das Thema, erkenne den Schreibauftrag: Wähle, wenn du frei entscheiden kannst, ob du die Pro- oder die Kontra-Position einnehmen willst (Bsp.: **für** oder **gegen** eine Hüttentour). Erkenne an einem vorgegebenen Thema, ob du dafür oder dagegen argumentieren musst (Bsp.: Gründe **für** eine Hüttentour).

Planen	Schreiben	Überarbeiten
• Sammle Argumente aus Materialien oder aus deinen eigenen Erfahrungen. • Ordne die Argumente, die du für das Einlösen der Schreibaufgabe brauchst: vom weniger Wichtigen hin zum wichtigsten Argument. • Baue jedes Argument mit den vier Bs auf: **B**ehauptung – **B**egründung – **B**eispiel – **B**ezug zur Position • Berücksichtige den Adressaten.	• Nenne in der Einleitung den Anlass deiner Argumentation. • Schließe die Einleitung mit der Darlegung deiner Position ab. • Lege im Hauptteil alle Argumente dar, deren Inhalt und Reihenfolge zu geplant hast. Bedenke jeweils die vier Bs. Achte auf eine kohärente und überzeugende Darstellungsweise, d. h. nutze Überleitungen und Strukturwörter. • Runde die Argumentation mit einer Bekräftigung deiner Position ab, indem du etwa noch einmal auf ein wichtiges Gegenargument eingehst. Ziehe ein Fazit.	• Prüfe und korrigiere ggf. Rechtschreib- und Grammatikfehler. • Prüfe, ob deine Argumentation nicht nur inhaltlich, sondern auch sprachlich überzeugt: Hast du klar gegliedert (mit Absätzen, Überleitungen und Strukturwörtern)? Hast du Überleitungen verwendet und durch Adverbialsätze Zusammenhänge aufgezeigt? Korrigiere, wenn nötig.

Sprachgebrauch und Sprache untersuchen und reflektieren

Das weißt du über Wortschatz und Wortbedeutung:

Sprache tritt in verschiedenen Erscheinungsformen (Varietäten) auf:
Die Standardsprache wird in offiziellen Sprech- und Schreibsituationen genutzt, ist allgemein verständlich und wird in allen Regionen verwendet. Sie kann regionale Unterschiede aufweisen.

Die Umgangssprache wird in Alltagssituationen gesprochen und mischt regionale und standardsprachliche Formen. Dadurch weist sie in der Regel regionale Unterschiede auf.

Reine Regionalsprachen sind die Dialekte (z. B. Bairisch, Sächsisch, Hessisch ...) des Deutschen. Ihre Unterschiede sind sprachgeschichtlich bedingt. Nachdem ihre Pflege in der Vergangenheit vernachlässigt wurde, werden sie heute wieder wertgeschätzt und erfreuen sich größerer Beliebtheit.

Die Fachsprache richtet sich an ein besonderes Publikum, z. B. eine bestimmte Berufsgruppe, enthält viele Fachwörter und wird z. B. in Vorträgen verwendet.

Auch Jugendsprache richtet sich an ein besonders Publikum (Jugendliche) bzw. wird von diesem „erschaffen" bzw. verwendet. Sie hat an verschiedenen Orten, zu verschiedenen Zeiten unterschiedliche Ausprägungen z. B. im Wortschatz, im Stil oder sogar im Satzbau.

Grundsätzlich unterscheidet man zwischen geschriebener und gesprochener Sprache. Letztere weist gegenüber geschriebener Sprache bestimmte Mündlichkeitssignale auf: Pausen, Füllwörter, Zeigewörter (Deikta), nicht korrekt ausgesprochene oder unvollständige Wörter, spontane Korrekturen und Nachträge, Satzbrüche oder Ellipsen etc. In Kommunikationssituationen innerhalb der digitalen Medien können die Merkmale der mündlichen und der schriftlichen Sprache vermischt werden. Man spricht davon, dass z.B. geschriebene Texte in sozialen Medien zwar medial schriftlich, aber konzeptuell mündlich sein können.

Texte können in unterschiedlichen Stilen verfasst sein. Man unterscheidet u.a. zwischen Nominal- und Verbalstil. Der Nominalstil wird vor allem bei wissenschaftlichen, fachsprachlichen oder amtlichen Texten oder in Gliederungen oder (Zwischen-)Überschriften verwendet. Aussagen werden durch Nomen oder Nominalisierungen (*Anwendung von, Unterscheidung zwischen ...*) knapper und oft auch präziser dargestellt. Dagegen wird der Verbalstil vor allem in der gesprochenen Sprache und bei erklärenden Texten angewendet. Sachverhalte und Tätigkeiten werden durch Verben sowie in Nebensätzen mit Verben genauer erläutert und dadurch leichter verständlich.

Die deutsche Sprache hat sich im Laufe ihrer Geschichte entwickelt, also verändert. Folgende Bedeutungsveränderungen treten auf:

- Bei der Bedeutungsverengung ist der Umfang der Bedeutungen kleiner geworden (*muos:* früher alle Arten von Speisen, heute nur noch eine breiartige Speise). Bedeutungserweiterung liegt dagegen bei dem Wort Horn vor, das im Mittelhochdeutschen (mhd. *horn*) nur das Horn des Tieres bezeichnete, heute aber auch für ein Blasinstrument gebraucht wird.
- Bedeutungsverbesserung hat das Wort *marschalc* (Marschall) erfahren: früher Pferdeknecht, heute hoher militärischer Rang.
- Von Bedeutungsverschlechterung spricht man, wenn ein Wort eine negative Wertung enthält: z. B. *merhe* (Mähre): früher allgemein für Pferd, heute nur noch altes, abgemagertes Pferd.

Durch Bedeutungsverschiebung entstehen im Laufe der Sprachgeschichte auch immer neue Sprachbilder *(niedergeschlagen sein)* und Redewendungen *(Er schreit wie am Spieß.)*. Sie helfen dabei, einen Text besonders anschaulich zu gestalten.

Das weißt du über Wortarten:

Nomen bezeichnen Lebewesen und Dinge (Konkreta), Gedanken, Gefühle und Zustände (Abstrakta). Oft steht vor Nomen ein Artikel (bestimmt: *der, die, das* – unbestimmt: *ein, eine*), der das grammatische Geschlecht (Genus) anzeigt. Nomen kommen im Singular (Einzahl) und im Plural (Mehrzahl) vor. Neben dem Genus wird der Kasus (Fall) und der Numerus (Singular und Plural) markiert.

Adjektive beschreiben Dinge, Lebewesen und Gefühle genauer. Adjektive, die direkt bei einem Nomen stehen, werden ebenso wie das Nomen dekliniert: *des schönen Kindes.* Darüber hinaus können sie gesteigert werden: *das größere Eis*. Adjektive können attributiv *(das große Haus)*, prädikativ *(Das Haus ist groß.)* und adverbial *(Sie schreibt zügig.)* verwendet werden.

Verben sind die Träger der „Satzaussage“ (Prädikat). Sie drücken eine Tätigkeit *(stricken)*, einen Zustand *(liegen)* oder einen Vorgang *(abstürzen)* aus.

Sie kommen in unterschiedlichen Formen vor: Grundform (Infinitiv): *schreiben* → konjugierte (gebeugte oder finite) Form = Personalform: *du schreibst* … Mit dem Verb werden verschiedene Zeitformen gebildet:

Plusquamperfekt		Präteritum		Perfekt		Präsens		Futur I		Futur II
war gegangen	→	*ging*	→	*ist gegangen*	→	*geht*	→	*wird gehen*	→	*wird gegangen sein*

Man unterscheidet starke und schwache Verben. Starke Verben verändern im Präteritum den Stammvokal (*ich **laufe** – ich **lief**, er **gibt** – er **gab***). Bei schwachen Verben verändert sich dagegen der Stammvokal in der Regel nicht, dafür wird ein -t eingeschoben (*ich **sage** – ich **sagte**, er **lebt** – er **lebte***).

Verben stehen häufig im Aktiv: *Die Elster hat den Ring gestohlen.* Um den Handelnden nicht nennen zu müssen, wird das Verb im Passiv verwendet: Man unterscheidet Vorgangspassiv *(Der Ring wurde gestohlen.)* und Zustandspassiv *(Die Tür ist geöffnet.)*.

Verben stehen außerdem in einem Modus: entweder im Indikativ oder im Konjunktiv. Der Konjunktiv I wird v. a. in der indirekten Rede verwendet: *Paul sagte, er **gehe** jetzt nach Hause.* Der Konjunktiv II wird als eindeutige Ersatzform in der indirekten Rede *(Bens Freunde behaupteten, sie **tränken** nur Wasser.)* oder zum Ausdruck eines Gedankenspiels oder Wunsches *(Wenn er nur nicht so frech **wäre**!) verwendet*. Nicht immer wird in der indirekten Rede der eingeleitete Nebensatz mit Verb im Konjunktiv I/II/würde-Form verwendet. Ersatzweise können verwendet werden: dass-Satz *(Tom sagt, dass er morgen kommt.)*, Infinitivkonstruktion *(Tom kündigt an morgen zu kommen.)*, Präpositionalgefüge *(Tom weist auf sein Kommen morgen hin.)* Manchmal zeigt auch nur der Konjunktiv die indirekte Rede an, ohne Subjunktion *(Tom sagt, er komme morgen)*. Es ist wichtig, dass mindestens ein Marker im Satz die Indirektheit der Rede anzeigt.

Sogenannte Vollverben *(gehen, arbeiten, denken, sehen …)* können im Grad ihrer Gültigkeit durch Modalverben eingeschränkt werden. Die sechs Modalverben des Deutschen haben unterschiedliche Bedeutungen: dürfen (Erlaubnis, Recht, höfliche Frage …), können (Möglichkeit, Fähigkeit, Erlaubnis, höfliche Frage …), mögen (Wunsch, Einräumung, Vermutung …), müssen (Notwendigkeit, Befehl, Verbot …), sollen (Auftrag, Verpflichtung …) und wollen (Wunsch/Absicht, Plan, Notwendigkeit …).

In manchen Bedeutungen berühren sie sich und haben nur graduelle Bedeutungsunterschiede *(Du kannst gerne das Fenster öffnen. – Du darfst gerne lauter singen.)*

Wollen und *sollen* können auch zur Wiedergabe von Behauptungen verwendet werden (Eigene Behauptung eines Dritten: *Tony **will** das gesehen haben* und fremde Behauptung eines Dritten: *Harry **soll** das sagt haben.*)

Mit Numeralien kann man Nomen zählen. Man unterscheidet Kardinalzahlen (Grundzahlen: *eins, zehn, hundert...*), Ordinalzahlen (Ordnungszahlen: *der **zweite** Mann*) und unbestimmte Zahlwörter (***viele** Fragen, **manches** Mal, **einige** Probleme...*).

Folgende Pronomen gibt es: *Ich, du, er, sie, ihm ...* stehen stellvertretend für Nomen und werden wie diese gebeugt. Possessivpronomen geben Zugehörigkeit an *(mein, dein, unser...)*. Demonstrativpronomen weisen auf etwas hin *(dieses, jene, der/die/das ...)*. Indefinitpronomen drücken ungefähre Mengen aus *(etwas, einige, andere, kein, jeder...)*. Interrogativpronomen (Fragepronomen) leiten Frage- und Ausrufesätze ein *(wer, was, welche ...)*. Relativpronomen leiten Relativsätze ein *(die, der, welcher... - Den Sänger, der gut singt, mögen wir sehr.)*.

Man subsumiert Pronomen auch unter die sogenannten Proformen. Diese können durch ihre Verweisfunktion – auch in Verbindung mit Präpositionen, z. B. *mit ihm, über sie* – zur Schaffung von Textkohärenz genutzt werden.

Präpositionen setzen Dinge zueinander in ein Verhältnis, z. B. räumlich (*in, an, unter...*) oder zeitlich (*vor, nach ...*). Sie ziehen in der Regel einen bestimmten Fall des nachfolgenden Nomens nach sich (*mit meiner Schwester* (Dativ), *wegen des schlechten Wetters* (Genitiv)).

Konjunktionen und Subjunktionen verbinden Wörter, Wortgruppen und Sätze (*und, aber, oder...* = Konjunktionen) oder leiten Nebensätze ein (*obwohl, weil, wenn ...* = Subjunktionen).

Adverbien geben Auskunft über die näheren Umstände (**lokal:** *rechts, dort, hier ...*; **temporal:** *immer, meistens, vorgestern ...*; **modal:** *so, gern, leider...*; **kausal:** *deshalb, trotzdem ...*), unter denen etwas geschieht. Sie sind nicht flektierbar (veränderbar), also auch nicht steigerbar.

Eine weitere Gruppe der Proformen, die ebenfalls in Verbindung mit Präpositionen zur Schaffung von Textkohärenz genutzt werden, stellen die sog. Pronominaladverbien dar: *damit, dadurch, dagegen ...*. Im Unterschied zu den reinen Pronomen (siehe oben) werden diese vor allem in Bezug auf abstrakte voranstehende Sachverhalte benutzt (*Sie erinnerte sich leider gut an diesen Vorfall.* ***Dagegen*** (für: gegen diese Erinnerung) *konnte sie nichts tun.*).

Dieser Gruppe sehr ähnlich sind die sog. Konjunktionaladverbien die ebenfalls an der Schaffung von Kohärenz beteiligt sind. Sie verbinden Sätze oder Satzteile, werden also wie Konjunktionen oder Subjunktionen verwendet: *Das Fahrrad ist kaputt, **folglich** muss ich mit dem Bus fahren.*

Das weißt du über Satzarten:

Verschiedene Redeabsichten können mit verschiedenen Satzarten ausgedrückt werden.

- **Aussagesatz:** *Claudia geht ins Kino.*
- **Fragesatz:** Ergänzungsfrage (immer mit Fragewort eingeleitet) *Wer bist du?* oder Entscheidungsfrage (kann mit *ja* oder *nein* beantwortet werden) *Kommst du heute zu mir?*
- **Ausrufe-** und **Aufforderungssatz:** *Komm nicht so spät nach Hause!*

Ein **Hauptsatz** ist ein eigenständiger Satz und kann alleine stehen.
Nebensätze sind abhängige Sätze und können nicht alleine stehen. Sie werden meist durch eine Subjunktion eingeleitet. Das Prädikat steht im Nebensatz in der Regel am Ende: *Obwohl die Sonne **scheint**, bleiben wir im Haus. Wir bleiben im Haus, obwohl die Sonne **scheint**.*

Das weißt du über Satzglieder:

Ein sinnvoller Satz besteht mindestens aus Subjekt und Prädikat, diese bilden den Satzkern. *Paula liest.*

Die Gliederungseinheiten eines Satzes sind die Satzglieder. Sie können aus einem Wort, aber auch aus einer Wortgruppe bestehen. Man kann sie im Satz verschieben, ohne dass der Satz falsch wird (Umstellprobe): *Anna und ich sitzen im Bus nebeneinander. Im Bus sitzen Anna und ich nebeneinander.*

Die Satzglieder sind also jeweils als ganze Wortgruppe umstellbar und sie sind auch ersetzbar.
Durch die Ersatzprobe lässt sich ebenfalls ermitteln, welche Wörter zusammen ein Satzglied bilden:

Mit guter Vorbereitung	*schafft*	*Paula*	*im nächsten Schuljahr*	*bessere Noten.*
So	*schafft*	*sie*	*dann*	*das/dieses.*

Objekte und **Prädikative zum Subjekt** oder **zum Akkusativobjekt** ergänzen den Satzkern. **Adverbiale Bestimmungen** sind Satzglieder, die angeben, *wann* (temporal), *wo* (lokal), *wie* (modal), *warum* (kausal), *mit welcher Folge* (konsekutiv), *trotz welchen Umstandes* (konzessiv), *unter welcher Bedingung* (konditional), *mit welchem Zweck* (final) und *entgegen welcher Tatsache* (adversativ) etwas geschieht. Grammatisch sind sie in der Regel nicht notwendig.

Überblick über die Satzglieder

Subjekt	Prädikat	Objekte und Prädikative			Auswahl adverbialer Bestimmungen			
Wer? Was?	Was geschieht?	Wem?	Wen?/Was?	Worauf?	Wann?	Wo?	Wie?	Warum?
		Dativobjekt	**Akkusativobjekt**	**Präpositionalobjekt**	**temporal**	**lokal**	**modal**	**kausal**
Peter	*gibt*	*seiner Mutter*	*das Buch*		*morgen.*			
Susanne	*wartet*					*vor dem Haus.*		
Wir	*kaufen*	*Ben*	*ein Geschenk*				*zusammen.*	
Toni	*mag*		*Petra*					*deswegen.*
Ich	*hoffe*			*auf einen warmen Tag.*				
Ben	*ist*	*ein Aufschneider.* (Prädikativ zum Subjekt)						
Anna	*nennt*	*Claudius*	*einen Aufschneider.* (Prädikativ zum Akkusativobjekt)					

Satzglieder können in Form von Gliedsätzen vorkommen. Subjektsatz *(**Wer es nicht weiß**, hat verloren.)* Objektsatz *(Ich entscheide, **wer gewinnt**.)*, Adverbialsatz *(Sie arbeitet, **während er schläft**.)*

Attribute sind keine Satzglieder, sondern nur Satzgliedteile. Ein Attribut erläutert ein Bezugswort und kann nur zusammen mit ihm verschoben werden. Attribute können auch als Nebensatz (Attributsatz) auftreten (z. B. als Relativsatz: *Ben liebt sein neues Wakeboard, **das er zum Geburtstag bekommen hat**.*)

Infinitiv- und Partizipialkonstruktionen stellen eine eigene syntaktische Kategorie dar. Da ihre Verbformen nicht gebeugt werden, also infinit oder unverändert sind, handelt es sich nicht um Nebensätze. Sie können selbst Satzglieder darstellen oder auch Teile von Satzgliedern sein. Sie dienen oft der Verkürzung und können ebenfalls zur Kohärenz von Texten beitragen, weil sie syntaktisch immer auf Sätze oder Satzteile zurück- oder vorwärtsverweisen (Verweiswörter in den Beispielen ebenfalls fett markiert):
Infinitivkonstruktionen: *Er freut sich **darauf, seine Freundin bald wiederzusehen.***
Partizipialkonstruktion: *Sich selbst immer wieder **beruhigend*** (Partizip I) *verließ er schnell das Haus.*
Eingepackt (Partizip II) *in einen warmen Schlafsack schlief ich tief und fest.*

Diese Rechtschreibregeln kennst du:

Schreibung der s-Laute: Der stimmhafte s-Laut wird mit einfachem ***-s*** geschrieben: *Nase, Sonne, Reise*. Den stimmlosen s-Laut schreibt man nach einem kurzen Vokal ***-ss:*** *Schuss, Nässe, essen, bisschen …*, nach einem lang gesprochenen Vokal oder Diphthong (Doppellaut) mit ***-ß:*** *Straße, Maß, weißt*. Am Wortende schreibt man *-s*, wenn in der verlängerten Form ein stimmhaftes *-s* erklingt *(Glas → Gläser)*. Wenn du stimmhafte *s*-Laute nicht erkennen kannst, musst du diese Wörter lernen.

Das und dass: *Das* kann Artikel *(das Mädchen)*, Relativpronomen *(Das Auto, **das** ich fahre, ist rot.)* oder Demonstrativpronomen *(**Das** ist gut!)* sein. Es kann dann durch *dieses, jenes, welches* ersetzt werden. *Dass* ist eine Subjunktion und kann niemals ersetzt werden: *Ich habe gesagt, **dass** er lügt.*

Getrennt- und Zusammenschreibung:
Wortkombinationen aus **zwei Verben** schreibt man in der Regel getrennt *(liegen bleiben = nicht aufstehen)*. Entsteht bei der Verbindung eines Verbs mit *bleiben* oder *lassen* ein neuer Sinn, wird zusammengeschrieben *(liegenbleiben = unerledigt bleiben)*. Die Verbkombination aus *kennen* und *lernen* kann man sowohl getrennt als auch zusammenschreiben *(kennen lernen/kennenlernen)*.
Wortkombinationen aus **Adjektiv und Verb** schreibt man in der Regel getrennt *(Ich kann sehr schnell laufen.)*. Ergibt sich aus der Verbindung eine neue Bedeutung, schreibt man das Wort zusammen *(Ein Richter kann den Angeklagten freisprechen.)*.
Wortkombinationen aus **Verb und Partizip** schreibt man in der Regel getrennt *(verloren gehen)*.
Alle **Kombinationen** mit *sein* werden getrennt geschrieben *(Du wirst bald wieder dabei sein.)*.
Verbindungen aus **Verb und Adverb** schreibt man zusammen *(hingehen, aufeinandertreffen)*.
Wortkombinationen aus **Nomen und Verb** werden nur dann getrennt geschrieben, wenn das Nomen als Akkusativ oder als ehemaliges Präpositionalobjekt erkennbar ist *(Schach spielen,* aber: *Eislaufen)*.

Großschreibung: Die **ersten Wörter** in **Überschriften** (*Das fliegende Klassenzimmer), **Satzanfänge**, **Eigennamen** (Erich Kästner)*, **Nomen** *(die Tasche, der Junge, das Auto)*, **Nominalisierungen** (nach Artikeln: *das Laufen*, unbestimmten Mengenangaben: *etwas Silbernes*, Adjektiven: *leckeres Essen*) und die **Höflichkeitsanrede** im Brief *(Ich danke Ihnen für Ihr Schreiben.)* schreibt man groß.
Auch die zu einem **mehrteiligen Eigennamen** gehörenden Adjektive, Partizipien, Pronomen und Zahlwörter schreibt man groß *(der Bayerische Wald)*. Auch Tageszeiten nach Adverbien wie *gestern, heute* etc. schreibt man groß *(heute Vormittag)*.

Trennung am Zeilenende: Man trennt nach Sprechsilben: *Sil-ben-tren-nung, lie-gen*. Wenn mehrere Konsonanten im Wort aufeinandertreffen, wird – in der Regel – nur der letzte in die neue Zeile genommen *(sin-gen, ras-ten, müs-sen)*. Einzelne Vokale dürfen nicht abgetrennt werden *(~~A-bend~~, ~~ü-bel~~)*.

Zeichensetzung: Ein Komma wird gesetzt,
(1) wenn gleichrangige Satzteile oder Sätze ohne *oder* oder *und* miteinander verbunden werden *(Fußball, Handball, Tennis sind beliebte Sportarten)*.
(2) zur Abtrennung von Haupt- und Nebensatz *(Ob ich morgen komme, hängt vom Wetter ab./ Ben hatte eine gute Prüfung absolviert, weil er gut vorbereitet war.)*
(3) innerhalb der wörtlichen Rede, wenn das redeanzeigende Verb nachgestellt oder dazwischengeschoben ist: *„Das ist gar nicht so schwer", dachte ich mir.*
(4) bei erweiterten Infinitiven, wenn sie mit *als, anstatt, außer, ohne, statt* oder *um* eingeleitet werden oder von einem Nomen oder einem anderen Verweiswort im übergeordneten Satz abhängen.
(5) bei Partizipialgruppen, wenn sie als Nachtrag oder Zusatz anzusehen sind oder um den Satz übersichtlicher zu gestalten.
(6) bei Appositionen.

Lesen – mit Texten und Medien umgehen

So unterscheidest du Textarten:

Ein **Erzähltext** zeichnet sich dadurch aus, dass die (fettgedruckten) Merkmale in bestimmter Weise realisiert sind:

- Erzählungen können verschiedene **Erzählformen** aufweisen (Er-Erzähler oder Ich-Erzähler).
- Ein zentraler Unterschied besteht auch darin, ob der Erzähler eine Figur der Geschichte ist, also innerhalb der Handlung steht, oder außerhalb der Geschichte. Man fragt hier, aus welcher **Perspektive** erzählt wird. Zu unterscheiden ist, ob der Erzähler Teil der Geschichte, also eine Figur, ist oder außerhalb der Geschichte steht.
- Außerdem kann der Erzähler unterschiedlich viel über die bzw. von den Figuren wissen: Je nachdem, ob die äußere Handlung beschrieben oder die Gedanken oder Gefühle von Figuren erzählt werden, hat der Erzähler **Außen-** oder **Innensicht.**
- Man unterscheidet außerdem verschiedene **Darstellungsweisen:** Je nachdem, ob die Handlung als Erzählerbericht (in Form eines Ich- oder Er-Erzählers) oder als Figurenrede (meist in wörtlicher Rede) vorangetrieben wird, entstehen unterschiedliche Textwirkungen.
- Erzähltexte können außerdem eine bestimmte **Zeitgestaltung** aufweisen: Zeitraffung (Erzählzeit ist wesentlich kürzer als die erzählte Zeit), Zeitdehnung (Erzählzeit ist länger als die erzählte Zeit) oder Zeitdeckung (Erzählzeit = erzählte Zeit).

Erzähltext: Kurzgeschichte

- Kurzgeschichten gehören zu den epischen Kurzformen.
- Sie zeichnen sich durch einen unvermittelten Eingang und ein offenes Ende aus.
- Die Figuren sind alltägliche, aus dem Leben gegriffene Figuren.
- Häufig wird ein Wendepunkt im Leben einer Figur geschildert.

Daran erkennst du Gedichte:

- Gedichte sind in Verse und Strophen gegliedert. Wenn Versinhalte über Zeilengrenzen hinweglaufen, spricht man von Enjambement oder Zeilensprung.
- Sie weisen häufig einen bestimmten Rhythmus auf und haben ein Metrum (z. B. Jambus – XX́ und Trochäus – X́X). Es gibt aber auch Gedichte mit einem freien Rhythmus, d. h. es liegt kein regelmäßig wiederkehrendes Metrum vor.
- Gedichte reimen sich häufig. Die Reimwörter können in verschiedener Abfolge auftreten, sie werden mithilfe von Kleinbuchstaben gekennzeichnet: Paarreim: *aabb* / Kreuzreim: *abab* / umarmender Reim: *abba*.
- Häufig treten Sprachbilder auf: Vergleiche *(Sie ist scheu wie ein Reh.)*, Metaphern *(schneeweiß)* und Personifikationen *(Blaue Blumen seufzen.)*

Besondere Form: Ballade oder Erzählgedicht

- Balladen zeigen Merkmale aller drei Gattungen: Lyrik (Reim und Strophenbau), Drama (Dialoge können vorkommen) und Epik (es wird eine durchgehende Handlung erzählt)
- Eine besondere Form ist das **mittelalterliche Versepos**, z. B. das Nibelungenlied.
- Balladen werden manchmal auch gesungen.

Daran erkennst du dialogische Texte:

- Dialogische Texte werden – wenn sie aus mehreren Szenen (Auf- und Abtreten von Personen am selben Ort) oder aus Akten (Heben und Senken des Vorhangs) bestehen – Drama genannt.
- Sie enthalten Regie- und Szenenanweisungen (Hinweise für den Regisseur und die Schauspieler, Erläuterung des Geschehens, Hinweise zur Bühnengestaltung, zu Bewegung oder Aussehen der Figuren und zur Vortragsart o. Ä.).
- Die Handlung wird in Dialogen (zwei oder mehr Personen sprechen miteinander) und Monologen (nur eine Person spricht) entfaltet.
- Die handelnden Figuren stehen in Dramen in bestimmten Konstellationen zueinander (Figurenkonstellation z. B. in Romeo und Julia: Liebespaar - verfeindete Familien). Die Handlung lebt meist von einem oder mehreren Konflikten, dessen/deren Auflösung auf tragische Weise vonstattengeht (Tragödie) oder einen guten, sogar heiteren Ausgang nehmen kann (Komödie).

Daran erkennst du Sachtexte:

Im Unterschied zu Erzähltexten dienen Sachtexte der Informationsvermittlung zu einem Thema.

- Sie bedienen sich einer sachlichen, genauen Sprache und enthalten Fachbegriffe.
- Auf spannungserzeugende oder Gefühle ausdrückende sprachliche Mittel wird komplett verzichtet.
- Auch wenn das Informieren als kommunikative Absicht im Vordergrund steht, kann in informierenden Texten mitunter auch argumentiert oder sogar appelliert werden.
- Sachtexte sind in der Regel für eine bestimmte Zielgruppe (adressatenorientiert) verfasst.
- Eine Rolle spielt auch das Medium, in dem der Sachtext erscheint.
- Wichtige Informationen werden oft durch Hervorhebungen, Zwischenüberschriften o. Ä. übersichtlich dargestellt.
- Zu den Sachtexten zählen auch Schaubilder, Grafiken, Diagramme oder Lexikoneinträge.

Arten von journalistischen Sachtexten

- **Informierende** journalistische Textsorten sind die **Nachricht** (sachlich, knapp, meist auf die Beantwortung der W-Fragen beschränkt), der **Bericht** (sachlich, ausführlicher als die Nachricht), die **Reportage** (persönlich gefärbt, mit ihrer Sonderform Feature, in dem lebendige Schilderungen eingefügt werden) und das **Interview**.
- **Meinungsbildende** journalistische Textsorten sind der **Kommentar** (auch online; er gibt die subjektive Meinung des Verfassers wieder und deutet und bewertet Sachverhalte auch durch Einsatz besonderer sprachlicher Mittel), die **Glosse** (ist sehr subjektiv, immer ironisch-satirisch, manchmal polemisch zugespitzt) und die **Kritik** (Bewertung von Theaterstücken, Filmen oder Musikaufführungen etc.).

Besondere Sachtexte: Schaubild, Grafik, Diagramm (nicht-lineare Texte)

Bei nicht-linearen Texten werden Farben, Formen, Zahlen und Wörter mit besonderer Funktion eingesetzt. Zur Erschließung sind folgende Fragen hilfreich:

- Was ist das Thema?
- Was sagen die Legenden (Erklärungen) aus?
- Welche Bedeutung haben die Farben/Spalten/Balken ...?
- Was bedeuten die Zahlen (absolute oder Prozentzahlen)?
- Wird eine Entwicklung oder ein Zustand dargestellt?
- Fehlen möglicherweise auch Informationen, die interessant sein können?

Das weißt du über Medien:

Mit Medien kann man sich einerseits über aktuelle Ereignisse oder bestimmte Themen informieren. Zur Informationssuche kann man Wörterbücher, Lexika, Fachzeitschriften, Fachbücher oder Suchmaschinen im Internet einsetzen. Auch Magazine oder Nachrichtensendungen in Fernsehen und Hörfunk dienen der Informationsvermittlung. Neben der Informationsvermittlung wollen Medien andererseits unterhalten: Beliebt sind Serien oder Filme im Fernsehen und auf Internetkanälen. Diese traditionelle Unterteilung in Informations- und Unterhaltungsmedien wird durch neue mediale, vor allem digitale Medienformate, den sogenannten sozialen Medien, aufgebrochen.

Das solltest du beim Umgang mit sozialen Medien beachten:

- Die Nutzungsrichtlinien müssen eingehalten werden.
- Der Umgang miteinander sollte respektvoll sein. Hassreden und Verunglimpfungen sind zu unterlassen.
- Es ist zu bedenken, dass Inhalte – einmal im Netz – nicht mehr zu tilgen sind.

Das weißt du über das Medium Film:

Der Film ist ein aufwändig produziertes Medium, bei dem viele Komponenten zusammenspielen, damit der Zuschauer informiert oder gut unterhalten wird. Neben der Darstellung der Inhalte (durch die Schauspieler und Schauspielerinnen in Unterhaltungsfilmen) und dem Einsatz von Musik und anderen Geräuschen, spielt die Kameraarbeit eine herausragende Rolle. Man unterscheidet dabei zwischen Einstellungsgrößen (Totale, Halbtotale, Over Shoulder usw.) und Kameraperspektiven (Froschperspektive / Untersicht – Normalsicht – Vogelperspektive / Aufsicht). Für eine genauere Analyse sind vor allem Abweichungen von der Normalsicht interessant, für die es immer einen besonderen Grund gibt.